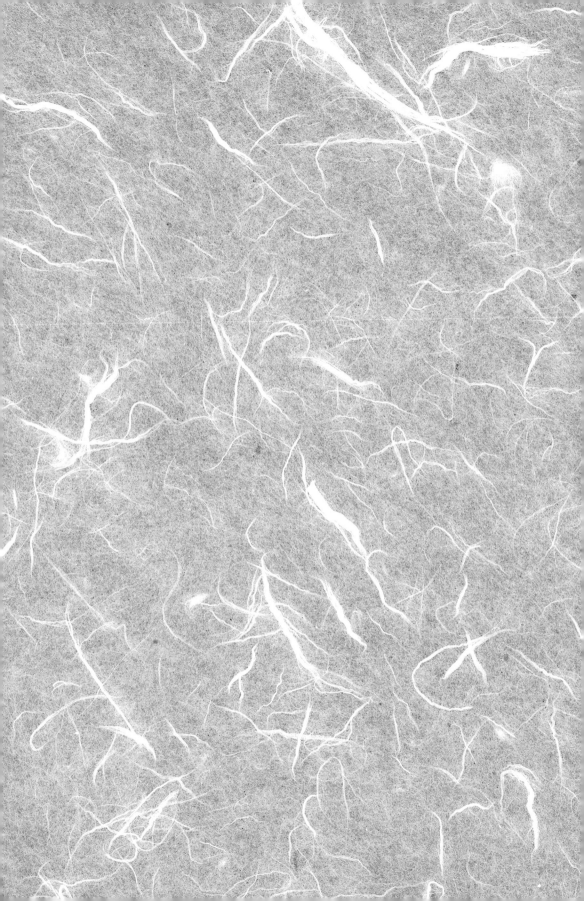

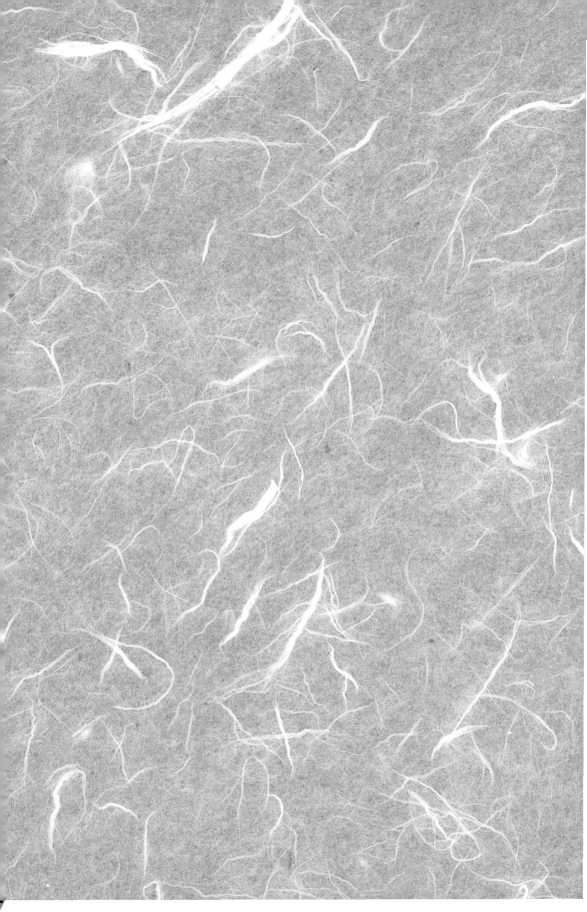

郑欣淼文集

鲁迅是一种力量

郑欣淼 著

北京出版集团
北京出版社

图书在版编目（CIP）数据

鲁迅是一种力量 / 郑欣淼著. — 北京：北京出版
社，2023.5
（郑欣淼文集）
ISBN 978 - 7 - 200 - 17238 - 6

Ⅰ. ①鲁… Ⅱ. ①郑… Ⅲ. ①鲁迅研究—文集 Ⅳ.
①K825.6 - 53

中国版本图书馆 CIP 数据核字（2022）第 111549 号

郑欣淼文集
鲁迅是一种力量
LU XUN SHI YI ZHONG LILIANG

郑欣淼 著
*
北 京 出 版 集 团
北 京 出 版 社 出版
（北京北三环中路 6 号）
邮政编码：100120

网　　址：www. bph. com. cn
北 京 出 版 集 团 总 发 行
新 华 书 店 经 销
北京雅昌艺术印刷有限公司印刷
*
170 毫米×240 毫米　　16 开本　　22.5 印张　　302 千字
2023 年 5 月第 1 版　　2023 年 5 月第 1 次印刷
ISBN 978 - 7 - 200 - 17238 - 6
定价：135.00 元
如有印装质量问题，由本社负责调换
质量监督电话：010 - 58572393
责任编辑电话：010 - 58572383

被照亮的遗迹

孙　郁

三十年前，读到李何林先生谈论郑欣淼的鲁迅研究文章时，记住了郑欣淼这个名字。那时候郑欣淼在陕西工作，业余时间写出《文化批判与国民性改造》一书，一时成为鲁迅研究界关注的人物。我最早思考鲁迅的思想，也参照过郑欣淼的观点，印象深的是他行文中的温润。他的那本书，有多种知识背景，并未有今天所谓学科划分的痕迹，各种精神线条的盘绕，让论述有了立体之感。那些谈吐中，有彼时文化热的痕迹。也看得出走出禁区的知识分子的某些渴念。

多年后，我们同在国家文物局系统工作，他分管的单位就有鲁迅博物馆。文物系统乃史学研究者聚集的地方，文学研究者介入其间，就有一点闯入者的意味。郑欣淼的爱好跨越几个学科，故打量历史的眼光就多了几种参照。我注意到他后来出任故宫博物院院长时，视点在多个领域移动，鲁迅所云的"内之仍弗失固有之血脉"的情怀，日趋浓厚起来。他提出了"故宫学"的概念，且出版了《故宫学概论》等书，学问的空间增大。他的文物研究有不同于他人的地方，旧体诗词的写作亦多成就。但是在内心深处，鲁迅情结最重，这是熟悉他的人都知道的。他对于鲁迅的感情，超出了历史中的所有的人物。在古董的世界出出进进，没有染上匠气，也与此大有关系。

我觉得这"故宫学"的背后，是有"鲁迅学"的支撑的。其间有着一般博物馆人没有的思维。将不同学科的精神汇合的时候，思想便溢出传统博物馆学的边界。马一浮当年希望以《诗》《书》《礼》《乐》《易》《春秋》"六艺"统摄一切学术，意在文化建设里贯穿一个恒定的存在，这有理想主义的特点，后人对此多有争议。而以鲁迅思想开辟博物馆学的天地，与马一浮的思路未必没有暗合之处。但鲁迅遗产是否也具有统摄的意义，不同背景的人可能看法不一，运用于文物界的实践，也并非没有意义。这个思路在文物界前辈领导者郑振铎、王冶秋那里有过，在某种意义上说，文物工作者对于鲁迅传统的借用，或可以推开诸扇精神之门。

早在20世纪80年代，郑欣淼就开始从鲁迅的参照里透视传统文化的难题。他在中国社科院所编的《鲁迅研究》上所刊发的《鲁迅宗教观初探》《鲁迅与佛学》等文，带有很深的文史的背景，马克思主义哲学的痕迹历历可见。常常以历史的眼光看待思想史的难点，比如研究国民性问题，就有外来思想的启示，那时候讨论国民性，存在诸多禁区，因为阶级论的思想还在学界有相当的市场，谈论这些超阶级的话题，便不能不带着勇气。我感到作者小心翼翼处理着一些敏感话题，在开阔的视野里透视文本里的哲思。他注重历史的惯性作用，对于陆王心学如何影响晚清人的思想的论述，就很具特点。而思考鲁迅早期的宗教观，又能够从章太炎入手言之，扫六合于眼底，揽广宇于怀中，朗朗然有史家风度。应当说，这是很高的起点，鲁迅研究的历史化，是王瑶先生开启的风气，这影响了许多学子，郑欣淼在此基础上延伸下去，走进了历史的深处。

那时候走进鲁迅研究的人，多是有复杂生命体验的一族。钱理群、王富仁无不如此。郑欣淼与他们不同，是一个非学院派。当时非学院派的人有多位，比如来自乡间的林贤治，就带有诗人气质，描述鲁迅的文字飘洒着血气。而郑欣淼则是另一种风格，笔墨间流动的是习习古风，自然没有锋芒毕露的尼采式风格。他在读人的岁月里读书，两相参照，遂有了自己的问题意识。而借助鲁迅寻找精神的攀缘之路，无疑也是内心的渴念。我注意到他对于鲁迅杂文内蕴的体悟，对于"五四"思想特征的把握，都非书斋中语，而是有着现实的启悟。但又不满足于现实的表层问题，而是纠缠着远去的时光里的遗存，从历史的角度审视对象世界。在20世纪80年代，李何林其实已经看出他的学术起点与同代人的差别。

西北地区的鲁迅研究，向来带有古朴之气。单演义、卫俊秀都贡献了诸多坚实的文字。或许受单演义的影响，郑欣淼觉得学问应不涉空言，他的走向学术之路，不是在简单的文学趣味里，文字背后的学识、思想才是看重的存在。但这些思想，是纠缠着历史记忆的灵光，没有对那些记忆的理解，也无法认识鲁迅的知识原色。郑欣淼对于汉唐以来的文风颇多心解，是个深谙诗文之道的人，这些从他的旧体诗文的修养可以看出一二。但他并不满足于此，"五四"新学的核心精神才是他心仪之所。这些集中体现在他的学术兴趣之中。他的许多学术贮备，似乎都为了走近鲁迅，又从鲁迅走到精神的高地，回到时代里，于是远去的存在，便与己身有了互动的可能。

许多西北人都有一个带着温度的文化概念，霍松林、贾平凹无不如此。与上述诸人相似，在郑欣淼那里，故乡古风里的民俗，都深融于体内，后又受到新文学沐浴，古今的流脉便彼此交汇，散出特别的情思，在精神内部成为一种调式。这决定了他不仅仅是从新文学的层面打量鲁迅遗产，而且是在广阔的视域里看鲁迅的历史定位。他早期学术兴趣牵连着宗教的历史，材料梳理与思想钩沉，闪动出诸多独思。到国家文物局工作之后，面对各种遗存，这种历史主义的态度更为明显，除了文学层面的思考，还有文化遗产研究的整体理念存在。寻找远去的文化的脉息，也是认识自身，古今对话的过程衍生的兴趣，对于拓展思维的空间，都有不小的推动作用。

　　这其实是一个老话题了。蔡元培先生曾感叹鲁迅与乾嘉学派的关系之深，新旧之变乃文化的一种逻辑。郑欣淼多次和我谈起这个话题，觉得应从不同角度研究这些精神的联系。他自己是注意细节的学者，在面对鲁迅遗物时，发现了许多别人忽视的东西。记得他对于鲁迅搜集佛教造像的解释，就有金石学的功底。这个话题没有相当的知识储备，谈起来颇多困难。郑欣淼从鲁迅的藏品及题记中摸索出许多耐人寻味的话题。比如佛教造像如何刺激了鲁迅关于字体变迁的认识，那些形影中折射的思想、风俗、宗教状况如何进入鲁迅的视野，这些都是熟悉古代实物遗存的人方有的感觉。从这些文物出发，作者讨论鲁迅杂文的一些题旨，就还原了文本的背景元素，那些没有在文字间闪动的意象，便得到了很好的注释。

　　深入到鲁迅的知识体系后，会发现许多思想纠缠着佛教、道教、儒教的关系，如何把握这些现象，其实是有相当难度的。郑欣淼于此耗时甚多，且有颇多心得，不仅仅从文本里梳理了许多精神线索，还发现了别人不能体味到的幽微之思。这些属于鲁迅知识背景与历史背景的部分，其思考牵连出许多话题。《鲁迅论"三教合流"》有许多会心之语。在打量细节的钩沉里，印证鲁迅对于儒道释合流的观点。了解国人的性格，不从宗教入手讨论源头性的存在，总觉得颇多空疏之处，历代士大夫与宗教的关系，其实也透出精神走向的实质。这样的研究，首先要有史学根基，还需了解宗教史的方方面面，最后还应懂得宗教与士大夫文化的内在性互动。他从鲁迅语录里发现历史的蛛丝马迹，又能沿此寻觅新的存在，在远离鲁迅的地方再走近鲁迅，透视三教合流对于国人性格的影响，可谓跌宕再三，有灵思存焉。

　　鲁迅所以能够在儒道释的问题上有超越性的认识，其翻译眼光起到了很大的作用。在西学背景里重审旧迹，一些沉在底处的精神就浮现出来。鲁迅认识历史遗产，是深浸其间，又能够跳将出来，以世界的眼光视之，这是以往读书人没有的修养和境界。这些问题梳理不清，许多话题无法打开。鲁迅自己欣赏小乘佛教，对于大乘佛教的看法令人深思。郑欣淼对此有会心体味，论述经典文献与世俗文化间的问题，则有自己特殊的叙述逻辑。这一方面来自鲁迅的暗示，另一方面与故土的经验密不可分。鲁迅自己是受到佛经的影响的，其辞章间的跳跃与整合，有古今翻译经验的影子，故总能够于表达中露出新意。郑欣淼看到鲁迅借用佛经的经验的活用，便于古今互动里受到启示，文章的厚度自然出来。这是研究鲁迅不能不面对的问题，一旦进入鲁迅世界那个幽微的部分，所得的快慰，便不由自主地涌来。

在鲁迅研究中，他在教育部时期的活动一直在一个朦胧的暗区里，重要的钩沉文章甚少。鲁迅这个时期的活动多在文学之外的领域，与图书馆、博物馆建设及金石研究关系甚密。有一年我与郑欣淼去西北参加"鲁迅读书生活展"活动，他做了"鲁迅与现代中国文化建设"的演讲，对于沉入历史深处的遗存，进行了多角度钩沉。因为他多年在文物界工作，深味文物、考古研究的沿革，故能从特殊角度切入先生世界，于琐碎里觅出系统，在行迹中窥见深思。鲁迅注意过的文物与历史旧迹，郑欣淼亦贴近其中，且玩味再三。于是能够看清鲁迅思想流变的痕迹，惊异后的欣然于此流出，就有了悟道的快慰。这文章对于鲁迅在教育部工作的环境有细致的描述，而且从一些点滴资料里生发出许多线索，对于鲁迅从事的文物研究做了诸多解释。他特别注意到鲁迅对于考古学者和文物研究学者的影响。在言及郑振铎、王冶秋的时候，看重的是鲁迅的考古之趣在两人身上的延伸。郑振铎与王冶秋都做过新中国的国家文物局局长，他们对于文化遗产研究的贡献，被世人公认。很少有人对于两人的文物观念的背景进行类似的透视，郑欣淼看到的是，有一段时间，中国的文物保护界的掌门人都是鲁迅的友人，在对于旧的遗产的态度上，鲁迅的影子常常出现。一些辐射到考古领域，一些催生出新的博物馆的理念，对于文化研究都有推进。认真说来，文化遗产研究与新文化人关系甚深，只是他们反传统的声音过高，那些心音被遮蔽了而已。蔡元培与自己的同事当年对于文物保护与考古研究的影响，也构成了新文化的一部分。

它的延伸过程，细思起来也颇多趣味的。

提倡新文化的学者中，有许多人对于金石、考古之学很是关注。不过他们的考古理念与今人不同。像鲁迅的考古理念，属于文化遗产研究的部分，概念的边际十分宽泛。中国最早的国家图书馆、国家博物馆的建立，都与鲁迅有关。而1927年考古学在中国出现的时候，亦能够见到鲁迅的一丝影子，比如对于西北考察的支持，对于域外考古学的思考，都在文章里有所体现。郑欣淼注意到鲁迅对于大内档案的态度，这些档案恰是他在故宫要面对的遗产。当他主管故宫工作的时候，鲁迅的声音对于他的提示，我们都能够从其文字中感受一二。

在故宫博物院近百年的历史里，许多人物深刻在紫禁城的深处。王国维、罗振玉、沈兼士、马衡都是值得注意的人物。这些人要么有金石学研究的基础，要么是音韵训诂的专家，与新文学的关系似乎不深。但对于郑欣淼而言，故宫与新文化的关系千丝万缕，对于文物的研究，恰是新文化运动中重要的一面。审视那些古老的遗存，不能遗忘的，恰是"五四人"的精神。鲁迅在《谈所谓"大内档案"》一文中对于文物界的昏庸和颟顸的批评，以及对于文化保护的期待，大约都影响了郑欣淼的工作。他强调"以物解史，以史为鉴"，看得出对于历史遗产批判地继承的态度。从《紫禁内外》一书里，能够感受到，大量的整理文物和展示文物的过程，并未湮没在岁月的烟雾里。

故宫的展览一向以皇家典藏为主，但博物院如果没有皇家以外的文化思考，恐怕是一个问题。沈兼士当年在故宫从事的工作，就有反省宫廷文化的内容，他与人组织编辑的《清代文字狱档》，近代革命的情结起了作用，批判的意识显而易见。郑欣淼对此也是颇以为然的吧。在对外交流中，跳出文物界的思维，引来思想史的元素，也属于突围意识的伸展。2006年，故宫推出中国比利时文物展，在当年吸引了不少观众。在那展览的致辞中，他以比利时画家麦绥莱勒为入口，言及麦绥莱勒对现代中国版画的影响，发表了《鲁迅与麦绥莱勒》的演讲。他从鲁迅与麦绥莱勒的关系，阐发东西方知识分子对话的重要性。鲁迅当年如何从麦绥莱勒那里获得灵感，又如何推进版画运动的开展，都得到了说明。东西方交流，不都是文物的呆板的陈列，而是透过时光的存在，思考人类共同面临的问题。这样，这个展览背后的精神哲学就暗自飘浮出来，在看似普通的资料介绍里，观众却窥见了一道迷人的风景。

　　如此钟情于鲁迅传统，看得出其精神明快的一面。鲁迅作为精神之源，在他那里有着非同寻常的意味。他也将此当作一种内力。最能够系统体现其思想的，是那一篇《鲁迅是一种力量》的文章，作者从多个角度论述了鲁迅的价值，印象深的是对于鲁迅思想的立体性的把握。比如，认为鲁迅首先是爱国主义者，但这背后还有世界主义的视野。离开世界主义讨论爱国主义，自然是危险的。再比如言及鲁迅的关爱大众，但在慈悲感的背后，还有不迎合大众的人的独立精神。在论述科技文明的时候，鲁迅一方面对于其改变世界有一种期待，但另一方面则警惕社会进入冷冰冰的无人性的王国。这样讲鲁迅，就不是扁平的描画，而是立体的勾勒。感受鲁迅的时候，没有全面了解其知识结构和话语结构，世俗化的理解就易滑入荒谬之径。学术研究的非偏执化的态度，不是每个学者都拥有的。

　　这种认识世界的方法与态度，对于研究古物的博物馆人与考古人无疑有着新意。其实许多学者已经做到了这一点。我们从北京大学李零先生治学中，就能够看出鲁迅、胡适的影子。他在处理考古文献时的语境，也流动着《新青年》的某些余音。对于传统的再认识，没有现代人文主义的眼光，必然囚禁在士大夫的笼子里。胡适在《〈国学季刊〉发刊宣言》中强调，"用历史的眼光来扩大国学研究的范围"，"用比较的研究来帮助国学的材料的整理与解释"，就是引入新的观念，重新发现历史，并拓出新文化的路径。对于文物研究与考古研究者而言，现在的任务"是用不断更新的现代科学理论与方法重看旧东西"（曹兵武语）。鲁迅、胡适那代人的经验，可以摄取的，真的很多很多。

一百年来，讨论鲁迅、研究鲁迅从未停止过。鲁迅思想的丰富多样，也导致了他的研究者的多种多样。王富仁曾把鲁迅研究分为启蒙派、人生哲学派、先锋派等，其实还远不止于此。我个人觉得，郑欣淼算是鲁迅研究领域的文化遗产派的学者，他展示的视角和思路，提示我们不要在封闭的系统里面对前人的遗产。博物馆系统的研究往往停留于物的层面，但倘能物物而不物于物，以思想照亮历史的幽暗之所，那么旧有的遗存便会分解出新质。我们不仅仅生活在现实世界，也在历史的影子里。但那影子有时会遮蔽存在的本真，没有精神的穿越，便不免沉沦到幽暗里。所幸的是，我们拥有"五四"传统与鲁迅传统，它照耀着已有的遗迹，并吸引我们去认识人的有限性。应当承认的是，以现代的眼光重审旧有的文明，时间还短，这个未尽的话题，我们一时说它不完。

（本文原载《读书》2018年第7期）

目录

CONTENTS

第一编 论文、演讲

第一编

论文、演讲

略论鲁迅杂文的题目

有人说，题目是文章的眼睛，这话很有道理。对于一篇文章，首先接触到的就是题目。题目与文章的高下优劣关系很大。平淡无奇的题目令人索然无味，引不起读者多大兴趣；生动精彩的则像磁石吸引铁屑一般，能一下攫住读者，不由得想一睹为快。鲁迅杂文的丰富多彩的题目，就有着如此强烈的魅力。

鲁迅一生写了七百多篇杂文，这些杂文的题目就体现了多样的风格和笔法。其中有的含蓄隽永，耐人寻味；有的明白如话，一目了然；有的充满哲理，启人深思；有的幽默诙谐，别有情趣；还有一些比较隐晦，似乎费解……真是五光十色。既有一般好题目的共同的因素，又带着鲜明的个人的色彩，具有显著的特点，值得我们认真研究。

其特点之一，是准确、鲜明，只用几个字或一个短句，就概括出文章的精髓，表现了作者的主张和观点。在一些正面驳斥论敌，或在关键时刻和重大是非问题上表明态度的文章的题目上，这个特点尤为明显。《非革命的急进革命论者》就是一个旗帜鲜明的好题目。"急进革命论者"要求："凡大队的革命军，必须一切战士的意识，都十分正确，分明，这才是真的革命军，否则不值一哂。"鲁迅对这些貌似彻底的革命者进行了深刻剖析，一针见血地指出，他们"其实是极不革命或有害革命的个人主义的论客"①。"急进革命"是现象,"非革命"才是实质;然而"非革命"却做出"急进革命"的样子,并且继续混淆视听。这个题目的力量,就在于它真实地、准确地概括了文章的内容,本身又是一个明确的、科学的论断,表现了作者站在无产阶级立场上,对于那些散布"毒害革命的甜药"的"左"倾宗派主义倾向的愤慨。其他如《我们不再受骗了》《辱骂和恐吓决不是战斗》《中国无产阶级革命文学和前驱的血》等都是如此,或大气磅礴,或义正词严,作者爱什么,憎什么,拥护什么,反对什么,首先在题目上表现了出来。

准确性是题目的生命。任何含混不清、模棱两可的意思都要不得。但准确不是指简单化的形式上的相似,而是善于从本质上进行概括,能反映出作者思想上的深度来。这样的题目无疑才是上乘。鲁迅一些杂文题目,既明晓通畅而又使人有警策深刻之感,就是这个原因。1936年,托派分子陈其昌以"陈仲山"化名给鲁迅写信,鼓吹阶级投降主义和民族投降主义,攻击中国共产党和毛泽东同志,鲁迅便写了《答托洛斯基派的信》予以回击。这个题目好就好在点了"托洛斯基派"的名。因为当时托派的反革命面目尚未在社会上完全暴露,鲁迅却赫然点出,彻底撕开了这伙躲在阴暗角落施放毒箭的家伙的嘴脸,一下敲到他们的脊梁骨,使其无可遁形,从而让革命人民擦亮眼睛,提高警惕。试想,题目如果写成"答陈仲山",也是可以的,但总显得平平,缺乏战斗的气势;"答托洛斯基派"则是本质上的概括,体现了作者敏锐的政治洞察力、坚定的无产阶级立场和主动回击的战斗精神。因此它既是文章内容的提炼,又使主题得到升华。好内容,好题目,相得益彰。

鲁迅杂文是文艺性的论文,是诗与政论的结合,既具有一般社

---

① 《鲁迅全集》第4卷,《二心集·非革命的急进革命论者》,人民文学出版社1981年版,第226、227页。

会评论的性质，又具有文艺作品的特征——形象性。而注重形象性也在杂文题目上有所体现。这是他杂文题目的第二个特点。鲁迅主要是通过比喻在题目上创造生动的形象，且善于就近取譬，用具体事物来比喻抽象的思想或道理，用这一事物比喻那一事物，使读者既得到深刻的体会，又享受到艺术的愉悦。《脸谱臆测》《二丑艺术》《爬和撞》等都是形象化的好题目。有一些题目，尽管只有一个字，如《头》《路》《扁》《推》等，仍使人感到具体实在，呼之欲出，也是由于通过某个事物或某个动作，惟妙惟肖地画出了所要阐发的问题的实质。正因为题目小而具体，也就避免了千人一面的公式化。"九一八"事变后，广大人民群众掀起抗日救亡的爱国运动。上海的一批反动文人却借国难以自肥，鼓吹"爱国歌舞表演"。发起组织"文艺界救国会"之类的活动，有的甚至借"爱国"之名来兜售"警犬""灵药"。鲁迅便用艺术笔触赋予这些家伙一个生动的形象——"沉滓"，指出：在这"国难声中"，"恰如用棍子搅了一下停滞多年的池塘，各种古的沉滓，新的沉滓，就都翻着筋斗漂上来，在水面上转一个身，来趁势显示自己的存在了"①。但因为泛起来的毕竟不过是沉滓，"所以因此一泛，他们的本相倒越加分明，而最后的运命，也还是仍旧沉下去"。鲁迅把这个意思概括起来，题目就叫作《沉滓的泛起》，短短五个字，在我们脑海里便映出了一幅具体的画图，使我们形象地看到了这些人物在动乱年代趁机泛起及其必然没落的结局。

由于取譬多是日常生活中的现象，如果处理不好，则难免陈陈相因。鲁迅因为站得高，看得远，联想巧妙，却能赋予新意。《由聋而哑》这个题目就是如此。聋子、哑巴，谁没见过？由聋而哑的道理也人所共知。然而鲁迅却和当时文艺界的荒凉，介绍外国思潮、翻译世界名著都很不够的问题联系起来，说明由于精神食粮的缺乏而造成一

①《鲁迅全集》第4卷，《二心集·沉滓的泛起》，人民文学出版社1981年版，第323页。

些人精神上的"聋",那结果,也招致了"哑"来,也就是写不出、创造不出了。司空见惯的日常现象和重大的社会问题联系起来,比喻便显得通俗、熨帖而又新颖,供给读者联想的宽广的天地。那些由于头脑荒芜、精神食粮匮乏而变得愚妄无知的人,和"呜呜哑哑"的哑子何其相似!回想十年浩劫,林彪、"四人帮"疯狂推行闭关锁国的愚民政策,使得不少人不谙世事变化,见闻寡陋,不是同样存在着"由聋而哑"的危险吗?

鲁迅杂文第三个显著特点,就是辛辣的讽刺和含笑的幽默。对于反动统治阶级及其帮凶,对于资产阶级的市侩作风,对于社会生活中的落后现象,鲁迅常常运用讽刺的锋芒进行揭露和批判。这个特点在题目上体现较多的是"以子之矛,攻子之盾",即引用对方的话讽刺对方。梁实秋对于人们称他为"资本家的走狗"颇感委屈,说他还不知道自己的主子是谁,又说他怎样辛苦,等等。鲁迅把梁实秋这些话的意思概括、连缀起来,就成了这么一个题目:《"丧家的""资本家的乏走狗"》。题目活像一幅漫画,简单几笔,在我们面前便出现了一个无人豢养,饿得精瘦,但还是遇见所有的阔人都驯良,遇见所有的穷人都狂吠的资本家的走狗的形象。然而这幅画是梁实秋本人给自己画的。每每看到这个题目,就不禁使人哑然失笑。国民党反动政府禁止学生请愿的《通电》里有这么几句话:"友邦人士,莫名惊诧,长此以往,国将不国。"鲁迅为了揭露"友邦"和"国府"的反动本质、狠毒用心以及它们之间的罪恶关系,用了《"友邦惊诧"论》做题目。鲁迅说:"可是'友邦人士'一惊诧,我们的国府就怕了,'长此以往,国将不国'了,好像失了东三省,党国倒愈像一个国,失了东三省谁也不响,党国倒愈像一个国,失了东三省只有几个学生上几篇'呈文',党国倒愈像一个国,可以博得'友邦人士'的夸奖,永远'国'下去一样。"和内容联系起来,这个题目就充满了强烈的讽刺力量:在"友邦惊诧"的后面,人们看到了"友邦人士"是什么东西,他们"惊诧"的实质以及"国将不国"的奴才相。

隐晦，曲折，耐人寻味，是鲁迅杂文题目的第四个特点。在国民党反动派的高压政策下，"弄文罹文网，抗世违世情"，鲁迅不能直抒胸臆，不少文章只能以"曲笔"的形式表达，这也就形成了他的杂文回转深沉的风格，成了他的一种特殊的表现形式。体现在题目上，或借古讽今，或托物寓理，言此及彼，含而不露。比如《为了忘却的记念》这个题目，"忘却"和"记念"是两个意义完全相反的词，从表面看来，似乎是为了摆脱悲哀，将烈士忘却才写这篇纪念文章的，实则不然。柔石等五位青年作家遇害后，鲁迅从未停止过对他们的怀念，就在这篇文章结尾，还意味深长地说："即使不是我，将来总会有记起他们，再说他们的时候的。"题目却说要"忘却"，显然包含着极深沉的情思，它表现了使作者无法承受、无法控制的强烈悲愤，同时也表达了在漫漫长夜中继续战斗、用坚忍的工作和斗争精神来纪念死者的决心。越是说要"忘却"，却越不能忘却。"忘却"分明是不能忘却的反语。作者这里用的是曲笔，但曲笔而又不失其犀利。

还有一些题目，仅从字面上难以体察出作者的用意，只有联系当时的社会背景，认真思索，才会对题目的妙处心领神会。《现代史》就是一个典型例子。乍看题目，似乎作者要大讲一番现代历史，但通篇却说的都是"变戏法"。变戏法的要一通花样，便向大家讨钱："在家靠父母，出家靠朋友……HuaZaa（形容撒钱的声音）！HuaZaa！"钱到手了，就走掉了；过了些时候又来了，还是再要一通花样："HuaZaa！HuaZaa！"又是向观众讨钱。内容和题目好像风马牛不相及，作者在结尾时也说："到这里我才记得写错了题目，这真是成了'不死不活'的东西。"其实他一点儿也没写错。我们联系鲁迅1933年写这篇文章时的背景，就容易理解了。"九一八"事变后，在日本帝国主义步步紧逼、民族危亡迫在眉睫的情况下，蒋介石、汪精卫、孙科等一个接着一个上台，一个接着一个要花样，他们都推行反共卖国的反动路线，都对老百姓横征暴敛，这难道不正是国民党反动政府的现代史吗？

鲁迅在谈到《南腔北调集》一书的命名时说："我在私塾里读书时，对过对，这积习至今没有洗干净，题目上有时就玩些什么《偶成》，《漫与》，《作文秘诀》，《捣鬼心传》，这回却闹到书名上来了。"[①]"对偶"是我们民族表现手法的独特的传统，运用得好，不但能使文字优美，而且可以使文章的概括性更强，并有助于文字的精练。鲁迅在不少杂文题目上运用对偶，同样收到了这样的效果。这类题目还可以举出很多：《吃教》《喝茶》；《"辞大义"》《忧"天乳"》；《文坛三户》《中秋二愿》；《北人与南人》《文章与题目》；等等。痛斥张春桥的《三月的租界》也是这样一个颇具匠心的好题。青年作家田军写了小说《八月的乡村》，狄克（即张春桥）却横加指责，鲁迅便写了《三月的租界》给以回击。这个题目不仅点明了狄克炮制黑文的时间、地点和背景，且有意与《八月的乡村》相对称，构成富有讽刺意味的对仗，寓意极为深刻：一边是东北的抗日前线，人民正与日寇浴血奋战；另一边是帝国主义军警宪兵保护着的上海，狄克之流正龟缩在"三月的租界"里攻击抗日爱国文学。一个是"庄严的工作"；另一个则是"荒淫与无耻"。这正是爱国与卖国、抗战与投降、革命与反革命的鲜明对照。这个题目的犀利的战斗性是显而易见的，难怪狄克后来在给鲁迅的信中直叫嚷："《三月的租界》这个题目很伤大家的感情。"

当然，以上所说的鲁迅杂文题目的几个特点，不能也无法加以截然区分，而是互有联系。在一个具体题目上，有时某一点比较突出，有时几点兼而有之。我们看鲁迅杂文的这些题目，似乎是信手拈来，毫不经意，其实不然。它是由多方面的因素决定的，透着鲁迅的心血。

一是鲁迅杂文题目的深刻性和作者思想的深邃是一致的。鲁迅的伟大就在于他能够紧跟时代的变化而不断前进，特别是在他成为伟大的马克思主义者之后，能够纯熟地运用辩证唯物主义和历史唯物主

---

① 《鲁迅全集》第4卷，《南腔北调集·题记》，人民文学出版社1981年版，第418页。

义，文章的见解高出一筹，题目也就别出心裁，不同凡响。鲁迅一生经过新、旧民主主义革命两个历史时期，阅历十分丰富，他的一些杂文题目，就凝聚着自己的生活实践和对敌斗争经验，显示了个人的特色。这里应该提一下写于蒋介石"四一二"反革命政变前夕的《庆祝沪宁克复的那一边》这个题目。当广州人民都为上海工人占领上海、北伐军攻克南京而沉浸在欢庆里时，鲁迅却告诫人们要从"庆祝沪宁克复"之中看到"那一边"。"那一边"指的是什么呢？是指隐藏着的革命危机。就是说，要从庆祝胜利的热烈气氛中，看到"反革命者的工作也正在默默地进行"；要从革命势力的扩大中，看到投机者的混入；要从"小有胜利，便陶醉在凯歌中"，看到革命精神的浮滑、稀薄、消亡，以至于复旧。可见，"那一边"三个字有着丰富的内涵，题目本身就体现了辩证唯物论的思想，有着对整个形势的分析，有着大量的历史经验的深刻总结，以及在实际斗争中对敌人本质洞若观火的认识，显示了作者目光如炬、识微见几的科学的预见性。显然，这样的题目单靠文字技巧是做不出来的。

　　二是卓越的艺术素养，熟娴的文字功夫，是鲁迅杂文题目生动有力的一个重要因素。翻开全集，七百多篇杂文的题目，看不出有什么框框和模式，竟没有一篇是"有感于……"或"……的启示"一类格式；人们习用的"从……说开去"，也仅有《从"别字"说开去》一篇，真正摒除了一般化、公式化。特别是一些论辩文章的题目，容易干枯老一套，而他却通过多种修辞手法，写得新人耳目。有些题目，或有意加些文言、外来语成分，或打破文字组合上的常规，或在标点符号使用上故显奇特，或短仅一字，长达二三十言，看上去杂七杂八，却更增强了杂文的艺术特色，也显示了作者深厚的知识底蕴和艺术功力。鲁迅擅长写旧体诗，锤炼字句极有功夫。这在有些杂文题目上也体现了出来。有些题目的艺术效果堪与脍炙人口的诗句媲美。为人所称道的《估〈学衡〉》就是个很好的例子。"估"字是对"学衡"的"衡"字而言。鲁迅认为，这些新文化运动的敌人，要想

"衡"别人，其实本身的秤星尚且未曾钉好，"更何论于他所衡的轻重的是非"。因此，对他们根本用不上"衡"，只要"估一估"，就可以把假古董的斤两估出来。一个"估"字，极尽讽刺嘲笑之能事，既显示作者对这伙自诩学贯中西实则浅薄无聊之辈的鄙视，也体现了鲁迅嬉笑怒骂的战斗风格。一个"估"字，就像旧诗里的所谓"诗眼"，一字千钧，使标题活了起来，把全篇文章带了起来。

三是鲁迅的写作态度十分严肃。如同写杂文时的字斟句酌、认真修改一样，他对文章的题目也十分讲究，苦心孤诣地追求题目的生动、有力、深刻，尽可能出语惊人。我们知道，有的杂文的题目，鲁迅在汇编出集子时又做了修改，如收入《南腔北调集》的《论"赴难"和"逃难"》，初发表时题为《三十六计走为上计》；收入《伪自由书》的《逃的辩护》，初发表时题为《"逃"的合理化》；收入《准风月谈》的《"中国文坛的悲观"》，初发表时题为《悲观无用论》，等等。仔细琢磨，作者的这些修改是有用意的：有的为了更加简练，如《萧伯纳颂》改为《颂萧》；有的为了增强针对性，如《感旧》改为《重三感旧》，且加了副题《一九三三年忆光绪朝末》；有的为了更加明确，如发表在《语丝》杂志上的两篇《通讯》，收入《三闲集》时，分别改为《文坛的掌故》和《文学的阶级性》。但更多的修改，则是为了使意境上更加深沉，表现上更加含蓄，方法上更加多样，产生出更加强烈的吸引人的效果。

鲁迅重视杂文题目的拟作，但又反对不顾文章内容而一味在题目上雕琢。他在和人谈论有关文章题目时，说过一段看似平常实则深刻的话："我约略地想了一下，几乎世界上的大作家，取的题目都是随随便便的。就是说，文章的好坏，和题目的好坏，关系并不大。换句话说，越是那些写不好文章的人，题目倒往往是古里古怪的。"① 这里

---

① 魏金枝：《有关鲁迅先生的几件旧事》，《鲁迅回忆录》第 1 集，上海文艺出版社 1978 年版，第 174 页。

指的虽然不全是杂文，但其中的道理是一样的。不仅是文学，就是艺术作品，鲁迅也认为应力求内容和题目的相一致。他十分鄙薄当时一班所谓"艺术家"的行径："中国近来其实也没有什么艺术家。号称'艺术家'者，他们的得名，与其说在艺术，倒是在他们的履历和作品的题目——故意题得香艳，漂渺，古怪，雄深。连骗带吓，令人觉得似乎了不得。"①

高度的政治觉悟，深厚的艺术修养，严肃的写作态度，这就是文学巨匠鲁迅留给我们一篇篇好文章和一个个好题目的原因，也是我们所应该认真学习的几个方面。

（本文原载《人文杂志》1981年第5期）

---

① 《鲁迅全集》第4卷，《二心集·一八艺社习作展览会小引》，人民文学出版社1981年版，第309页。

鲁迅宗教观初探

　　鲁迅的思想是一个不断发展的过程，作为他思想一个重要方面的宗教观，同样给人们留下了一道清晰可见的轨迹。这里，我们试图对鲁迅宗教观的前后变化做一初步探索，从一个小的侧面去窥望、认识这位伟大的革命家、思想家和文学家。

一

　　我们首先探讨鲁迅早年（辛亥革命前）对于宗教起源与作用的认识，以及这种宗教观与他开始形成的改造国民性主张之间的关系。

　　宗教是一种同科学、同唯物主义根本对立的唯心主义思想体系。幻想有一个或几个主宰物质世界的、超自然的、具有人格和意识存在的神，以及对神的信仰和崇拜，是一切宗教唯心主义的核心。必须明确，鲁迅早期在自然观方面是一个坚定的唯物论者。南京求学，在接触维新派宣传的西方资产阶级民主主义思想的同时，鲁迅也比较全面地学习了近代自然科学。在1907年写的《人之历史》里，他以解释德国生物学家海克尔的《人类发生学》为主，系统地介绍这种科学新成就如何打破了西方基督教关于上帝创造万物"神创论"的唯心主义谬说，粉碎了把生物品种看成永远不变的"物种不变论"的形而上学观点。《科学史教篇》则专门介绍了欧洲自然科学从古希腊、古罗马到19世纪的发展历史，阐述了发展科学对推动社会前进的重要意义。显而易见，鲁迅这种自然观上的彻底唯物主义同以神学为本的宗教是根本不相容的。

那么，鲁迅当时是怎样看待宗教的？在《破恶声论》中，鲁迅指出有这么一种"志士"，他们掇拾一些新名词，"稍耳物质之说，即曰：'磷，元素之一也；不为鬼火。'略翻生理之书，即曰：'人体，细胞所合成也；安有灵魂？'"①这些人自以为懂得科学知识，把宗教简单地斥之为"迷信"。鲁迅是不同意这一说法的。他已意识到宗教是一种复杂的社会现象，产生的根源比较多，那些"志士"则"不思事理神闳变化，决不为理科入门一册之所范围"，因此仅用"迷信"二字是骂它不倒的。鲁迅这种看法无疑是比较深刻的。革命导师都反对用简单的观点对待宗教。恩格斯说过："只用嘲笑和谩骂不能消灭基督教这样的宗教，也要靠科学，就是要通过历史解释来打倒它，这是甚至自然科学也不能做到的。"②列宁也反对用"肤浅的、资产阶级的、狭隘的文化主义"③观点来看待宗教。但由于世界观的局限，在探求宗教起源问题上，鲁迅同样存在着片面的认识。鲁迅说："夫人在两间，若知识混沌，思虑简陋，斯无论已；倘其不安物质之生活，则自必有形上之需求。故吠陀之民，见夫凄风烈雨，黑云如盘，奔电时作，则以为因陀罗与敌斗，为之栗然生虔敬念。希伯来之民（即犹太民族——引者注），大观天然，怀不思议，则神来之事与接神之术兴，后之宗教，即以萌蘖。虽中国志士谓之迷，而吾则谓此

---

① 《鲁迅全集》第 8 卷，《集外集拾遗补编·破恶声论》，人民文学出版社 1981 年版，第 29 页。

② 恩格斯：《关于德国的札记》，《马克思恩格斯全集》第 18 卷，人民出版社 1964 年版，第 654 页。

③ 列宁：《论工人政党对宗教的态度》，《列宁选集》第 2 卷，人民出版社 1972 年版，第 378 页。

乃向上之民，欲离是有限相对之现世，以趣无限绝对之至上者也。人心必有所冯依，非信无以立，宗教之作，不可已矣……宗教由来，本向上之民所自建，纵对象有多一虚实之别，而足充人心向上之需要则同然。"①

宗教是人类社会发展到一定阶段的历史现象，有它发生、发展和消亡的过程。宗教观念的产生，反映了在生产力水平极低的情况下，原始人对自然现象的神秘感。进入阶级社会以后，阶级剥削和阶级压迫则是宗教产生、存在和得以发展的最深刻的社会根源。从鲁迅的论述看，他注意了宗教产生的认识根源，却忽视了它的更重要的社会根源。而忽视这一点，就难以认识宗教的本质。所谓"形上之需求""以趣无限绝对之至上""足充人心向上之需要"等，还只是表面的认识。从实质上看，宗教就是人们受那种社会的盲目的异己力量支配而无法摆脱所产生的幻想。"天国"、"来世"、"彼岸"或"神仙世界"，只是虚构出来的精神世界，是一种自我安慰。这种精神王国的"平等"，正是为了加强、巩固现实社会的不平等，如马克思所说："对一切已使人受害的弊端的补偿搬到天上，从而为这些弊端的继续在地上进行辩护。"②

在漫长的人类社会发展史中，宗教占有重要地位，发生了或还在发生着重大的影响。对这些影响应进行具体分析。早年鲁迅较多地从积极方面看待宗教。就世界三大宗教之一的基督教来说，在中世纪欧洲，曾成了封建制度的主要支柱，并把意识形态的其他一切形式都置于基督教神学控制之下，对广大人民和进步科学家进行残酷的迫害。鲁迅也看到了这一点。在《科学史教篇》中就说到宗教统治如何阻碍、窒息科学的发展，但他认为这只是一个方面；另一方面，宗教又

---

① 《鲁迅全集》第8卷，《集外集拾遗补编·破恶声论》，人民文学出版社1981年版，第27页。

② 马克思：《〈莱茵观察家〉的共产主义》，《马克思恩格斯全集》第4卷，人民出版社1958年版，第218页。

对人们陶冶思想、涤荡精神起过很大的作用。他说："盖中世宗教暴起，压抑科学，事或足以震惊，而社会精神，乃于此不无洗涤，熏染陶冶，亦胎嘉葩。二千年来，其色益显。"①他还以德国宗教革命的马丁·路德，美国第一任总统华盛顿，领导17世纪英国资产阶级革命的克伦威尔以及诗人弥尔顿、历史学家卡莱尔等，作为这种"嘉葩"的代表。鲁迅甚至以为，有了如此显著的成果，"以偿沮遏科学之失，绰然有余裕也"②。我们说，不仅基督教，所有宗教的教义、教规以及所宣扬的一切，都是为了毒害人民群众的意识，泯灭他们的反抗斗争精神，使他们俯首听命，以有利于维护反动统治阶级的社会秩序。这种"熏染"，其实是麻醉，是戕贼。鲁迅早期的这种认识是偏颇的。

可见，鲁迅早年对宗教基本持肯定态度，或者说看重了自己所认为的它的积极方面，而这又同他当时业已萌生且正在深入探求的改造国民性思想有着相通之处。

鲁迅在日本改变医学救国的初衷后，便把重点放在改造国民性这个不少先进的中国人所注目的问题上。他认为，要推翻清朝专制统治，改造社会弊端，必须从改变人们精神面貌、振作人心，即改造国民性做起，这就要强调个性解放，"国人之自觉至，个性张，沙聚之邦，由是转为人国"③。既然认为宗教对于熏染人们思想有着如此宏大的力量，在奋发踔厉地投入民族民主革命斗争、以改变人们精神面貌为职志的鲁迅那里，留意、重视宗教，应该说是关于改造国民性观点的题中应有之义。

在鲁迅看来，宗教之所以对于改变人们思想有裨益，主要由于它依靠的是信仰（"人心必有所冯依，非信无以立，宗教之作，不可已矣"）。教徒对所崇奉的宗教极度笃信，对教规恪守不渝，就因为他有坚定的信仰。鲁迅十分推崇信仰，认为这对一个人来说至关重要。

①《鲁迅全集》第1卷，《坟·科学史教篇》，人民文学出版社1981年版，第28—29页。
②《鲁迅全集》第1卷，《坟·科学史教篇》，人民文学出版社1981年版，第29页。
③《鲁迅全集》第1卷，《坟·文化偏至论》，人民文学出版社1981年版，第56页。

而许多中国人，尤其是那些"精神窒塞，惟肤薄之功利是尚，躯壳虽存，灵觉且失"的"浇季士夫"①，却毫无信仰、节操可言。鲁迅所期望的有信仰的是怎样一种人呢？他的解释是："不和众嚣，独具我见。""洞瞩幽隐，评骘文明，弗与妄惑者同其是非，惟向所信是诣，举世誉之而不加劝，举世毁之而不加沮，有从者则任其来，假其投以笑骂，使之孤立于世，亦无慑也。"②鲁迅认为，这样的人多了。"则庶几烛幽暗以天光，发国人之内曜，人各有己，不随风波，而中国亦以立。"③在当时国民尚未觉醒的寂寞时代，鲁迅大声疾呼人们确立革命信仰和远大理想，为争取民族解放和民主革命的胜利而斗争，是有积极意义的。

二

鲁迅对于宗教，比较重视的当推佛教。他曾说过："夫佛教崇高，凡有识者所同可。"④认识这个问题，应注意到以下三个方面的原因。

第一，时代的熏染。梁启超说过："晚清思想家有一伏流，曰佛学。""故晚清所谓新学家者，殆无一不与佛学有关系，而凡有真信仰者率皈依文会。"⑤当时维新思潮的一个特色，就是以佛法解释

---

① 《鲁迅全集》第8卷，《集外集拾遗补编·破恶声论》，人民文学出版社1981年版，第28页。

② 《鲁迅全集》第8卷，《集外集拾遗补编·破恶声论》，人民文学出版社1981年版，第25页。

③ 《鲁迅全集》第8卷，《集外集拾遗补编·破恶声论》，人民文学出版社1981年版，第25页。

④ 《鲁迅全集》第8卷，《集外集拾遗补编·破恶声论》，人民文学出版社1981年版，第29页。

⑤ 梁启超：《清代学术概论》，中华书局1954年版，第73页。

孔孟，谈西学则取证佛经。"开风气"的龚自珍晚年沉醉于佛学之中，笃信因果报应、生死轮回等谬说；以擅长经世学而知名的魏源，暮岁也成了虔诚的佛门弟子；谭嗣同鼓吹冲破罗网的著名的《仁学》一书，则是随从杨文会一年而产生的；康有为变法维新的一个重要思想来源是佛学；梁启超一生佞佛，愈老弥笃，对佛学由衷地唱尽了赞美诗；章太炎怒斥孔教，力非耶稣，唯独对佛教钟爱之至；南社、同盟会的不少成员，或从佛学汲取激励自己的精神力量，或在其中寻求精神寄托的天地……从地主阶级的革新派到资产阶级的改良派、革命派，这么多的人对佛学一往情深，自然有着深刻的阶级、社会、历史的根源。对于受中国传统文化影响较深，并且经历了旧民主主义革命的鲁迅来说，受到佛学这种浓厚的时代风气的浸濡，也就不足为奇了。

第二，章太炎的直接影响。章太炎1903年因《苏报》案在上海被捕，三年后出狱，即东渡日本，一面为《民报》撰文，一面为青年讲学。鲁迅即在这时得以亲炙。许寿裳回忆说，鲁迅的读佛经，当然是受章太炎的影响。[1]有些论者则断言，在这方面鲁迅与章氏根本无缘，因为鲁迅曾说过："我爱看这《民报》，但并非为了先生的文笔古奥，索解为难，或说佛法，谈'俱分进化'，是为了他和主张保皇的梁启超斗争。和'××'的×××斗争，和'以《红楼梦》为成佛之要道'的×××斗争，真是所向披靡，令人神旺。"[2]鲁迅还指出，章太炎视为最要紧的两点：第一用宗教发起信心，增进国民的道德；第二用国粹激动种性，增进爱国的热肠，都"仅止于高妙的幻想"。笔者以为，对鲁迅的话应全面理解，这里需要把握两点：

---

[1] 许寿裳：《亡友鲁迅印象记》，人民文学出版社1953年版，第46页。

[2]《鲁迅全集》第6卷，《且介亭杂文末编·关于太炎先生二三事》，人民文学出版社1981年版，第546页。

一是，鲁迅撰写《关于太炎先生二三事》的主旨及针对性。章太炎于1936年6月逝世后，国民党反动派及其御用文人假纪念之名，竭力歪曲，把章作为他们鼓吹尊孔读经的"金字招牌"，当作"复古的先贤"。也还有一些人，在纪念章的文章中有着明显的错误观点，如许寿裳，便认为在当时"外侮益亟，民气益衰"的情况下，必须大力提倡佛教，像章太炎1906年说过的那样："以勇猛无畏治怯懦心，以头陀净行治浮华心，以惟我独尊治猥贱心，以力戒诳语治诈伪心。"[①]这显然没有抓住章太炎革命精神的实质。鲁迅抱病执笔，略其小节，突出和肯定了章太炎的辉煌的革命业绩，澄清了在日寇侵逼下一些人的糊涂认识，洗去了少数家伙抹在死者身上的泥污。这在当时有着重要的现实意义。

二是，这时的鲁迅是站在一个成熟的、坚定的马克思主义立场上来评价章太炎。又由于是及门弟子，对先生的长处和短处知之甚深，分析也就切中腠理。章辛亥前提出的"佛法救国"主张，在已掌握辩证唯物主义和历史唯物主义武器的鲁迅看来，自然不过是"高妙的幻想"。

鲁迅的从章太炎学，并非为了登入佛学的堂奥，但鲁迅一度对佛学的强烈兴趣，矻矻地读佛经，确与章太炎有关。章太炎反对宗教有神论，却又提倡建立无神的宗教。毛泽东说过，佛教"同帝国主义联系较少，基本上是和封建主义联系着"[②]。章太炎希图从我国固有的思想中找到适合于资产阶级要求的哲学理论，便采取了与我国传统文化有深刻联系的佛教思想，要把佛教的主观唯心主义改造成资产阶级革命斗争的武器。章太炎很推崇法相唯识宗。他说"今之立教，唯以自

---

① 转引自《鲁迅全集》第13卷，《书信·360925致许寿裳》注1，人民文学出版社1981年版，第432页。

② 毛泽东：《团结起来，划清敌我界限》，《毛泽东选集》第5卷，人民出版社1977年版，第68页。

识为宗"①，对于法相的"不援鬼神，自贵其心""依自不依他"十分赞赏，认为这也是中国道德方面的优良传统，且同尼采思想有相通之处。章太炎相信提倡这种精神对于中国有好处："排除生死，旁若无人，布衣麻鞋，径行独往。上无政党猥贱之操，下作懦夫奋矜之气。以此揭橥，庶于中国前途有益。"②

第三，也是更重要一条，诚如前边分析过的，即在鲁迅看来，不仅佛教，而是整个宗教，对他的改造国民性的主张有着积极作用，他因此便产生了浓厚的兴趣。

鲁迅虽然早年对佛教评价甚高，但真正钻研佛经却是辛亥革命以后，具体说，主要在1914—1916年这三年。翻开鲁迅日记，从1914年4月到年底九个月，共买佛教书籍八十多部近一百二十册，花去四十六元，占全年买书总款的百分之三十八。这几年他经常流连于琉璃厂一带，成了有正书局、文明书局等店铺的主顾。他和清末佛学领袖杨文会的高足梅光羲、佛教徒许季上等往来频仍。不仅自己大力搜购、潜心披阅，还与许寿裳、周作人等彼此交换。中国佛教的天台宗、华严宗、禅宗、净土宗、唯识宗等，他都有所涉猎。鲁迅还大做功德，捐款佛经流通处；为祝母寿，托金陵刻经处刻《百喻经》一百册，又用余资刻了《地藏十轮经》。在《日记》中不时有这样的记载："午后阅《华严经》竟""从季上借得《出三藏记集》残本，录之起第二卷"等等。总之，在近三年中，鲁迅买佛经数量之丰、用功之勤，实在是惊人的。而他的钻研之精，也是一般人所不及的。

如何看待鲁迅的读佛经？总的说来，鲁迅主要是从哲理、文学方面来研究佛经，把它作为人类思想发展的史料对待的。这也是鲁迅一贯提倡的"拿来主义"的实践。佛教对我国中古的政治、思想、文学、艺术都发生过相当大的影响，可以说不懂得佛教，就难以弄懂中

① 章太炎：《建立宗教论》，《民报》第9号，1906年11月15日。
② 章太炎：《答铁铮》，《民报》第14号，1907年6月8日。

国的政治史、哲学史、思想史、文学史等。鲁迅集中那么大精力，力求有个透彻了解，是值得的。鲁迅颇爱六朝人的文章。由于不少佛经是唐以前翻译的，文笔很好。鲁迅便把它作为六朝的著作看待。再就佛经本身来说，作为古代思想遗产，实事求是地进行研究，其中总有一些不无可用的东西。

也要看到，鲁迅的嗜读佛经与当时险恶的政治环境有关。随着辛亥革命的失败，鲁迅的理想破灭了，现实一片黑暗，光明在哪里？鲁迅一度陷入苦闷、迷惘、彷徨的境地。毋庸讳言，在这种情况下读经，佛学那套空灵的唯心主义，超然出世、"四大皆空"的消极思想，难免会对鲁迅产生一定的影响。鲁迅这时就对人说过："释迦牟尼真是大哲，我平常对人生有许多难以解决的问题，而他居然大部分早已明白启示了，真是大哲！"①然而鲁迅毕竟是鲁迅。对于永远是一个战士的鲁迅来说，坚忍执着的战斗精神同因果报应的佛门教义水火不容，勇于面对现实的清醒态度同追求超脱世间的"涅槃寂静"格格不入，始终把自己与国家、民族的命运连在一起的宽广胸怀同只为个人"来生"打算的猥贱用心更是风马牛不相及。鲁迅有过暂时的消沉，但并没有放弃战斗。

三

从辛亥革命失败至"五四"运动前夕这一段，在鲁迅思想发展史上占有相当重要的一页。这是一个大准备，为即将到来的新文化运动放声呐喊在思想上、理论上做着坚实的准备；又是一场大清算，对于中国的古旧"文明"亦即封建主义意识形态的危害性有了深刻认识，并且努力清扫这些在自己灵魂里作祟的东西。正是在这个重要的酝

---

① 许寿裳：《亡友鲁迅印象记》，人民文学出版社 1953 年版，第 44 页。

酿、转变时期，鲁迅的宗教观也逐渐发生了根本的变化，由过去的首肯到怀疑、否定，以至操戈相向。

辛亥革命后的黑暗现实强烈地刺激着鲁迅。在袁世凯复辟当皇帝的鼓噪声中，思想文化领域里尊孔复古之声也甚嚣尘上。袁世凯一面提倡尊孔读经，一面颁布"祀天""祭圣"的法令，搞神道设教。求救于宗教的蒙昧主义。帝国主义分子对袁世凯不遗余力地给以支持。美国传教士李佳白主张基督教和孔教互相敬爱、互相劝勉、互相辅助。他组织成立的尚贤堂打着"发明本教，研究他教"的旗号，每周举行例会，邀请"儒、佛、回、道各大教中的名人"轮流到尚贤堂演讲①，江西龙虎山的张天师等中国的道士、和尚和康有为等封建遗老都成了尚贤堂的座上客。这种耶稣和孔子的"携手"，帝国主义文化同封建文化结成的反动同盟，使鲁迅进一步看穿了宗教蒙骗、麻醉人民的实质。

辛亥革命发生了，但是旧的统治秩序和统治者依然故我，没有什么改观。鲁迅探索着革命失败的原因：为什么不惜牺牲推翻清政府的革命者得不到人们的理解和支持，反而遭到一群小市民的嘲弄，都骂他"发了疯了"（《药》）？为什么贫无立锥之地的阿Q也对革命党深恶痛绝，以为革命党便是造反，造反便是与他为难（《阿Q正传》）？为什么"皇帝坐龙庭"在江南水乡引起的一场风波过去之后，天真的六斤仍免不了裹脚的悲惨命运（《风波》）？等等。鲁迅感到，这一切都由于落后的传统思想在作怪，不扫除这些旧思想，无论换上什么招牌，都无济于事。而这落后的传统思想、古旧文明，就包括他早期所肯定过的宗教。

鲁迅思想发展的一个显著特点，就是从旧垒中来，对中国社会和中国历史有着深刻的了解，反戈一击，对旧势力的进攻也特别有力。在宗教问题上也是这样。

---

① 顾长声：《传教士与近代中国》，上海人民出版社1981年版，第272页。

四

"对宗教的批判是其他一切批判的前提"，因为"谬误在天国的申辩一经驳倒，它在人间的存在就陷入了窘境"[①]。揭露旧制度的本质，打倒反动统治阶级，就必须驱散罩在旧制度头上的那道灵光圈，剥掉它们身上的神圣外衣。在西方，新兴资产阶级思想家们在反对封建制度中，就曾长时期地进行反对宗教神学的启蒙宣传，并与基督教会势力开展了激烈的斗争。在孙中山领导中国旧民主主义革命时期，我国无神论者也把反对有神论和宗教迷信的斗争与争取资产阶级民主革命的斗争联系起来进行。第一次世界大战和十月革命之后，一个伟大的革命新高潮在中国即将出现。在这转折时期，开展一场更广泛、更深刻、更彻底的民主主义启蒙运动，就十分必要了。横扫一切传统思想的"五四"新文化运动便应运而生。"宗教、自然观、社会、国家制度，一切都受到了最无情的批判。"[②]

在狂飙突进的"五四"运动中，鲁迅对国民性的弱点毫不留情地加以揭露，对产生这些弱点的根源试图从各方面进行剖析，其中一个重要方面就是禁锢、毒害人民群众思想的宗教神学。鲁迅有一段话很能说明他对于宗教以及一切传统思想的态度：凡是阻碍社会前进的，"无论是古是今，是人是鬼，是《三坟》《五典》，百宋千元，天球河图，金人玉佛，祖传丸散，秘制膏丹，全都踏倒他"[③]。

第一，对道教的批判。

---

① 马克思：《〈黑格尔法哲学批判〉导言》，《马克思恩格斯选集》第 1 卷，人民出版社 1972 年版，第 1 页。

② 恩格斯：《反杜林论》，《马克思恩格斯选集》第 3 卷，人民出版社 1972 年版，第 56 页。

③《鲁迅全集》第 3 卷，《华盖集·忽然想到（五至六）》，人民文学出版社 1981 年版，第 45 页。

鲁迅1918年在致友人书中说："前曾言中国根柢全在道教，此说近颇广行。以此读史，有多种问题可以迎刃而解。"①鲁迅"五四"时又常把儒道并提，指出"儒道两派的文书"是助成中国人昏乱的"物事"。②

道教是中国土生土长的宗教，东汉时就逐渐形成了。原始道教多在民间活动，后经统治阶级的多次改造，就变成了他们所信奉的神仙道教。神仙道教的中心目的是追求长生不老，修炼的具体方法有服御、导引、胎息、内丹、外丹、符箓、房中、辟谷等。葛洪的《抱朴子内篇》有一段对话很能说明道教的实质：

或曰："审其神仙可以学致，翩然凌霄，背俗弃世，丞尝之礼，莫之修奉，先鬼有知，其不饿乎！"抱朴子曰："盖闻身体不伤，谓之终孝，况得仙道，长生久视，天地相毕，过于受全归完，不亦远乎？果能登虚蹑景，云舆霓盖，餐朝霞之沆瀣，吸玄黄之醇精，饮则玉醴金浆，食则翠芝朱英，居则瑶堂瑰室，行则逍遥太清。先鬼有知，将蒙我荣，或可以翼亮五帝，或可以监御百灵。位可以不求而自致，膳可以咀茹华璃，势可以总摄罗酆，威可以叱咤梁柱，诚如其道，周识其妙，亦无饿之者。"③

请看这幅赤裸裸的利己享乐的理想图，何等贪婪，何等丑恶，然而又说得多么冠冕堂皇！这其实是把封建贵族特殊地位和权势的美化和夸大，所追求的是一种超世间的极乐境界。

作为宗教来说，道教也是一种复杂的社会现象，自然有其可研究之处。到了后期，鲁迅进一步提出了"方士思想"或"道士思想"，

---

① 《鲁迅全集》第11卷，《书信·180820 致许寿裳》，人民文学出版社 1981 年版，第 352 页。

② 《鲁迅全集》第1卷，《热风·三十八》，人民文学出版社 1981 年版，第 313 页。

③ 王明：《抱朴子内篇校释》第 3 卷，中华书局 1985 年版，第 46 页。

以示和道教的区别。所谓方士，一般指那些好讲神仙之说或奇方异术的人，例如秦时"入海求仙"的徐福，汉文帝时"望气取鼎"的新垣平，三国时"辟谷"的左慈等。在汉代著作中，方士同道士通用，由于道教承袭"神仙之术"，因此方士即道士的前身。鲁迅把方士与儒士同看作"中国特产的名物"，指出"方士的最高理想是仙道"①。所谓方士思想或道士思想，就是一味追求享乐、处处为个人打算的腐朽没落的剥削阶级思想，其实也是神仙道教的精髓。这种思想在中国社会有着广泛影响。正如鲁迅说的："人往往憎和尚，憎尼姑，憎回教徒，憎耶教徒，而不憎道士。懂得此理者，懂得中国大半。"②

鲁迅"五四"时期着重从两个方面对道教进行了批判：

一是，只为个人着想，"要占尽了少年的道路，吸尽了少年的空气"③。鲁迅用进化论观点看待人类社会的发展，认为将来必胜于现在，后起的生命总比以前的更有意义、更近完全，前者的生命应该牺牲于他。然而在道教鼓吹的长生不老的毒雾弥漫下，不少中国人却想使现有的肉体永远享受无穷的人欲，由他自己喝尽一切时间和空间的酒。鲁迅抨击了这种"生物界的怪现象"，告诫人们要懂得"进化的路""解放幼者"，放他们到"宽阔光明的地方去"，以便"幸福的度日，合理的做人"。④

二是，没有理想，一味耽于物质利欲。鲁迅早期就曾指出西方资本主义物质文明所带来的不重精神的弊病，这时又对封建主义所造成的人们精神上的愚妄、革命理想日被轻薄的现象进行了批判。鲁迅

---

① 《鲁迅全集》第 6 卷，《且介亭杂文·关于中国的两三件事》，人民文学出版社 1981 年版，第 11 页。

② 《鲁迅全集》第 3 卷，《而已集·小杂感》，人民文学出版社 1981 年版，第 532 页。

③ 《鲁迅全集》第 1 卷，《热风·四十九》，人民文学出版社 1981 年版，第 338 页。

④ 《鲁迅全集》第 1 卷，《坟·我们现在怎样做父亲》，人民文学出版社 1981 年版，第 140 页。

指出，那些痛恨理想、反对变革的"大丈夫"，并不是没有理想。他们孜孜以求的就是道教所鼓吹的纵情享乐，是"纯粹兽性方面的欲望的满足——威福，子女，玉帛罢了"①。鲁迅强调人们必须树立革命理想，打破物质利欲的羁绊，具有容纳新思潮的能力，这样中国才有希望。

第二，通过研究儒释道的合流，批判中庸调和思想。

鲁迅多次谈到儒释道"三教"的合流。在《中国小说史略》中说："释氏辅教之说……引经史以证报应，已开混合儒佛之端矣。"②1925年又说："佛教初来时便大被排斥，一到理学先生谈禅，和尚做诗的时候，'三教同源'的机运就成熟了。"③在中国历史上，梁武帝用儒家的礼来区别富贵贫贱，用道家的无来劝导不要争夺，用小乘佛教的因果报应来解答人为什么应安于已有的富贵贫贱、为什么不要争夺。他感到三家合用对于维护自己的统治非常有利，便创儒释道"三教"同源说。④长时期以来，"三教"之间虽然也互相排斥、斗争，但总的是不断融合、互相补充的趋势，同是反动统治阶级钳制人民群众思想的有力工具。"三教"合流的历史事实和现实阶级斗争的启发，使鲁迅深刻地看到了中国国民性中调和、折中的弱点，这当然主要是指反动统治阶级而言。鲁迅认为，"中国人自然有迷信，也有'信'，但好像很少'坚信'"⑤。正因为如此，"崇孔的名儒，一面拜佛，信甲的战士，明天信丁。宗教战争是向来没有的，从北魏到唐末的佛道二教的此仆彼起，是只靠几个人在皇帝耳朵边的甘言蜜语"⑥。因此，虽然佛道之间也曾闹得很厉害，"但中国人，所擅

---

① 《鲁迅全集》第1卷，《热风·五十九》，人民文学出版社1981年版，第355页。

② 《鲁迅全集》第9卷，《中国小说史略·第六篇六朝之鬼神志怪书（下）》，人民文学出版社1981年版，第54页。

③ 《鲁迅全集》第3卷，《华盖集·补白》，人民文学出版社1981年版，第102页。

④ 参见范文澜：《中国通史简编》第2编第5章，人民出版社1965年版。

⑤ 《鲁迅全集》第6卷，《且介亭杂文·运命》，人民文学出版社1981年版，第131页。

⑥ 《鲁迅全集》第6卷，《且介亭杂文·运命》，人民文学出版社1981年版，第131页。

长的是所谓'中庸'，于是终于佛有释藏，道有道藏，不论是非，一齐存在"①。在中庸思想指导下，"悟善社里的神主已经有了五块：孔子，老子，释迦牟尼，耶稣基督，谟哈默德"②。

鲁迅在实际斗争中看穿了中庸思想的虚伪和反动。特别是经过辛亥革命，"见了我的同辈和比我年幼的青年们的血"③的教训，使鲁迅感到对阶级敌人决不能讲"中庸之道"，对旧事物决不能揖让妥协，而必须针锋相对，坚决斗争，痛打"落水狗"。

第三，对宣扬鬼神迷信的灵学派的批判。

鬼神迷信并不等于宗教，但任何一个宗教都离不开鬼神迷信。宗教在实质上也是一种迷信。"五四"前后，为了抵制新思想的传播，继续愚弄人民群众，随着封建复古主义的猖獗，鬼神迷信活动也到处泛滥，灵学会这类迷信团体纷纷出笼。当时有个叫江希张的"神童"，据说不到十岁就写了几部书。鲁迅便拈来他的《大千图说》进行剖析，指出"他拿了儒，道士，和尚，耶教的糟粕，乱作一团，又密密的插入鬼话"④。在这些家伙看来，简直"万恶都由科学，道德全靠鬼话"。鲁迅积极宣传科学思想。指出科学能教道理明白，能使人思路清楚，不许鬼混。鲁迅说："据我看来，要救治这'几至国亡种灭'的中国，那种'孔圣人张天师传言由山东来'的方法，是全不对症的，只有这鬼话的对头的科学!——不是皮毛的真正科学!"⑤这种对于鬼神迷信的深刻揭露，使得人们认识宗教的欺骗性，对打破蒙昧主义的思想渊薮，是有重大作用的。

---

① 《鲁迅全集》第8卷，《集外集拾遗补编·关于〈小说世界〉》，人民文学出版社1981年版，第111页。

② 《鲁迅全集》第3卷，《华盖集·补白》，人民文学出版社1981年版，第102页。

③ 《鲁迅全集》第1卷，《坟·写在〈坟〉后面》，人民文学出版社1981年版，第283页。

④ 《鲁迅全集》第1卷，《热风·三十三》，人民文学出版社1981年版，第299页。

⑤ 《鲁迅全集》第1卷，《热风·三十三》，人民文学出版社1981年版，第301—302页。

五

在生命的最后十年，鲁迅显示了作为一个坚强的、成熟的马克思主义者的特色。他在一些杂文中娴熟地运用历史唯物主义观点，正确地阐述了宗教的起源，分析了宗教对社会历史发展的重大影响。鲁迅紧密结合当时激烈的阶级斗争和民族斗争，进一步揭露宗教的欺骗性，抨击帝国主义和国民党反动派利用宗教与封建迷信推行愚民政策的罪行。

在阶级社会里，反动统治阶级对广大劳动人民进行压迫和剥削，总是软、硬两手并用，其中就包括宗教。宗教是为剥削制度辩护的，给过剥削生活的人廉价地出售享受天国幸福的门票；对于被压迫和被剥削的人民群众，宗教却劝他们把希望寄托在天国的恩赐上，放弃在现实中做人的权利。鲁迅用马克思主义的锐利武器揭穿了宗教设下的骗局。1925年鲁迅就说过："说佛法的和尚，卖仙药的道士，将来都与白骨是'一丘之貉'。人们现在却向他听生西的大法，求上升的真传，岂不可笑！"[①]后来他又一针见血指出："和尚喝酒养婆娘，他最不信天堂地狱。巫师对人见神见鬼，但神鬼是怎样的东西，他自己的心里是明白的。"[②]但千百年来，宗教这种"精神上的鸦片"。宣扬"怯懦、自卑、自甘屈辱、顺从驯服"，使得人们昏昏沉沉，按照"愚民的各种特点"[③]去规范自己。然而毕竟是20世纪了，人民群众面前宗教神学的迷雾也开始在廓清。1934年在杭州灵隐寺举行

---

① 《鲁迅全集》第3卷，《华盖集·导师》，人民文学出版社1981年版，第55页。

② 《鲁迅全集》第8卷，《集外集拾遗补编·通信（复张孟闻）》，人民文学出版社1981年版，第224页。

③ 马克思：《〈莱茵观察家〉的共产主义》，《马克思恩格斯全集》第4卷，人民出版社1958年版，第218页。

"时轮金刚法会"，该会在《募捐缘起》中哀叹道："今则人心浸以衰矣。"所谓"浸以衰"，也说明释迦牟尼正在失去诱惑力，"天堂地狱""因果报应"的谬说也慢慢吓唬不住老百姓了。但为了敛取钱财，不得不翻新花样，于是庄严的法会上便出现了美人的歌舞。靠这样以广招徕，可见佛法已到了末路。①

鲁迅十分重视包括风俗习惯在内的旧思想旧文化的改革。他指出："现在已不是在书斋中，捧书本高谈宗教，法律，文艺，美术……的时候了，即使要谈论这些，也必须先知道习惯和风俗，而且有正视这些的黑暗面的勇猛和毅力。因为倘不看清，就无从改革。"②这里正确指出了宗教等问题同风俗习惯的密切关系。旧的风俗习惯的一个主要方面是封建迷信。当时的报刊上，不时登有被鲁迅称为"中国的科学资料"的"毒蛇化鳖""乡妇产蛇""冤鬼夺命"一类奇闻；不少地方盛行着"放爆竹救月亮……放焰口施饿鬼"的迷信习俗；"烧香拜龙，作法求雨，赏鉴'胖女'，禁杀乌龟"③，这些酷似讽刺小说《格列佛游记》中所写的事实竟发生在20世纪30年代的中国。旧的风俗习惯为什么如此根深蒂固？这完全是反动派施行愚民政策的结果。鲁迅认为，要进行改革，医治人们思想上的愚妄病，必须大力提倡科学。他生前期望有那么一天，"和尚，道士，巫师，星相家，风水先生……的宝座，就都让给了科学家，我们也不必整年的见神见鬼了"④。

在鲁迅后期的中国，民族矛盾和阶级矛盾空前尖锐、激烈。为了麻醉人们思想，国民党反动派大肆提倡儒释道。如国民政府考试院

---

① 《鲁迅全集》第5卷，《花边文学·法会和歌剧》，人民文学出版社1981年版，第451页。

② 《鲁迅全集》第4卷，《二心集·习惯与改革》，人民文学出版社1981年版，第224页。

③ 《鲁迅全集》第5卷，《花边文学·奇怪》，人民文学出版社1981年版，第543页。

④ 《鲁迅全集》第6卷，《且介亭杂文·运命》，人民文学出版社1981年版，第131—132页。

院长戴季陶，就曾发起"仁王护国法会""普利法会"以讲经礼佛，还在南京中山陵附近造塔收藏孙中山著作，煞有介事，简直是个十足虔诚的教徒了。老百姓称信奉耶稣教的人为"吃教"。鲁迅说，"吃教"二字，真是提出了教徒的"精神"！岂止耶稣教，"包括大多数的儒释道教之流的信者"，"也可以移用于许多'吃革命饭'的老英雄"。①戴季陶时而尊孔，时而崇佛，时而投机革命，何尝不是在"吃教"？蒋介石也何尝不是在"吃教"？他们其实是不信从这些的。孔圣人也好，释迦牟尼也好，张天师也好，都不过是他们利用的对象，是愚弄和欺骗人民群众的工具。鲁迅的批判是多么锋利而又有力！

鲁迅在进行对敌斗争中，丰富的宗教知识也发挥了一定的作用。在鲁迅杂文中，有些宗教知识似乎信手拈来，毫不经意，但我们捧读之余，却更加生动、深刻地看清反动派的本质，从而发出会心的微笑。希特勒在德国执政后，大搞文化专制主义，禁止所谓"非德意志"的书籍出版和流通。鲁迅指出，希特勒的嫡派祖师可以上溯到7世纪信奉伊斯兰教的阿拉伯奴隶主贵族们。因为这些阿拉伯人在攻陷埃及的亚历山大城时，曾烧了那里的图书馆。他们的理论是："如果那些书籍所讲的道理，和《可兰经》相同，则已有《可兰经》，无须留了；倘使不同，则是异端，不该留了。"中国的"黄脸干儿们"蒋介石之流，步希特勒后尘，实行文化高压政策，禁止一切"异端"，岂不与希特勒同是一个祖先！②佛教有大乘和小乘两大派别。小乘教派主张"自行解脱"，要求苦行修炼，在很大程度上保持了早期佛教的精神。大乘教派主张"普度众生"，强调尽人皆能成佛，一切修行以利他为主，戒律比较松弛。按佛教解释，这种教义能"运载"更多的人，从现实世界的"此岸"到达涅槃境界的"彼岸"，故称为"大

---

① 《鲁迅全集》第5卷，《准风月谈·吃教》，人民文学出版社1981年版，第310页。
② 《鲁迅全集》第5卷，《准风月谈·华德焚书异同论》，人民文学出版社1981年版，第213页。

乘"（大车）。鲁迅在著名的《庆祝沪宁克复的那一边》中巧妙地借用了佛教这一知识。他说："我对于佛教先有一种偏见，以为艰苦的小乘教倒是佛教。待到饮酒食肉的阔人富翁，只要吃一餐素，便可以称为居士，算作信徒，虽然美其名曰大乘，流播也更广远，然而这教却因为容易信奉，因而变为浮滑，或者竟等于零了。"①鲁迅以此告诫人们，在革命不断胜利的情况下，要提高警惕，防止投机分子钻进革命队伍；如果这些人也都来讴歌革命，也大讲革命，那么"革命的精神反而会从浮滑、稀薄，以至于消亡，再下去是复旧"。这是鲁迅在革命斗争实践中总结出来的宝贵的经验教训。

通过以上分析，我们看到，随着革命斗争的进程，鲁迅的宗教观在前后期发生了很大变化，这个变化既同他整个思想的逻辑发展相一致，也适应了并在很大程度上服从于改造国民性这个主张的需要，又充分体现了一生忧国忧民、和革命永远共通着生命的鲁迅的最大特色：从血管里出来的都是血。

（本文原载中国鲁迅研究学会《鲁迅研究》1983年第2辑）

---

① 《鲁迅全集》第8卷，《集外集拾遗补编·庆祝沪宁克复的那一边》，人民文学出版社1981年版，第163页。

论鲁迅改造国民性思想产生的
社会历史根源

在鲁迅思想发展史上占有重要地位的改造国民性思想，不是从天而降，或者猝然生发的，而有其萌生、滋长的一定的适宜的社会土壤，与时代息息相关的多种原因，以及个人思想上的基础。这里，我们试对其社会历史原因做一番溯源探底的工作。

"理论在一个国家的实现程度，决定于理论满足这个国家的需要的程度。"[①]同样，一种外来的思想或观点，也只有在"国家的需要"面前为自己的存在做辩护或放弃自己存在的权利。在欧风美雨中传来的关于国民性的思想，其所以能在20世纪初中国思想界风靡一时，能被包括鲁迅在内的许多先进的中国人所接受，并把改造国民性作为救亡图存的种种方案中的一个重要答卷，自然有着深刻的社会根源。

第一，重视改造国民性，这是中国近代资产阶级启蒙思潮发展到新的阶段的反映。

所谓启蒙思潮，是指反对封建专制主义的新兴资产阶级的文化，是伴随着资产阶级反封建的革命运动而出现的。自从帝国主义用大炮轰开古老中华的大门，"天朝上国"的迷梦开始破灭起，救亡图存就

---

① 马克思：《〈黑格尔法哲学批判〉导言》，《马克思恩格斯选集》第1卷，人民出版社1972年版，第10页。

成了近代中国的主题，打破封建思想的桎梏、启迪人们的理智，也便成为思想界的主流，在中国封建社会解体过程中，龚自珍、林则徐、魏源等人，在民族危机面前提出改革封建主义制度的问题。他们多少超越了封建士大夫的思想范围，具有一定的启蒙意义，但还不属于近代启蒙思想的历史范畴，因为他们还走不出封建庙堂，跳不出忠君的窠臼。后来在所谓"同治中兴"的幻影中，出现打着"新政"旗号的洋务运动，主张学习西方的船坚炮利、声光化电，以此作为求富致强的不二良方。但是"中学为体，西学为用"的思想纲领，却注定了这些早期改良主义者必然失败的命运。

中国的资产阶级启蒙思想是从19世纪80年代以后，特别是中日甲午战争以后，随着资本主义经济的产生、发展而出现的。新兴的资产阶级已经看出，中国社会弊病的症结，主要不是缺乏船坚炮利，而是缺少社会制度的变革。他们否定了早期改良主义者"变器不变道"的观点，发出了变封建主义之旧、维资产阶级之新的变法维新的呼声，提出学习西方民主政治，建立资本主义生产关系。康有为指出，"观万国之势，能变则全，不变则亡，全变则强，小变仍亡"[1]；梁启超也认为，"法者天下之公器也，变者天下之公理也"[2]；谭嗣同对于三纲五常之类的封建名教进行了异常猛烈的抨击。维新派的启蒙宣传，反映了新兴资产阶级的民主要求，使中国的思想文化开始从封建传统思想文化中挣脱出来，发生了一个历史性的深刻转变。但是，由于他们的活动主要停留在一部分上层士大夫和知识分子中，维新思想的宣扬还不普遍；他们只能标榜托古改制，把一切希望寄托在一个光绪皇帝身上，"百日维新"也就昙花一现，在封建顽固派的镇压下失败了。

---

[1] 康有为：《上清帝第六书》，《中国世代史资料丛书·戊戌变法（二）》，神州国光社1953年版，第197页。

[2] 梁启超：《论不变法之害》，《饮冰室合集·文集之一》，中华书局1989年影印版，第8页。

历史进程向近代中国的启蒙运动提出了新的要求：要实行资产阶级民主政治，必须大力宣传民主主义，启发人民群众的觉悟。20世纪初年，西方的平等、自由、博爱的资产阶级政治学说和"物竞天择"的生物进化论在中国得到广泛宣传，资产阶级民主革命出现新的高潮，思想启蒙运动也发展到一个新的阶段。就在鲁迅留学日本的前后，传播民主思潮的刊物大量涌现。《新民丛刊》《民报》《觉民》《开智录》等，刊物名称就带有强烈的时代色彩。其宗旨，大率是"牖启民智，阐扬公理"（《河南》）、"开中国人之风气识力，祛中国人之萎靡颓庸，增中国人奋兴之热心。破中国人拘泥之旧习"（《中国旬报》）等。重视对中国人民自身的研究，努力探究其中存在的弱点，从自身寻找中国落后的原因，这是当时启蒙运动所着重的一个方面。在这种情势下，从外国传来的国民性思想，便在客观上适应了中国革命斗争的需要，立即不胫而走，为知识界思想界普遍接受。

第二，重视改造国民性，这是中国近代民族精神觉醒的标志。

中国在鸦片战争以前的封建社会中，近代民族还没有完全形成。20世纪初，中国资产阶级渐趋强大，资产阶级民族也在形成。在这个过程中，民族主义宣传产生了巨大影响。当时惯用的"民气""国魂""民魂"等说法，指的就是民族精神、国民精神。重视这种宣传，除了民族矛盾日益激化这个最根本的原因外，19世纪德、意等资本主义国家在建立民族统一国家后迅速发展，20世纪初菲律宾抗美、布尔人抗英等民族独立运动蓬勃兴起的事实，对中国人也有着很大的吸引力。当然，有的人还存在着狭隘的排满复仇主义以及大汉族主义的杂质，一些文章中还有种族革命的残余，但总的来说，它深刻地反映了中国近代的民族觉醒。在这个时期报刊上广为宣传的爱国主义，便与中世纪及其以前时代的爱国思想有重大区别，属于资产阶级民族主义历史范畴，尤为重要的是，它已明确提出近代风貌的"民族建国问题"。当时留日学生普遍认为，民族主义是"欧洲列强立国之本"，学习西方必须抓住这个根本。他们提出，要建立这样一个"民族的国家"，在民族内部需要具备两个因素："其一曰发扬固有之特性，其一曰统一全体之群力。"[①]做到这两条，就要重视教育，通过教育、宣传，唤起人们的民族自觉心和对国家的责任心。鲁迅在日本，曾亲身体受了积弱积贫的国家的人民备遭欺侮的痛苦。仙台学医时，因成绩较好而受到班上具有狭隘民族主义思想的日本同学的侮辱。这种由于弱国而产生的屈辱感，强烈地刺激着青年爱国者鲁迅的火热的心。"黄帝之灵或不馁欤？"表明了他的强烈的民族自信心。"我以我血荐轩辕"，则是他献身于民族解放事业的誓言。鲁迅正是在这种形势下投入改造国民性的伟大工作的。

第三，重视改造国民性，也与中国近代资产阶级思想家存在的精神决定论倾向有密切关系，特别与陆王心学在近代的重新活跃有关。

在近代中国，民族资产阶级很弱小，他们看到了社会的弊病，主张变革，但又缺乏广泛的社会基础和雄厚的物质力量，不少人便转而重视精神、道德的作用，迷信与夸大人的主观能动性，或企图以整肃人心来挽救社会的危机，或幻想以精神感化来推动社会的改革。陆王心学正是适应这种需要而重新活跃起来的。

作为宋明理学的一个派别的陆王心学，由南宋陆九渊、明代王守仁所创立，继承、吸取并发展了中国古代思孟、禅宗等派别的主观唯心主义哲学，形成了一套庞大完备的主观唯心主义哲学体系。它把"心"看作宇宙万物的本源，提出"圣人之学，心学也"[②]。陆王心学在中国封建社会后半期曾产生过广泛、深刻的影响，到了清朝初期和中期，被冷落了近200年，近代又受到重视。这主要由于它鼓吹"自信自立""是非不从外入"，不迷信权威、旧教条，提倡独立思考和

---

① 余一：《民族主义论》；张枬、王忍之编：《辛亥革命前十年时论选集》第1卷下册，生活·读书·新知三联书店1961年版，第488页。

② 陆九渊：《象山全集·叙》。

怀疑精神。魏源说过："人之心即天地之心""天命有不赫然方寸者乎？"①康有为"独好陆王"，后又"由阳明学以入佛"②。谭嗣同更对"心"力做了无限的夸张，认为"心之力量，虽天地不能比拟，可以由心成之、毁之、改造之，无不如意"③。章太炎"自贵其心"的哲学与陆王心学有很大关系，他对陆王心学评价甚高，甚至认为其在日本明治维新中也起了指导作用。④孙中山的世界观受到心学的某些影响，认为"物质之力量小，精神之力量大"；"心之为用大矣哉！夫心也者，万事之本源也"⑤；等等。这种对所谓"心"力的无比推崇，是近代中国资产阶级的一个特色。"心"毕竟不是"力"。这也就是百日维新失败后，谭嗣同就义前不由感慨"有心杀贼，无力回天"的原因。但在当时封建思想像浊雾一般笼罩中国、人民群众还没有普遍觉醒的情况下，他们强调精神的力量，重视人的主观能动作用，其积极意义是显而易见的。也正是从发挥人们精神作用出发，改造国民性思想便自然为他们所注视、所利用，并且加以改造，注入他们所强调的内容。陆王心学的影响是很深的，甚至当青年毛泽东还是一个革命民主主义者的时候，也曾这样认为："欲动天下者，当动天下之心。""天下之心皆动，天下事有不能为者乎？天下之事可为，国容有不富强幸福者乎？"⑥探索鲁迅改造国民性思想的发端，应注意到陆王心学在当时的复杂影响。

在辛亥革命前十年的中国进步思想界，随着民主思潮的勃兴，研究中国国民性的文章也多了起来。有的说，中国人的性质可用"畏

① 魏源：《默觚·学篇五》，《魏源集》，中华书局1976年版，第12—13页。
② 梁启超：《南海康先生传》，《饮冰室合集·文集之六》，中华书局1989年影印版，第61、70页。
③ 谭嗣同：《上欧阳瓣姜师书》，《谭嗣同全集》，中华书局1975年版，第13—15页。
④ 章太炎：《答铁铮》，《民报》第14号，1907年6月8日。
⑤ 孙中山：《孙文学说》，《孙中山选集》，人民出版社1956年版，第105页。
⑥ 参见胡华编：《五四时期的历史人物》，中国青年出版社1979年版，第61—62页。

死"二字概括①；有的说，病根在于"妒""专""诈""怯"②；有的说，中国国民品格上的问题，是"爱国心之薄弱""独立性之柔脆""公共心之缺乏""自治力之欠阙"③等。此类论述，大致有几个特点：

一是有感于山河破碎、民族危机，从自强独立的爱国立场出发，虽然有的言辞激烈，有的议论也完全脱离中国实际，但态度是严肃认真的，充满了爱国激情。

二是能从不同的角度去研究中国国民性问题。如在1903年9月出版的《大陆》杂志第十期上，刊登了一篇题为《黏液质之支那国民》的文章。该文从心理学角度出发，认为中国人属于黏液质，其特点是"情难动而弱，气馁而觉钝，其弊也失之厌厌无生气"，并从政治、教育、风俗三个方面找了原因。这种把中国人看成是黏液质的观点没什么道理。但它探索封建专制制度和儒家思想对中国国民性的影响，则是有意义的。因为既然封建专制制度和儒家思想是中国的"病根"，那么要治这个"病"，顺理成章的结论，就必须进行思想革命和政治革命。

三是在靠谁启发国民觉悟、改造国民性的问题上，都毫无例外地认为这是资产阶级知识分子责无旁贷的任务。他们是以"先知先觉"自命的："予，天民之先觉者也；予将以斯道觉斯民也。非予觉之，而谁也。"④从当时实际看，他们的启蒙宣传的确起了很大的作用，在中国近代革命史、思想史上占有重要的地位。

四是一般既能大胆地指出国民性的弱点，注意同西方资本主义国家进行比较，强调向西方学习，但又反对妄自菲薄，反对那种诬蔑、

---

① 李群：《杀人篇》，《辛亥革命前十年时论选》第1卷上册，第22页。
② 《中国灭亡论》，《辛亥革命前十年时论选》第1卷上册，第86页。
③ 梁启超：《论中国国民之品格》，《饮冰室合集·文集之十四》，中华书局1989年影印版，第16页。
④ 《孟子·万章上》。

攻击中国人的论调。

五是应指出的是，他们在探索中国挨打受欺负的原因时，几乎都归咎于中国的落后和中国人民的不觉悟，从而忽视了一个严峻的事实和基本的原因：正是由于帝国主义的野蛮侵略和残酷压榨，以及与中国封建主义的结合，才使中国一步步沦入任人宰割、支离破碎的境地。这反映当时人们对帝国主义的本质还缺乏认识，也表明中国资产阶级政治上的软弱性。

在鲁迅改造国民性思想形成过程中，曾受到同时代人的不少影响，其中尤以严复、梁启超、章太炎等三人的影响为大。这三个人都相当重视改变人们的精神，强调思想、道德的作用，但其思想来源却颇为复杂，表现形式上也各具特色，因此对鲁迅的影响也不尽相同。

第一，严复"开民智"观点的影响。

"开民智"是严复的著名主张。在他1895年写的《原强》里就阐述了这个思想。他认为："生民之大要三，而强弱存亡莫不视此。一曰血气体力之强，二曰聪明智虑之强，三曰德行仁义之强。"用这三条标准考察当时中国的社会，严复看到，到处是"曳兵而走"的在外将士，"人各顾私"的庙堂官吏，"消乏雕亡"的草野之士。救治这危急状态的不二法门，就是"鼓民力""开民智""新民德"。他认为当时中国的民智太愚下，因此救国事业必须老老实实从"愈愚"的教育文化工作做起。所谓"愈愚"，实际上就是改造国民性。

严复的"开民智"是以生物进化论为基础的，从受国外资产阶级思想影响来说，有两个不容忽视的方面。一是斯宾塞的"社会机体论"的影响。按照这种理论，人类社会就是一个有机体，遵循着进化论中的变异、自然选择、遗传等原理而发展，犹如动物器官有营养、分配和调节的职能一样，社会上的工人担任营养职能，商人担任分配或交换职能，工业资本家调节社会生产，而政府则代表神经系统。这种比拟显然是荒谬的。严复服膺并宣传了这个理论，用它为当时的社会改革服务，认为国家要富强，首先有赖于组成国家的无数"细胞"

即国民个体"德""智""体"三方面的基本素质，着重个人在经济上、思想上、言论上的自由、竞争和发展。二是所谓"以自由为体"的资产阶级社会政治思想的影响。严复以此为武器批判"中学为体，西学为用"的理论。他说，西方资本主义的根本并不是"民主"，而是"自由"。"自由"是体，"民主"是"用"，民主政治也只是"自由"的产物。正由于将政治民主归结为个人自由，把社会进化归结为人之自强，于是严复便把教育提在头等重要的地位，认为根本问题在于向群众进行教育，只有人民群众能够自治，然后才可能实行资本主义的民主政治，国家也才会繁荣强盛。

严复"开民智"的观点连同他一起介绍的生物进化论，对于鲁迅改造国民性思想的确立起过重要的作用，两人并有不少共通之处，"开民智"与改造国民性也有着密切的关系，例如都服从于当时救亡图存的根本任务，都是为了促进国人觉醒，都是以进化论为指导的，等等。但与严复比较起来，鲁迅的不少认识却高出一筹，这突出反映在他不仅反对严复鼓吹的斯宾塞的社会达尔文主义，同时也否定了在改造国民性问题上的那种庸俗进化论。严复所宣传的《天演论》就是一种庸俗进化论，根据赫胥黎"物质所趋，皆由简入繁，由微生著"[①]的观点，严复认为"变之疾徐，常视逼拶者之缓急"[②]，这样在宣扬"开民智"主张时，他便一再引用斯宾塞的话，以为"民之可化，至于无穷，惟不可期之以骤"；要想国家富强，必须"相其宜，动其机，培其本根，卫其成长，则其效乃不期而自立"[③]。鲁迅坚决反对这种庸俗进化论，1903年他就批判了君主立宪的改良主义主张，明确提出要经过"血刃"的道路，取得资产阶级革命的胜利。鲁迅主张改造国民性，但并未因此得出代替或者取消暴力革命的结论，这与严复的

---

① 严复：《天演论·导言二》，原著赫胥黎，科学出版社1971年版，第6页。
② 严复：《天演论·导言十六（按语）》，科学出版社1971年版，第59页。
③ 严复：《原强》，《严复集》第1卷，中华书局1986年版，第25—26页。

浸透着"不可期之以骤"的改良思想、害怕人民群众革命斗争的"开民智"，是不可同日而语的。

第二，梁启超"新民"说的影响。

在中国近代史上，说到对改造国民性问题的重视和鼓吹，不能不首先提到梁启超，不能不提到他的《新民说》这篇脍炙人口、影响颇大的长文。他在这篇文章中宣称，中国之所以积弱衰败，受外国列强的欺负，根本原因在于"国民衰败堕落"，因此必须进行改造："誓起民权移旧俗，更研哲理牖新知。"①这位20世纪初年舆论界的骄子颇为自负地担起"新民"亦即改造国民性的责任。他宣布《新民丛报》的宗旨："本报取《大学》新民之义，以为欲维新吾国，当先维新吾民。中国所以不振，由于国民公德缺乏，智慧不开。故本报专对此而药之。"他竟因此自号为"中国之新民"。他认为，"国民衰弱堕落"的原因，主要在于缺乏公德，缺乏国家思想，缺乏进取冒险精神，以及无权利思想等，所以应大力提倡爱国思想、个人权利思想、个人责任心和积极进取等资产阶级道德观念。梁还谴责了封建奴性教育造成的严重后果。批判了"宽柔以教。不报无道""犯而不校""以德报怨，以直报怨""百忍成金""唾面自干"等所谓"先哲之教"。这种尖锐而又酣畅的批判，曾经激动过不少的中国人。梁启超当时还发表了《中国国民之品格》《积弱溯源论》等论述改造国民性的文章。可以说，20世纪初年报刊上有关这类问题的文章，基本上没有超过梁启超的思想水平。当然，由于囿于自己的立场，梁启超虽然口口声声喊着要"新民"，但他对于革命的"下等社会"总是十分轻蔑、畏惧以至敌视的。然而一种社会意识形态既经广为流布，它所起的客观影响和作用就不完全以人们的主观意识为转移。梁启超的"新民"说，当时在客观上起了思想启蒙作用。

---

① 梁启超：《自励二首》，《饮冰室合集·文集之四十五（下）》，中华书局1989年影印版，第16页。

　　鲁迅受梁启超的影响，有积极的方面，也有消极的方面。例如，鲁迅认为中国国民性的一个突出弱点，是人与人之间的冷漠、互不关心，遇事常作"旁观者"。在《阿Q正传》《示众》《铲共大观》等小说、散文、杂文中，都惟妙惟肖地刻画和鞭挞了这类无聊的"旁观者"的卑猥形象。梁启超也曾尖锐地抨击了形形色色的"旁观者"。他在1900年写的《呵旁观者文》中就说："天下最可厌可憎可鄙之人，莫过于旁观者。"他认为，这些旁观者在中国到处都是，它的流派包括浑沌派、为我派、呜呼派、笑骂派、暴弃派、待时派等，其共同之点是"无血性""放弃责任"。① 梁启超提出，应把希望寄托在青年人身上，要求青年养成那种独立不羁的风格，对国家和民族切实地负起责任来。梁启超对鲁迅的影响也有消极的方面。梁从国家的强弱兴废都由国民自己的文明程度高低所决定的观点出发，认为国民对清政府的要求不能苛酷，不能只责备清政府而不责备自己，他说："苟有新民，何患无新制度，无新政府，无新国家。"② 在《敬告我国民》一文中，竟把清政府的反动腐朽说成是国民自己造成的。梁启超认为有好国民才有好政府的观点在当时很有代表性。在鲁迅思想上也留下明显的痕迹。直到1925年，鲁迅还说："大约国民如此，是决不会有好的政府的；好的政府，或者反而容易倒。也不会有好的议员的……"③

　　第三，章太炎"自贵其心"哲学的影响。

　　章太炎思想前期曾带有机械唯物论的倾向，从1906年到日本东京主编《民报》以后，急剧地转变为一个典型的主观唯心主义者。他宣传一种"自贵其心"的哲学，认为只要坚信唯一心是实，把物、我、神全都视为虚妄，那么在革命斗争中便可以"排除生死，旁若无

---

　　① 梁启超：《呵旁观者文》，《饮冰室合集·文集之五》，中华书局1989年影印版，第69页。

　　② 梁启超：《新民说》，《饮冰室合集·专集之四》，中华书局1989年影印版，第2页。

　　③《鲁迅全集》第3卷，《华盖集·通讯》，人民文学出版社1981年版，第21—22页。

人""径行独往",勇往直前了。因此章太炎非常强调精神的作用,重视革命道德的力量。鲁迅在许多方面受到章太炎的显著影响。

章太炎有句著名口号:"用国粹激动种性,增进爱国的热肠。"①这里说的"国粹",当然不可避免地有着封建余毒,但与民国以后封建顽固势力竭力宣扬的"国粹"有所区别。章太炎解释说:"为甚提倡国粹,不是要人尊信孔教,只是要人爱惜我们汉种的历史。"他认为汉种的历史包括"语言文字""典章制度""人物事迹"三项,并且批评了那种欧化主义的人。②当时许多进步的知识分子,探幽索微,抉剔爬梳,努力发掘、整理中国的传统文化。以此来激发国人的民族自信心和自豪感,这反映在鲁迅改造国民性上,就是重视传统文化对人们思想的陶冶、激励的积极作用。鲁迅提出,改造国民性应该从两方面着手:一是放开眼界,学习西方的民主主义思想;二是发扬传统文化的精神,即不能一味迷醉于西方,从而失去"固有之血脉"。辛亥革命前后,鲁迅陆续辑成《会稽郡故书杂集》,也是慨叹于"禹勾践之遗迹故在,士女敖嬉,睥睨而过,殆将无所眷念",因以此书"用遗邦人,庶几供其景行,不忘于故"。③就是期望通过乡土历史素材的整理,振奋民气,铸造新的国魂。

总之,在20世纪的初年,严复宣传的进化论使鲁迅在思想上开拓了一个新的天地,掌握了一种观察自然和社会的簇新的武器,他的建立在进化论基础上的"开民智"给鲁迅以很大的启发。梁启超的笔尖挟带感情的《新民说》一类文章,使鲁迅感受到了唤起国民觉悟,改变人们精神面貌的重要性、迫切性,同时毅然选择文学作为自己终生的事业。章太炎的大量复杂的传统思想材料,对于鲁迅进一步确立改造国民性思想起了促进作用,并使之更具有个人独特的色彩。当

① 章太炎:《东京留学生会演说词》,《民报》第6号,1906年7月25日。

② 章太炎:《东京留学生会演说词》,《民报》第6号,1906年7月25日。

③ 《鲁迅全集》第10卷,《古籍序跋集·〈会稽郡故书杂集〉序》,人民文学出版社1981年版,第32页。

然，这三个人对鲁迅的影响又不是截然分开的，而是互有联系、浑然一体的。上述这些，就是鲁迅改造国民性思想产生的社会历史方面的原因。

（本文原载中国鲁迅研究学会《鲁迅研究》1984年第9辑）

鲁迅的文化观与改造国民性思想

鲁迅的一生，经历了中国近、现代史上的戊戌变法运动、"五四"新文化运动以及上海十年在文化战线上反"围剿"斗争等重要阶段。鲁迅的建树是多方面的，但他最卓越的历史功勋，就是在文化战线上，以自己辉煌的战斗业绩，为整个中华民族的文化开辟了一个崭新的方向。毛泽东高度评价鲁迅，称他是"中国文化革命的主将"。因此，研究鲁迅的思想、包括他的改造国民性的思想，就需要考察他的文化观。对于以改造国民性为职志的鲁迅来说，他的这个思想的形成，他从伦理道德、历史、宗教、儒道思想、文艺等方面对中国国民性弱点的剖析，都主要是在文化上着眼的。可以说，不了解鲁迅的文化观，就无法深入掌握他的改造国民性的思想。

一

所谓文化，有广、狭二义。广义的文化，是指人所创造的物质财富和精神财富的总和，是人类体力劳动和脑力劳动所带来的成果或社会结果；狭义的文化，即精神文化，是指社会的意识形态，以及与之相适应的制度和组织结构。鲁迅使用文化这一概念，主要指狭义的即作为意识形态的文化。

　　鲁迅往南京求学的1898年，发生了戊戌变法，这不仅是中国近代史上一次重要的政治变革，而且是一场思想启蒙的新文化运动。就文化的角度说，这个时期大约从1895年中日甲午战争后到20世纪初年。甲午战争后，中国救亡图存的呼声促进了变法维新政治运动的蓬勃发展："闻所未闻的外国人到了，交手几回，渐知道'子曰诗云'似乎无用，于是乎要维新。"①维新派以开民智而育人才作为变法之本，把变封建主义之旧、维资产阶级之新的政治运动和文化运动紧密结合起来，他们认为，"欲开民智，非讲西学不可"②；要使中国像"西洋"一样地富强起来，必须"用西洋之术"③。他们所说的"西学"，就是西方资产阶级民主主义的文化，即西方资产阶级的哲学、社会政治学说和自然科学，它和中国封建主义的文化即所谓"中学""旧学"是对立的。维新派拿西方资产阶级的文明做标准，深感中国封建社会的落后和腐朽，便大力介绍西学，组织学会，创办学堂，出版报刊，又提出了"诗界革命""小说界革命""文体革命""史界革命"等口号，在社会上影响很大，使风气为之大开。这场以资产阶级思想为指导的新文化运动，几乎涉及文化的各个领域，打破了封建文化独占文化阵地的局面，使以儒学为中心的文化结构发生了根本性的变化。毛泽东在论述旧民主主义革命时期文化的变革和它的性质时说："在'五四'以前，中国的新文化运动，中国的文化革命，是资产阶级领导的。"他还指出："在'五四'以前，中国文化战线上的斗争，是资产阶级的新文化和封建阶级的旧文化的斗争。在'五四'以前，学校与科举之争，新学与旧学之争，西学与中学之争，都带着这种性质。"④文化战线上的这种变革，是鲁迅改造国民性思想萌蘖、形成的

①《鲁迅全集》第1卷，《热风·随感录四十八》，人民文学出版社1981年版，第336页。

② 严复：《原强》，《严复集》第1卷，中华书局1986年版，第30页。

③ 严复：《论世变之亟》，《严复集》第1卷，中华书局1986年版，第4页。

④ 毛泽东：《新民主主义论》，《毛泽东选集》第2卷，人民出版社第1版，1969年2月横排大字本，第659、657页。

背景和基础。

鲁迅作为向西方寻求真理的先进人物，也是西学的热心传播者，他的《说钼》（1903年），是我国最早谈镭的发现的论文之一；《科学史教篇》（1908年），论述了西方自然科学发展的历史；《人之历史》（1907年），介绍了生物进化学说；《摩罗诗力说》（1907年），介绍了西欧文学流派。这一系列重要论文，就是在当时的革命潮流和他的爱国主义与民主主义思想的推动下，为着促进革命的文化启蒙运动而撰写的。在这些文章中，鲁迅通过西方文化发展过程的研究以及戊戌新文化运动的总结，提出了改造国民性的重大课题。

第一，鲁迅研究了西方文化发展的过程，认为西方强盛的根本在于"立人"，"立人"之道是改造国民性。

鲁迅抨击了欧洲中世纪的黑暗统治，高度评价了"去羁勒而纵人心"的宗教改革，热情歌颂了"扫荡门第，平一高卑"的法国大革命，也赞扬了"直傲睨前此二千余年之业绩"的19世纪资本主义物质文明之盛。鲁迅认为，由于物质文明的发展，人民受到莫大便利，便逐渐把物质文明奉为圭臬，视若一切存在之本根，并且拿来范围精神世界的一切事。这样一来，"重其外，放其内，取其质，遗其神，林林众生，物欲来蔽，社会憔悴，进步以停，于是一切诈伪罪恶，蔑弗乘之而萌，使性灵之光，愈益就于黯淡"[1]。但是，"文明无不根旧迹而演来，亦以矫往事而生偏至"[2]。为了矫正19世纪末叶这种重"众治"、重"物质"的弊病，就出现了"新理想主义"的思想。"新理想主义"的代表人物是叔本华、契开迦尔、尼采等人，他们鼓吹绝对自由，宣扬个性自由发展。鲁迅指出，欧美所以强大，并不是表现在外的"物性"和"众治"，"根柢在人"。"是故将生存两间，角逐

---

[1] 《鲁迅全集》第1卷，《坟·文化偏至论》，人民文学出版社1981年版，第53页。
[2] 《鲁迅全集》第1卷，《坟·文化偏至论》，人民文学出版社1981年版，第49页。

列国是务，其首在立人，人立而后凡事举……"① "立人"之道，就是改造国民性。

　　鲁迅洞察到资本主义社会精神生活的堕落，对被鼓吹为美妙无比的资本主义制度给予尖锐的批判，这无疑是深刻的，有卓见的。但是资本主义精神生活的腐朽堕落，并不能简单地归咎于物质文明的高度发展，根本原因还在于资本主义制度本身，在于资本主义所固有的各种矛盾和危机。鲁迅当时还不可能认识到这一点。应该注意的是，鲁迅这里说的"立人""根柢在人"等，不仅是指文艺复兴和资产阶级启蒙运动时期所宣传的"人的解放""人的觉醒"，而主要指19世纪末以叔本华、尼采等被鲁迅称作"新理想主义"的人为代表的反理性主义思潮。这些反理性主义者从资产阶级的极端个人主义和绝对自由主义出发，对资本主义社会中的弊端，对生活于资本主义社会中的人在物质上和精神上受到的种种压抑做了不少揭露，对人的自由的丧失和人的个性的被扼杀以及人的道德的堕落，表示了极大的愤慨。但是，他们认为这些弊病的根源不在于资本主义制度本身，而是理性和科学的发展所造成的，是人把外部世界当作认识和研究的对象造成的。在他们看来，人们运用和发扬理性，就创造出日益增多的物质财富，构造出更多、更精确的关于自然的理论体系；人们越是把自由、平等、博爱等抽象的理性的要求当作普遍的人权，人们就越是由于使主体和对象分裂而忘却主体，使主体的个性得不到发挥，从而丧失自由。②因此，反理性主义者虽然也往往自称为人道主义者，但与古典的资产阶级人道主义有着原则的区别，他们猛烈抨击一切提倡发扬人的理性的哲学，诅咒科学和文明的发展，鄙视现实的物质幸福；他们要求把作为主体的个人与其对象分离开来，着重研究人的内心世界和内心结构，即人的主观性本身。显然，这在揭露资本主义弊端、要求发

---

① 《鲁迅全集》第 1 卷，《坟·文化偏至论》，人民文学出版社 1981 年版，第 57 页。
② 参见徐崇温、刘放桐、王克千等：《萨特及其存在主义》，人民出版社 1982 年版。

展人的个性上，还是有一定积极作用的。

鲁迅针对重"物质"、重"众治"而提出的非"物质"、重"个人"，虽然与叔本华、尼采等反理性主义者有相似之处，受他们的影响，但其实有着本质的不同。鲁迅是从中国民族解放的宏大目标出发，借用"立人"武器，反对强大的封建势力，促使人们个性的解放。把"立人"当作"立国"之本，当然属于历史唯心主义。我们说，西方文艺复兴、启蒙运动时期的"立人"，并不是人们从头脑中臆想出来的口号，而是资本主义生产关系发展的必然要求。日益发展的资本主义势力在旧的封建社会的硬壳里面不能自由发展，要自由发展，就必须冲破这个外壳，提高人权，强调解放人，这就是"立人"。鲁迅强调"立人"，也不是西方口号的简单挪用，而是中国历史发展的要求，是当时资本主义发展以求冲破封建势力桎梏的反映，因此客观上有着积极的意义。

第二，鲁迅分析了维新运动成效不大的原因，提出要依靠"精神界战士"启发群众、改造国民。

鲁迅当时很重视维新运动。他说，大家都说要维新，这就是自己宣告自己历史罪恶的呼声，也就是说要"改悔"（"此即自白其历来罪恶之声也，犹云改悔焉尔"①）；既然维新了，希望也将随着开始。鲁迅是把维新作为文化运动看待的。他殷切地期望维新运动能唤醒国人，启发蒙昧。但这个运动的结果使他失望。维新运动为什么呼声甚高而又收效甚微呢？当时就有人从不同角度进行总结，鲁迅则从文化角度提出了他的看法。鲁迅认为，中国文化源远流长，有自己独特的光彩，长期处于先进地位，近代虽然衰落，在世界上仍是罕见的，这是它的"得"、是"幸"；但中国由于闭关锁国，不能顺应世界潮流，自己陷于孤立，还自以为是，堕落到只追求实利，则是"失"、是"不幸"。再加上受旧文化影响很深，常用习惯的目光

---

① 《鲁迅全集》第1卷，《坟·文化偏至论》，人民文学出版社1981年版，第100页。

观察一切，荒谬的看法很多，因此维新口号喊了20年，新的声音仍然不能在中国兴起。我们说，维新运动虽然极大地推动了文化的发展，但它还是不成熟的，有很大局限性。作为意识形态的文化是一定社会的政治和经济的反映。维新运动成效不大以及它的不成熟性，正是不成熟的资本主义经济力量和资产阶级政治力量所决定的。但是鲁迅从中国近代文化本身发展的特点去探讨维新运动，也是有意义的。

那么，怎样才能使新的声音出现在寂寞的中国？鲁迅认为，必须要有一批"精神界战士"。在鲁迅看来，西方国家强盛的根柢在"人"。这样的人，是摆脱了奴隶地位，个性得到自由发展，意识到自己和整个民族自尊、自信的国民。然而一般民众是庸俗保守的，要启发他们，使他们成为真正的"人"，就需要那些"刚健不挠，抱诚守真"的"精神界战士"；他们"发为雄声，以起其国人之新生，而大其国于天下"[1]。在中国"立人"，使人民得到新生即改造国民性，同样需要这样的"精神界战士"。

值得注意的是，鲁迅还期待在中国能出现"第二次维新"。这"第二次维新"，显然是第一次维新（即康、梁等掀起的维新运动）的赓续，同时又有着新的内容，是一次规模更大、影响更深的震撼人心、改造社会的革新运动，同时仍是一次文化运动，是从资产阶级革命派的立场出发的，与改良派不触动封建制度根基的"维新"有本质区别。鲁迅盼望的"第二次维新"，旨在唤起国人觉悟，改造愚弱的国民性。他拟办的杂志取名《新生》，正与"摩罗"诗人"发为雄声，以起其国人之新生"相通；他准备掀起的文艺运动，就是"第二次维新"大潮中汹涌的浪头。

第三，鲁迅从发扬国民精神的目的出发，提出接受西方文化必须坚持"审己"与"知人"的原则。

---

① 《鲁迅全集》第1卷，《坟·摩罗诗力说》，人民文学出版社1981年版，第99页。

在近代中国，古老的刀枪戈矛抵挡不住外国侵略者的洋枪洋炮，陈旧的中国思想文化同样没法阻止"西学"的传入。西方思想文化早在明万历年间就传入中国，但这种传入是零星的、不系统的，还不足以威胁中国旧有文化的统治地位。鸦片战争后，中国传统文化的根基动摇了，它不仅不可能同化资产阶级文化，而且失去了抵抗的能力。过去"不知泰西有学问"的中国人，才把惊讶的目光转向西方，重视起了西学。"要救国，只有维新，要维新，只有学外国。那时的外国只有西方资本主义国家是进步的，它们成功地建设了资产阶级的现代国家。"①鲁迅认为："国民精神之发扬，与世界识见之广博有所属。"②因此，学习西方文化，是改造中国国民性必不可少的一个重要方面。

鲁迅坚决反对当时在学习西方文化中出现的两种错误倾向：

一是盲目崇拜西方，"言非同西方之理弗道，事非同西方之术弗行"③。例如，有的人"游行欧土，偏学制女子束腰道具之术以归，则再拜贞虫（指束腰的女子——引者注）而谓之文明，且昌言不纤腰者为野蛮矣"④。在这些人眼里，西方什么都好，竟连女子束腰道具之术也是"文明"至极！应该说，在开始向西方学习时，是容易出现这种偏向的。日本明治维新时期，人们就普遍认为从西方传来的新的东西都是好的，尽管争道"文明开化"，但却没有多少人知道"文明开化"的真意，什么"吃了猪肉就文明了"，"那位先生这些时候一直打着洋伞走路，真是太文明了"等等。⑤可见，鲁迅当时反对一味迷

---

① 毛泽东：《论人民民主专政》，《毛泽东选集》第 4 卷，人民出版社第 1 版，1966 年 7 月改横排体，第 1359 页。

② 《鲁迅全集》第 1 卷，《坟·摩罗诗力说》，人民文学出版社 1981 年版，第 65 页。

③ 《鲁迅全集》第 1 卷，《坟·文化偏至论》，人民文学出版社 1981 年版，第 44 页。

④ 《鲁迅全集》第 8 卷，《集外集拾遗补编·破恶声论》，人民文学出版社 1981 年版，第 25 页。

⑤ ［日］吉田茂著，孙凡、张文译：《激荡的百年史——我们的果断措施和奇迹般的转变》，世界知识出版社 1983 年版，第 13 页。

信、盲从西方，反映了他的卓见，具有重要意义。盲目崇拜西方，就必然无视或贬低本民族的传统文化。鲁迅批评了当时一些青年不加分析，"大都归罪恶于古之文物，甚或斥言文为蛮野，鄙思想为简陋，风发淳起，皇皇焉欲进欧西之物而代之"①，认为学习西方文化，必须"外之既不后于世界之思潮，内之仍弗失固有之血脉，取今复古"②。这里体现了鲁迅强烈的民族自豪感，也是鲁迅思想上的一个特点。

二是选择不当，"宝赤椒以为玄珠"。鲁迅看到，西方文化既有精华，也有糟粕，要具体分析，正确选择，不能把那些无用的甚至有害的东西输入国内。他指出，许多"轾才小慧"之徒，或者"竞言武事"，或者鼓吹"制造商估立宪国会"，还自认学到了西方的真谛；有些所谓介绍新文化的人，介绍来的倒不少，但除了制造食品和看守监狱的办法外，再什么也没有了。这同样不是学习西方文化的正确态度。

鲁迅提出了正确接受西方文化的原则——"审己"与"知人"。"审己"，就是认识自己，从中国的实际情况出发；"知人"就是了解别人，弄清别的文化的实质，周密比较，审慎选取，吸取精华，为我而用。鲁迅的见解是深刻的。各个国家或民族的文化在发展过程中，都应该学习、吸收、改造、融合外国和外民族的优秀文化成分，用以充实和丰富自己的内容。但是，这种学习和吸收，应以本国本民族的文化为基础，使外国、外民族的文化与本国、本民族的文化相结合。鲁迅反对那种"近不知中国之情，远复不察欧美之实"的态度。"自既荒陋"，就难免"拾他人之绪余"，或者对于"已陈旧于殊方者"而"馨香顶礼"。③因此，"必洞达世界之大势，权衡较量，去其偏颇，得其神明，施之国中，翕合无间"④。当然，由于思想上的局限性，无论在"审己"还是在"知人"上，鲁迅还有不很确当的认识，

---

① 《鲁迅全集》第1卷，《坟·文化偏至论》，人民文学出版社1981年版，第56页。

② 《鲁迅全集》第1卷，《坟·文化偏至论》，人民文学出版社1981年版，第56页。

③ 《鲁迅全集》第1卷，《坟·文化偏至论》，人民文学出版社1981年版，第45—46页。

④ 《鲁迅全集》第1卷，《坟·文化偏至论》，人民文学出版社1981年版，第56页。

例如被他誉为"作旧弊之药石，造新生之津梁"的叔本华、尼采的哲学，其实是当时已经腐朽的欧洲资产阶级的反动意识的反映。但是鲁迅提出的"审己""知人"的原则，无疑是正确的，在今天也是有意义的。

　　鲁迅早期重视文化问题，与他的改造国民性的思想紧密联系。达尔文的生物进化学说是鲁迅文化观的哲学基础。进化论使他认识到，自然进化，社会进化，人们的思想道德也在进化。因此，只要把国民性改造好了，社会改革才有希望，改造国民性就要改革文化（道德、宗教、文艺等）。这种把文化当作革命根本的"文化决定论"，是鲁迅早期文化观的一个特点，这说明鲁迅还不能科学地认识文化的实质。马克思主义认为，"一定的文化是一定社会的政治和经济在观念形态上的反映"[1]。因此，文化不能脱离政治和经济而孤立存在，也不能决定政治和经济，但是文化又有反作用。恩格斯说过："当一种历史因素一旦被其他的、归根到底是经济的原因造成的时候，它也影响周围的环境，甚至能够对产生它的原因发生反作用。"[2]文化对于社会的经济和政治的反作用，在历史过程中表现为一种积极的因素。这种反作用有时是相当巨大的，例如欧洲文艺复兴对于资产阶级革命运动的促进。鲁迅重视文化的反作用是对的，只是夸大了这种反作用。这是早期鲁迅文化观上的根本缺陷。

二

　　鲁迅早期通过中西文化的比较，探讨了中国国民性的弱点。

---

　　[1] 毛泽东：《新民主主义论》，《毛泽东选集》第2卷，人民出版社第1版，1969年2月横排大字体，第655页。

　　[2] 恩格斯：《致弗·梅林（1893年7月14日）》，《马克思恩格斯选集》第4卷，人民出版社1972年版，第502页。

作为人类社会特有现象的文化，存在着所谓的文化类型或文化模式的问题。从空间角度看，就有特点迥然不同的文化区域，它与特定的民族和国家的传统交织在一起，形成一定的文化类型。从最大的文化类型来说，有所谓的东方文化和西方文化。随着资本主义、帝国主义的枪炮大规模地侵入中国的西方文化，强烈地冲击着中国古老的封建文化，人们逐渐认识到，西方国家强盛，西方文化也是先进的。那么，中国传统文化与西方文化各有什么特点呢？维新运动中，就有人对中西文化进行比较研究，试图从中寻找中国落后的原因。例如，严复的《论世变之亟》一文，对中西文化从哲学、政治、道德、民俗等多个方面做了广泛的比较：

> 中国最重三纲，而西人首明平等；中国亲亲，而西人尚贤；中国以孝治天下，而西人以公治天下；中国尊主，而西人隆民；中国贵一道而同风，而西人喜党居而州处；中国多忌讳，而西人重讥评。其于财用也，中国重节流，而西人重开源；中国追淳朴，而西人求欢虞。其于接物也，中国美谦屈，而西人务发舒；中国尚节文，而西人乐简易。其于为学也，中国夸多识，而西人尊新知。其于祸灾也，中国委天数，而西人恃人力。[1]

鲁迅也较早地注意进行中西文化的比较。他的《文化偏至论》《摩罗诗力说》等，就是中西文化比较的重要论文。"他山之石，可以攻玉。"鲁迅从改造国民性的职志出发，从文化角度分析了中国国民性的特点和不足。这种比较，大致有三点：

第一，向往古代。

鲁迅认为，在世界上不存在和平这一事物，人类社会也是如此。西方的哲学家惮于前进道路的艰险，又知道斗争不可避免，便向往未

---

① 严复：《论世变之亟》，《严复集》第1卷，中华书局1986年版，第3页。

来，并且发挥他们的想象，创造出一个理想世界，从柏拉图的《理想国》开始，抱着这样想法的不知有多少人，鲁迅对此是称许的："虽自古迄今，绝无此平和之朕，而延颈方来，神驰所慕之仪的。日逐而不舍，要亦人间进化之一因子欤？"①但是，中国的哲学家却与此相反，他们心神所注，在于辽远的过去，或者是唐尧虞舜，或者竟是人兽杂居的原始状态。这种向往古代的思想是我们祖先的历史观的反映。古代中国的文化和历史，变化是缓慢而微细的，给人以凝固稳定的感觉，"天不变，道亦不变"就是古人由这种历史感所做的理论概括。政治史上有"正统"，思想史上有"道统"，文学史上有"文统"，言必称三代，甚至言必称孔孟，成了两千多年来中国人的传统习惯。在对待社会经济、政治、文化各方面的改造和建设问题时，人们不是着眼于未来而是常常注视过去，恪守古训。鲁迅坚决反对这种一味向往古代的传统观念，认为其本质"为无希望，为无上征，为无努力"②，其结果十分危险："非自杀以从古人，将终其身更无可希冀经营，致人我于所仪之主的，束手浩叹，神质同隳焉而已。"③

第二，"不撄人心"。

鲁迅认为，西方哲学家由于面对未来，因此欢迎进化，不怕斗争；中国哲学家由于总是把目光转向过去，逃避现实，害怕斗争。因此鼓吹"不撄人心"。所谓"不撄"，就是不触犯。"不撄"，这是中国的政治理想。鲁迅指出，有人触犯他人，或者有人被触犯，皇帝和百姓都是要严厉禁止的：皇帝是为了保持王位，使之传诸子孙万代，百姓则在于过安稳的生活，宁愿蜷伏堕落而厌恶进取。因此，虽然他们地位不同，但都反对敢撄人心的天才人物。"不撄"思想影响很广。例如爱国诗人屈原，灭身殉志，被后人目为"贬洁狂狷景行之

①《鲁迅全集》第1卷，《坟·摩罗诗力说》，人民文学出版社1981年版，第67页。
②《鲁迅全集》第1卷，《坟·摩罗诗力说》，人民文学出版社1981年版，第67页。
③《鲁迅全集》第1卷，《坟·摩罗诗力说》，人民文学出版社1981年版，第67页。

士"①"狷狭之志"②，鲁迅称赞他"茫洋在前，顾忌皆去，怼世俗之浑浊，颂己身之修能，怀疑自遂古之初，直至百物之琐末，放言无惮，为前人所不敢言"。但鲁迅又认为，屈原作品中"亦多芳菲凄恻之音，而反抗挑战，则终其篇未能见，感动后世，为力非强"③。鲁迅的评论切中肯綮。屈原作品虽然批评了时政，但还不完全背离中道。他的批评不仅出于一腔忠君爱国之忱，就是在表现方法上也多采用香草美人作比兴，被赞许为"优游婉顺""依经立义"④。"不撄"思想长期影响的结果，就产生了"不争之民""畏死之民"。这些人不敢斗争，逐渐变得卑鄙、懦怯、吝啬、胆小怕事，对国家命运漠不关心，对个人实利的追求则孜孜不已，在外敌的摧残下只求活命，不惜卑躬屈膝。鲁迅指出，"不争之民，其遭遇战事，常较好争之民多，而畏死之民，其苓落殇亡，亦视强项敢死之民众"⑤。"不争之民""畏死之民"向往的是"污浊之平和"，极力保持"故态"；这样的国家，就是"古国"，它们无不"负令誉于史初，开文化之曙色"，后来不可避免地变成"影国"。这是很可悲哀的。

在中国封建时代，社会上对那些隐居不仕的"隐士"评价甚高，誉之为"高蹈之人"。这些人远离红尘，与世无争，似乎自得其乐。鲁迅指出，隐士弃绝人世的原因是回避斗争。他们在现实生活中感到自己软弱无力，无事可为，就想独自超脱尘世。在他们身上可以看到"不撄"思想的严重影响。但是现实社会毕竟是弃绝不了的。正像鲁迅后来所说的："隐士，历来算是一个美名，但有时也当作一个笑柄。"⑥隐士并不如人们所称许的那样清高，"翩然一只云中鹤，飞去

---

① 参见班固：《离骚序》。
② 刘勰：《文心雕龙·辨骚》。
③《鲁迅全集》第 1 卷，《坟·摩罗诗力说》，人民文学出版社 1981 年版，第 69 页。
④ 参见王逸：《楚辞章句序》。
⑤《鲁迅全集》第 1 卷，《坟·摩罗诗力说》，人民文学出版社 1981 年版，第 69 页。
⑥《鲁迅全集》第 6 卷，《且介亭杂文二集·隐士》，人民文学出版社 1981 年版，第 223 页。

飞来宰相衙"①的诗句，就是对隐士的尖锐讽刺。

鲁迅运用生物进化的理论，批评了"不撄"思想的乖谬。他认为，自从星云凝固、人类社会出现以后，无时无物不存在斗争，进化也许可以停一下，而生物却不能恢复原样了，如果阻挠向前发展，那就势必趋于衰亡。所谓"不撄"，实际上是不存在的。进化的力量像飞箭，不会中途停止，人们得到这股力量，就可以生存、发展，就可以达到人类所能达到的最高境界。鲁迅坚决反对"不撄人心"的传统思想，提出要打破"污浊之平和"，像"撄人心"的西方"摩罗"派诗人那样，勇于抗争，使我们的国家在斗争中强盛起来。

第三，盲目自大。

鲁迅认为，辉煌的中国文化长期以来处于领先地位，没有遇到过可以抗衡的对手，养成了一种"益自尊大"的心理。近代落后了，但不少人却无视或不承认这个现实，仍然盲目自大，就难免自欺欺人了。在《科学史教篇》中，鲁迅批判了那种"张皇近世学说，无不本之古人，一切新声，胥为绍述"的崇古蔑今的思想。他举例说，从前英国要人在印度铺设地下水道，印度人反对，有人就说地下水道原本是印度古贤人创造的，只是日子久了，技术失传，白种人不过是窃取这种技术而加以改良罢了，这样地下水道才得以铺设。鲁迅指出，这种盲目自大、"不惜自欺如是"的毛病，在中国是严重存在的："震旦死抱国粹之士，作此说者最多。一若今之学术艺文，皆我数千载前所已具。"②鲁迅的批评是颇有针对性的。在当时的知识界中，有一种奇怪的论调，就是认为西方资本主义文明都起源于中国，自从秦始皇焚书坑儒以后，这些东西都在中国失传了，反而在西方国家得到流传。就是说，中国是西学的老祖宗，中国人向西方学习，是"礼失求诸野"。郑观应在《盛世危言·西学》中写道：

---

① 蒋士铨《临川梦》传奇中的诗句。

② 《鲁迅全集》第 1 卷，《坟·科学史教篇》，人民文学出版社 1981 年版，第 26 页。

星气之占始于臾区，勾股之学始于隶首，地图之学始于髀盖，九章之术始于周礼。不仅此也，浑天之制劈于玑衡，则测量有自来矣。公输子削木人为御，墨翟刻木鸢而飞，武侯作木牛流马，则机器有自来矣。秋官象胥，郑注译官，则翻译有自来矣。阳燧取明火于日，方诸取明水于月，则格物有自来矣。[1]

薛福成也说："《墨子》一书，导西学之先者甚多。"[2]梁启超后来竟然说"社会主义"也是中国"古已有之"的东西，认为孔子讲的"均无贫和无寡"、孟子讲的"恒产恒心"，就是这主义最精要的论据。[3]这种牵强附会、自欺欺人的说法，固然有在当时强大的封建势力下，为学习西方和进行改革的主张寻找合法根据以打破顽固派反对的原因，但也反映了"尸祝往时"，盲目自大的思想。

不正视现实，不承认落后，陶醉在自我编织的幻梦中。这是当时中国统治阶级的普遍的心理状态。鲁迅指出，这样的人就像破落户的子孙，仍然神气十足，保持着优越感，常对人说什么"厥祖在时，其为智慧武怒者何似，尝有闳宇崇楼，珠玉犬马。尊显胜于凡人"[4]。这难道不正是阿Q的影子吗？——阿Q在和人口角时，总是瞪着眼说道："我们先前——比你阔的多啦！你算是什么东西！"

鲁迅通过中西文化比较所指出的中国国民性的弱点，也有不够准确的地方，例如有把一部分人的思想看成是全中国人的品性，有把某个特定时期的社会心理当作自古以来的传统观念等偏向。鲁迅的比

---

① 郑观应：《盛世危言·西学》；夏东元：《郑观应集》上册，上海人民出版社1982年版，第274—275页。

② 薛福成：《出使英法义比四国日记》第5卷，岳麓书社1985年版，第252页。

③ 梁启超：《欧游心影录节录》，《饮冰室合集·专集之二十三》，中华书局1989年影印版，第32页。

④ 《鲁迅全集》第1卷，《坟·摩罗诗力说》，人民文学出版社1981年版，第65页。

较是有意义的，不仅因为这是早期中西文化比较的探索，具有开拓作用，而且他的比较是从中国现实斗争的需要出发，他的反对守旧、恋古、自大、怯斗，都有强烈的针对性，是有积极作用的。

三

在势如狂澜的"五四"时期，鲁迅从反封建的伟大斗争任务出发，对中华民族的传统文化进行了清醒的反省，努力探索中国国民性与传统文化的关系，全面地、尖锐地抨击了造成中国国民性弱点的封建文化，在文化思想战线上打了一场有声有色的硬仗。

辛亥革命准备时期，中国资产阶级虽然曾对封建思想文化进行过一定的批判，但由于他们在思想上比在政治上更加软弱，由于他们使用的批判武器是已经陈旧的西方资产阶级的思想文化，因此并未能真正打败封建思想文化。这样，推翻了封建帝制，建立了共和国，但如鲁迅所说："中国固有的精神文明，其实并未为共和二字所埋没。"①大地主大资产阶级的政治代表袁世凯篡夺辛亥革命果实不久，就做起了当皇帝的美梦，随着袁世凯复辟帝制的紧锣密鼓，在文化思想领域内也出现了一股尊孔复古的逆流。什么"欲树尼山教义作民族精神"，什么"国体虽变而纲常未变"，什么"发扬国粹""维护国俗""定孔教为国教"等等，在这种喧嚣下，孔教会、孔道会、尊孔会之类的组织纷纷出现。帝国主义大力支持包括中国在内的东方各国的"僧侣主义和蒙昧主义"，袁世凯复辟帝制的丑剧也受到他们的喝彩。李佳白主持的尚贤堂与陈焕章组织的孔教会的沆瀣一气，就提供了帝国主义和封建主义在文化上结成反动同盟的一个黑标本。正如毛泽东所指出的："帝国主义文化和半封建文化是非常亲热的两兄弟。

---

① 《鲁迅全集》第 1 卷，《坟·灯下漫笔》，人民文学出版社 1981 年版，第 216 页。

它们结成文化上的反动同盟，反对中国的新文化，这类反动文化是替帝国主义和封建阶级服务的，是应该被打倒的东西。"①

　　辛亥革命的失败，封建顽固派的复辟活动，启发鲁迅在内的中国资产阶级民主主义者认真地去总结和思考。他们认为，资产阶级共和制度未能真正建立起来，是由于没有触动旧思想、旧道德等旧的文化，因此必须批判它们，为共和制度扫清道路。陈独秀说过："这腐旧思想布满国中，所以我们要诚心巩固共和国体，非得将这班反对共和的伦理、文学等等旧思想，完全洗刷得干干净净不可。否则不但共和政治不能进行，就是这块共和招牌，也是挂不住的。"②孔教与帝制复辟的密切关系，使人们对封建文化的实质有了深刻的认识。袁世凯愈是想利用孔子作为敲开"幸福之门"的工具，人们对"孔夫子之被利用为或一目的的器具，也从新看得格外清楚起来，于是要打倒他的欲望，也就愈加旺盛"③。因此，急进民主主义知识分子便把反对封建文化的思想革命提到"最后觉悟之最后觉悟"的高度。从1915年起，发动了一个比辛亥革命时期更为猛烈的反封建的新文化运动。

　　新文化运动是彻底的反对封建文化的运动，自有中国历史以来，还没有过这样伟大而彻底的文化革命。新文化运动初期是资产阶级与小资产阶级文化代表的奋起，以资产阶级民主主义的思想武器向封建文化猛烈开火，大张旗鼓地宣传民主和科学，后期则出现了具有初步共产主义思想的知识分子生力军，以马克思主义为武器加入了反封建文化的战斗。鲁迅是稍后一点参加新文化运动的，他一加入，就成为冲决封建罗网的"凶猛的闯将"。在十月革命的影响下，鲁迅也"在

---

① 毛泽东：《新民主主义论》，《毛泽东选集》第2卷，人民出版社第1版，1969年2月横排大字体，第655页。

② 陈独秀：《旧思想与国体问题》，《新青年》1917年5月第3卷第3号。

③ 《鲁迅全集》第6卷，《且介亭杂文二集·在现代中国的孔夫子》，人民文学出版社1981年版，第317页。

刀光火色衰微中"看出"新世纪的曙光"①。他的篇篇如匕首的杂感，他的体大思精的论文，他的从《狂人日记》开始"一发而不可收"的小说，使新文化运动的反封建主义精神达到了更大的深度。恩格斯在论述法国启蒙运动时指出："宗教、自然观、社会、国家制度，一切都受到了最无情的批判"②。鲁迅有一段话，就是他的彻底的反封建精神的写照："苟有阻碍这前途者，无论是古是今，是人是鬼，是《三坟》《五典》，百宋千元，天球河图，金人玉佛，祖传丸散，秘制膏丹，全都踏倒他。"③

鲁迅向封建文化发动气势凌厉的进攻，建立在他对于传统文化与国民性弱点关系的认识上。文化具有累积性，社会物质生产发展的历史连续性是文化累积的基础。文化累积的能力，是人类别于动物的一种特有的能力。这种累积，是通过人的活动进行的，并正在从历史上的完全盲目的自发阶段进到有组织有计划的自觉阶段。应当看到，所谓累积，不仅是指累积自己这个地区、民族、国家的文化，而且文化累积的过程，也就是文化交流和文化传播、文化融合和文化冲突的过程。文化经过这样长期的历史的积淀，就成为人们的行为模式、思维模式和心理特征，由此构成一个民族的思想风貌。文化传统与民族性、国民性的形成有密切的关系。随着文化的发展，人们之间的关系日益复杂起来，在各个社会集团，从风俗习惯到道德、宗教、法制、艺术，规定于该集团每个人的行为、价值观念的方向的一种力量统治现象也越来越明显起来，"处于文化的两极的这种价值体系和技术体系，以语言和社会结构为媒介形成一个叫作文化的结构体。这个结构体具有不同的形态类型和发展史。所谓民族性、国民性就是这种结构

---

① 《鲁迅全集》第 1 卷，《热风·五十九"圣武"》，人民文学出版社 1981 年版，第 356 页。

② 恩格斯：《反杜林论》，《马克思恩格斯选集》第 3 卷，人民出版社 1972 年版，第 56 页。

③ 《鲁迅全集》第 3 卷，《华盖集·忽然想到（五至六）》，人民文学出版社 1981 年版，第 45 页。

所表现的类型"①。文化传统在人们心理上的反映和行为上的表现，就是鲁迅所说的国民性或民族性。

作为具有几千年历史文化的文明古国，中国在长期的封建社会中所创造、积累、延续下来的传统文化是封建文化，亦即"儒教文化"。主要代表是孔孟之道及其后世的儒家学说，它对中国社会与政治思想的影响是根深蒂固的。中国传统价值体系中有两大重要支柱："重义理轻艺事"和"贵义贱利"。前者维持了劳心者与劳力者的界限，注定了科学技术在中国的低下地位，后者与几千年的重农轻商、崇本抑末的政策相呼应，维护了小农经济结构的牢固。②与此相联系，就是厚古薄今，重人事、轻鬼神，重义务、轻权利，重社稷、轻个人，重精神、轻物质，重德育、轻智育，等等。这里面既包含着我们民族的美德，形成中国民族性、国民性中积极的方面，也包含着导致影响社会前进的消极因素，形成民族性、国民性中陈腐萎靡的病态。因此，传统文化既是我们民族的骄傲，又是我们民族的包袱。鲁迅对于传统文化的批判，就由于它是愚弱的国民性形成的一个重要条件。

鲁迅深刻揭露了封建文化的顽固性。他说："我们中国本不是发生新主义的地方，也没有容纳新主义的处所，即使偶然有些外来思想，也立刻变了颜色，而且许多论者反要以此自豪。"③"我们中国人，决不能被洋货的什么主义引动，有抹杀他扑灭他的力量。"④封建文化在中国土地上发展了几千年，孳乳连绵，显得格外地顽强，任何新思想、新学说，不是被它消融、同化，变得面目全非，就是在与它的较量、冲突中，落荒而逃，最后销声匿迹。中国近代所谓"新

---

① 参见日本平凡社编：《世界大百科事典》1981年版，转引自《文明和文化》，求实出版社1982年版，第116页。

② 参见叶晓青：《西学输入和中国传统文化》，《历史研究》1983年第1期。

③《鲁迅全集》第1卷，《热风·五十九"圣武"》，人民文学出版社1981年版，第354页。

④《鲁迅全集》第1卷，《热风·五十六"来了"》，人民文学出版社1981年版，第347页。

学"和"旧学"、"西学"和"中学"的斗争的结果，就说明了这一点。清王朝虽然被推翻，但是"旧学"并没有随着这个历史巨变退出战场，倒是"新学"一个又一个给战败了。风靡一时的进化论，"终于也不过留下一个空泛的名词"①；就是鼓吹"西学"最力的严复，后来也尊孔复辟，甚至迷信灵学万能，完全投到了封建思想文化的怀抱里了。毛泽东指出："因为中国资产阶级的无力和世界已经进到帝国主义时代。这种资产阶级思想只能上阵打几个回合，就被外国帝国主义的奴化思想和中国封建主义的复古思想的反动同盟所打退了，被这个思想上的反动同盟军稍稍一反攻，所谓新学，就偃旗息鼓，宣告退却，失了灵魂，而只剩下它的躯壳了。"②当然鲁迅当时还不能站到这样的高度认识问题，但他从亲身经历中看到了封建文化的顽固性，提醒人们要同它做持久的艰巨的斗争，则是确当而又深刻的见解。

鲁迅还批判了封建文化的残忍性。他看到人民群众普遍落后、麻木，突出表现就是没有自己的是非观念，一切以"祖传老例"为是非标准，一切以封建统治者的是非为是非。许多人"分不清理想与妄想的区别"，"将扫除庭园与劈开地球混作一谈"。③鲁迅在《野草·复仇（其二）》中，描写了拯救人类的耶稣，就死在他要拯救的、以统治者的是非为是非的人们面前。造成人民群众精神麻木的根本原因是什么？是愚民政策。鲁迅曾借生物界细腰蜂用毒汁麻痹小青虫以供幼蜂食用的事例，揭露了反动统治阶级利用封建文化推行愚民政策的伎俩。他说："这细腰蜂不但是普通的凶手，还是一种很残忍的凶手，又是一个学识技术都极高明的解剖学家。她知道青虫的神经构造和作用，用了神奇的毒针，向那运动神经球上只一螫，它便麻痹为不死不

---

① 《鲁迅全集》第4卷，《二心集·〈进化和退化〉小引》，人民文学出版社1981年版，第250页。

② 毛泽东：《新民主主义论》，《毛泽东选集》第2卷，人民出版社第1版，1969年2月横排大字体，第657页。

③ 《鲁迅全集》第1卷，《热风·随感录三十九》，人民文学出版社1981年版，第318页。

活状态。"①这"神奇的毒针",就是封建文化,就是世代相传的旧货色,它是反动统治者施用"麻痹术"的武器,是杀人不见血的"软刀子"。但是鲁迅又指出,从历史上看,愚民政策的理论尽管很完备,却从来不能奏效,因为它总不能禁止人民去思想。鲁迅希望人民群众团结斗争,"排角成城以御强敌",彻底打破愚民政策,使富人的天下不得太平。

由于对封建文化的顽固性和残忍性认识得深刻,谙熟旧势力五花八门的战法,鲁迅在与封建文化的斗争中,态度就最坚决,也最能击中要害。他提出在任何情况下都不能忘记对于"祖传老病"的攻击,"无论如何总要对于中国的老病刺他几针,譬如说天文忽然骂阴历,讲生理终于打医生之类","现在偏要发议论,而且讲科学,讲科学而仍发议论。庶几乎他们依然不得安稳,我们也可告无罪于天下了"。②彻底破除封建文化就要去掉"二重思想"。"二重思想"是由于封建势力的强大以及改革者的妥协退让而产生的一种调和、折中的思想。在这种思想的弥漫下,社会上便出现了一幅幅光怪陆离的奇异画面:既许信仰自由,却又特别尊孔,既说是应该革新,却又主张复古,早上打拱,晚上握手,上午"声光化电",下午"子曰诗云",本领要新,思想要旧。"一言以蔽之:前几年谓之'中学为体,西学为用',这几年谓之'因时制宜,折衷至当'。"③鲁迅剖析了"二重思想"同封建文化之间互为表里的关系,坚决反对向旧势力、旧文化妥协。他指出,有"二重思想"的是"彷徨的人种",而"彷徨的人种"是没有出路的,"要想进步,要想太平,总得连根拔去了'二重思想'"④。

①《鲁迅全集》第1卷,《坟·春末闲谈》,人民文学出版社1981年版,第204页。

②《鲁迅全集》第7卷,《集外集拾遗·对于〈新潮〉一部分的意见》,人民文学出版社1981年版,第225页。

③《鲁迅全集》第1卷,《热风·随感录四十八》,人民文学出版社1981年版,第336页。

④《鲁迅全集》第1卷,《热风·随感录五十四》,人民文学出版社1981年版,第345页。

四

早期的鲁迅从发扬国民精神出发，号召人们学习西方文化，广博世界见识，在新文化运动及其以后的一段时期，他从反对封建文化、改革国民精神、建立民族自尊自信的主旨出发，提出"放开度量，大胆地，无畏地，将新文化尽量地吸收"①。这是他的文化观的一个重要方向。

"五四"时期，各种新思潮、新主义纷至沓来，中西、古今之争也更为激烈，以致从1915年开始，出现了延续十数年之久的中西文化大论战。当时在对待西方文化上，存在着两种偏向：

一种是主张全盘西化，对民族文化遗产采取彻底的虚无主义态度。这以胡适为代表。胡适宣传："我们必须承认我们自己百事不如人，不但物质机械上不如人，不但政治不如人，并且道德不如人，知识不如人，文学不如人，音乐不如人，艺术不如人，身体不如人。"因此，他主张"死心塌地的去学人家"，甚至"不要怕丧失我们自己的民族文化"②。受到胡适影响的傅斯年在《新潮》杂志上说："极端的崇外，却未尝不可。""因为中国文化后一步，所以一百件事，就有九十九件比较的不如人，于是乎中西的问题，常常变成是非的问题了。"③当时在古文字研究方面很有成绩的钱玄同，也提出了要彻底抛弃汉字的主张。

另一种是竭力贬低、排斥西方文化的态度。这以梁启超、梁漱溟等人为代表。他们推崇以孔孟为代表的东方文化，认为即使引入西

---

① 《鲁迅全集》第1卷，《坟·看镜有感》，人民文学出版社1981年版，第200页。

② 胡适：《介绍我自己的思想》；转引自蔡尚思：《中国现代思想史资料简编》第1卷，浙江人民出版社1982年版，第167、168页。

③ 《通信》，《新潮》1919年3月1日第1卷第3期。

方文化，也要注入东方的精髓。梁启超1920年欧游归来后，说欧洲的资本主义文明已经破产，"许多先觉之士，正思把中国印度文明输入"。他认为，真正救中国的还是封建文化，因而今后的唯一根本办法，是"从存一个尊重爱护本国文化的诚意"，在从事"先秦诸哲、汉唐诸师"或"中国印度文明"的复活运动中，"跟着三圣（指孔、老、墨——引者注）"前进。[1]梁漱溟1921年写了《东西文化及其哲学》一书，他认为"中国文化是以意欲自力调和、持中为其根本精神的"，"世界未来文化就是中国文化的复兴"；复兴中国文化，便"主张大家作孔家生活"。他颇为自负地说："孔子之真若非我出头倡导，可有那个出头？"[2]

鲁迅既反对民族虚无主义，又反对一概拒斥外来文化的偏向。随着民族的产生和发展，文化具有民族性，通过民族形式的发展，形成民族的传统。但是，任何国家或民族的高度发展的文化，都不可能是封闭的或与世隔绝的，而事实上存在着文化的交流、融合现象，我们中国古代的物质文化（例如四大发明）对于世界的影响是明显的。儒家思想对于邻近各国文化所起的作用也是客观存在的。同样，中国封建文化在形成和发展中，也学习、吸收了不少外来的文化。中亚和西方的音乐舞蹈、天文历算、工艺美术，以及印度的佛教文化等，都在中国文化史上留下了印记。鲁迅批判了当时中国的守旧顽固派，他们对国外的新文化、新思潮，排斥唯恐不力，总想把人民群众套在传统思想的硬茧里，与外界完全隔绝，继续推行维持了数千年的愚民政策。鲁迅指出，这些中国人的理想与锡兰岛上的味达族（Vedda）的情况很相合。味达族和外界毫无交涉，也不受别民族的影响，还是原始的状态，可谓"羲皇上人"。"但听说他们

---

① 梁启超：《欧游心影录节录》，《饮冰室合集·专集之二十三》，中华书局1989年影印版，第36—37页。

② 转引自蔡尚思：《中国现代思想史资料简编》第2卷，浙江人民出版社1982年版，第218、220—221页。

人口年年减少，现在快要没有了：这实在是一件万分可惜的事。"①
原因很简单，自绝于世界文明发展大道的民族，只有倒退、衰亡
一途。

鲁迅提出大力吸收西方新文化，与他对于"合群的爱国的自大"
思想的批判、努力树立民族的自尊和自信是紧密联系的。他指出：
"中国人向来有点自大。——只可惜没有'个人的自大'，都是'合
群的爱国的自大'。这便是文化竞争失败之后，不能再见振拔改进的
原因。"②"合群"思想是19世纪末维新派为挽救祖国危亡而引来的
西方学说。③维新派从历次对外战争和交涉失败中得到体验，认为广
土众民的中国之所以衰弱不堪，主要是由于分散隔离、闭塞愚陋，这
不仅对强敌失去抵抗力，而且也是破旧立新的极大障碍，因此必须合
群。他们把群看作社会的基数，有群的吸力才能聚为社会、成此世
界，能群与否是国家强弱的分界线。④梁启超的《新民说》中就专门
写了《说合群》一节，他还指出："群故通，通故智，智故强。"⑤
可见，当时鼓吹合群具有民族觉醒的意义，是反抗帝国主义侵略的行
动。但是，后来有些人又宣扬"合群的爱国的自大"，这个论调宣扬
的是些什么东西呢？鲁迅概括了以下五种：

　　甲云："中国地大物博，开化最早；道德天下第一。"这是
完全自负。

　　乙云："外国物质文明虽高，中国精神文明更好。"

　　丙云："外国的东西，中国都已有过；某种科学，即某子所

---

①《鲁迅全集》第1卷，《热风·随感录五十八》，人民文学出版社1981年版，第352页。

②《鲁迅全集》第1卷，《热风·随感录三十八》，人民文学出版社1981年版，第311页。

③ 严复1903年翻译出版英国哲学家斯宾塞的《社会学研究》，译名为《群学肄言》。

④ 参见陈旭麓：《戊戌时期维新派的社会观——群学》，《近代史研究》1984年第2期。

⑤ 梁启超：《变法通议·论学会》，《饮冰室合集·文集之一》，中华书局1989年影印版，
第31页。

说的云云"，这两种都是"古今中外派"的支流，依据张之洞的格言，以"中学为体，西学为用"的人物。

丁云："外国也有叫化子，——（或云）也有草舍，——娼妓，——臭虫。"这是消极的反抗。

戊云："中国便是野蛮的好。"又云："你说中国思想昏乱，那正是我民族所造成的事业的结晶。从祖先昏乱起，直要昏乱到子孙；从过去昏乱起，直要昏乱到未来，……（我们是四万万人）你能把我们灭绝么？"这比"丁"更进一层，不去拖人下水，反以自己的丑恶骄人；至于口气的强硬，却很有《水浒传》中牛二的态度。①

可见，"合群的爱国的自大"思想的实质，就是维护传统文化，拒绝接受外来新事物，反对任何改革。

"合群的爱国的自大"，也是一种民族的自大。鲁迅指出，中国人历来对异族只有两种称呼：一样是禽兽，一样是圣上，从没有把他们称为朋友。②由于民族自大，便呼异族为禽兽；也由于自大易变为自卑，因此在异族的锋镝下，匍匐称臣，尊为圣上。这是病态的民族性、国民性的反映，民族的自尊与自信同民族的自大与自卑是截然对立的。鲁迅深刻地批判了民族的自大与自卑。他针砭民族性、国民性的这些弱点，就是为了树立民族的自尊与自信。有爱才有憎。对于自己民族的深沉的热爱，使得鲁迅强烈地憎恶阻滞民族发展的消极方面。在进行民族的自我解剖、自我反省中，鲁迅曾称我们民族是"不长进的民族"③，用了许多激烈而近于偏颇的话。这种站在人民大众立场，渴望民族复兴的批判，与胡适等人诬蔑、攻击中华民族的言论是

①《鲁迅全集》第1卷，《热风·随感录三十八》，人民文学出版社1981年版，第312页。
②《鲁迅全集》第1卷，《热风·随感录四十八》，人民文学出版社1981年版，第336页。
③《鲁迅全集》第1卷，《热风·随感录三十八》，人民文学出版社1981年版，第314页。

迥然不同的。

同每个人具有自我意识一样，每个民族作为认识主体，也具有自我意识。民族自信心和自尊心就是这种民族自我意识的重要组成部分。民族自信心是一个民族的肯定的、积极的自我认识和自我评价；民族自尊心是民族自信心在民族道德情感上的深化。作为社会心理现象，二者具有广泛性和稳定性的特征，具有强大的精神力量。自信、自尊这种心理机制，决定了民族自信心、自尊心必然采取自我意识、自我评价的主观形式，形式上虽是主观的，但在内容上却要求客观地反映本民族的一切现实的历史的东西。热情肯定一切优秀的东西，坚决否定落后的东西，否定落后正是为了改变落后。这种建立在客观地反映和评价自己民族的历史地位、创造力量和发展前途基础上的民族自信心、自尊心，与民族自大、民族自卑有着本质的不同。"五四"时期在中西文化论战中出现的两种偏向，与没有正确认识和解决好上述问题有很大关系。以胡适为代表的"全盘西化"论者，对自己民族、国家的东西认为这也不行、那也不行，甚至对自己民族的长处和优良传统也一概否定，表现了妄自菲薄的民族自卑感；以梁启超、梁漱溟为代表的保存"固有的精神文明"论者，不切实际地夸大本民族的长处，甚至把自己民族历史上的糟粕也当作精华，拒绝吸收其他民族的长处，则表现了妄自尊大的狭隘民族主义。因此，这两种态度都是错误的。

鲁迅正是从对中华民族的深切了解，从树立民族的自尊心与自信心出发，主张勇敢无畏地吸收一切外来文化，择其精华，作为我们民族发展的滋养。他通过汉唐的"闳大之风"与宋以后的"偏多忌讳"的比较，指出能否大胆吸收外来文化，敢于"将彼俘来"而不是只怕"彼来俘我"，关键在于是否有魄力、有自信。他提出，要有进步或不退步，"总须时时自出新裁，至少也必取材异域，倘若各种顾忌，各种小心，各种唠叨，这么做即违了祖宗，那么做又像了夷狄，终生惴惴如在薄冰上，发抖尚且来不及，怎么会做出好东西来"①。鲁迅不断抨击那些"使中国和世界潮流隔绝""排斥外来思想，异域情调"的守旧思想，热情地传播新文化。应该看到，"五四"时期的新文化，指的是反帝反封建的文化思想。当时的所谓新思潮、新主义，内容是很复杂的。新思潮的主流是社会主义，但是又有资产阶级民主主义和人文主义的政治、社会和伦理思想，还有帝国主义时代的各种资产阶级思想，如柏格森、尼采、杜威、罗素等的思想。就是初期的"社会主义"，也是兼容并包的，除了科学的社会主义外，更有圣西门的空想社会主义、武者小路实笃的新村主义、托尔斯泰的泛劳动主义、工读主义、无政府主义、修正主义、基尔特社会主义等等，都被笼统地当作"社会主义"接受过来。由于思想上的局限，鲁迅当时对西方社会思潮中的各种流派和倾向还不能够进行科学的鉴别。

新文化运动和"五四"运动中，鲁迅世界观上仍未完全突破进化论观点的局限，所操的主要仍是个性解放的武器，"文化决定论"还有一定的影响；对于造成畏缩、麻木的国民性的封建文化，鲁迅的批判是尖利的，但还缺乏具体分析，未能区分其中的糟粕和精华（例如认为"中国古书，叶叶害人"②）；大力主张学习、吸收外来的新思想、新文化，但对这些新思想、新文化还不能够正确地进行选择。1925年以后，经过尖锐的阶级搏斗的锻炼和马克思主义理论的学习，鲁迅终于彻底轰毁了在自己头脑中长期占据重要地位的进化论，树立了辩证唯物主义和历史唯物主义的科学的世界观，他的文化观也达到了一个崭新的马克思主义的高度。

---

① 《鲁迅全集》第1卷，《坟·看镜有感》，人民文学出版社1981年版，第200页。

② 《鲁迅全集》第11卷，《书信·190116致许寿裳》，人民文学出版社1981年版，第357页。

五

鲁迅在1927年转变为伟大的共产主义者以后，正确解决了革命的力量、道路等一系列重大问题，对作为意识形态的文化的实质以及文化与经济、政治之间的关系也有了确当的认识，克服了早期和前期的"文化决定论"倾向。但是后期的鲁迅仍然重视文化问题，重视改造国民性问题。他勇猛地战斗在文化战线上，同毒害、麻痹人民群众的半封建文化与帝国主义奴化思想的文化进行针锋相对的斗争，为无产阶级新文化的建设做出了卓越的贡献。

在辛亥革命准备时期，鲁迅从激发人民群众的爱国主义情感、推翻清政府的腐朽统治出发，对传统文化较多地采取了肯定的态度；在"五四"时期，为了打退封建顽固势力的进攻，保卫新文化运动的成果，鲁迅倾注全力去抨击传统文化；到了后期，鲁迅运用马克思主义观点对待民族文化遗产，注重对传统文化具体分析，择取其中精华，以利于无产阶级新文化的建设。这是鲁迅文化观转变的一个重要标志。这个转变，可以说经过了肯定——否定——否定之否定的辩证发展过程。新文化的诞生，必须对旧文化进行猛烈的批判，但为了战胜旧文化和建立新文化，又必须对旧文化有所继承和择取，这就是革新和继承之间对立统一的关系。鲁迅深刻地分析过这种关系："因为新的阶级及其文化，并非突然从天而降，大抵是……发达于和旧者的对立中，所以新文化仍然有所承传，于旧文化也仍然有所择取。"[1]在批判和继承文化遗产时，鲁迅既反对像未来派那样盲目地破坏，也反对像复古派那样盲目地因袭，而主张无论破坏和保存，都要从"新的建

---

[1] 《鲁迅全集》第7卷，《集外集拾遗·〈浮士德与城〉后记》，人民文学出版社1981年版，第355页。

设的理想"出发，即为建立无产阶级的新文化服务。鲁迅的见解和毛泽东的精辟论述是一致的。毛泽东指出："中国的长期封建社会中，创造了灿烂的古代文化。清理古代文化的发展过程，剔除其封建性的糟粕，吸收其民主性的精华，是发展民族新文化提高民族自信心的必要条件。"①鲁迅的这个思想，形象地体现在他的著名的"拿来主义"口号中。他以一个穷青年得了一所大宅子做比喻，批评了对待文化遗产的三种错误态度：一是畏畏缩缩，不敢接触遗产，这种人是"孱头"；二是全盘否定，搞民族虚无主义，这种人是"昏蛋"；三是弃精华而专吮吸糟粕的保守复古主义，这种人是"废物"。②鲁迅认为，对待文化遗产，应该采取"拿来主义"的态度，以"沉着，勇猛，有辨别，不自私"的精神，"或使用，或存放，或毁灭"，分别做出不同的处理。③这是鲁迅过去一系列正确主张的继续和发展，而且更加科学和具体了。这反映在改造国民性上，就是既坚决批判传统文化中消极方面对国民性的影响，又注意继承传统文化中的积极方面，弘扬国民精神。

在鲁迅生活的后期，国民党反动派在对革命力量进行军事"围剿"的同时，又发动了反革命的文化"围剿"，"共产主义者的鲁迅，却正在这一'围剿'中成了中国文化革命的伟人"④。反动派一方面指使御用文人向无产阶级文化发起猖狂进攻，另一方面提倡"新生活运动"，鼓吹"尊孔读经"，在"保存中国固有文化"的幌子下推行愚民统治。鲁迅认为，所谓"保存中国固有文化"，其实是要保存中国文化中窒碍中华民族生机的消极、落后的部分。鲁迅批判

---

① 毛泽东：《新民主主义论》，《毛泽东选集》第 2 卷，人民出版社第 1 版，1969 年 2 月横排大字体，第 667—668 页。

②《鲁迅全集》第 6 卷，《且介亭杂文·拿来主义》，人民文学出版社 1981 年版，第 39 页。

③《鲁迅全集》第 6 卷，《且介亭杂文·拿来主义》，人民文学出版社 1981 年版，第 40 页。

④ 毛泽东：《新民主主义论》，《毛泽东选集》第 2 卷，人民出版社第 1 版，1969 年 2 月横排大字体，第 663 页。

了"保存中国固有文化"的两种表现形式：一是毫无理由地处处反"洋"，与"洋气"唱反调："他们活动，我偏静坐；他们讲科学，我偏扶乩；他们穿短衣，我偏着长衫；他们重卫生，我偏吃苍蝇；他们壮健，我偏生病……这才是保存中国固有文化，这才是爱国，这才不是奴隶性。"①二是"每一新制度，新学术，新名词，传入中国，便如落在黑色染缸，立刻乌黑一团"②。例如科学，本身就是生产力，就是疗救愚昧的有力武器，但在中国，却被某些人用以维护落后的社会风气："麻将桌边，电灯代替了蜡烛，法会坛上，镁光照出了喇嘛，无线电播音所日日传播的，不往往是《狸猫换太子》《玉堂春》《谢谢毛毛雨》吗？"③鲁迅激愤地说："科学不但更证明了中国文化的高深，还帮助了中国文化的光大。"④可见，"保存中国固有文化"论调的实质，就是反对进步，反对改革，反对一切新事物。

在中国近代文化史上，既有半封建的文化，又有帝国主义奴化思想的文化，"这一部分文化，除了帝国主义在中国直接办理的文化机关之外，还有一些无耻的中国人也在提倡。一切包含奴化思想的文化，都属于这一类"⑤。奴化思想的文化是直接为帝国主义侵略中国的政策服务的。帝国主义除了依恃洋枪洋炮在中国土地上横行无忌外，还要在思想文化上欺骗、毒化中国人民，使它们的侵略"有理"，掩盖其罪恶的嘴脸。20世纪30年代，随着日本帝国主义侵略中国活动的加剧、中华民族危机的日益加深，鲁迅对奴化思想文化的批判也更加

① 《鲁迅全集》第6卷，《且介亭杂文·从孩子的照相说起》，人民文学出版社1981年版，第82页。

② 《鲁迅全集》第5卷，《花边文学·偶感》，人民文学出版社1981年版，第480页。

③ 《鲁迅全集》第5卷，《花边文学·偶感》，人民文学出版社1981年版，第480页。

④ 《鲁迅全集》第5卷，《花边文学·偶感》，人民文学出版社1981年版，第479—480页。

⑤ 毛泽东：《新民主主义论》，《毛泽东选集》第2卷，人民出版社第1版，1969年2月横排大字体，第655页。

猛烈。他揭露了帝国主义宣传奴化思想文化的几种手段：第一，主动"送来"，例如电影、书籍等。"欧美帝国主义者既然用了废枪，使中国战争，纷扰，又用了旧影片使中国人惊异，糊涂。更旧之后，便又运入内地，以扩大其令人糊涂的软化。"[①]第二，推行"以华制华"的"老法宝"。帝国主义为了要保持他们的"在华利益"，就积极网罗、培养一批可以"制华"的"华人"，有掌握政权的，也有弄文化的，"他们是最要紧的奴才，有用的鹰犬，能尽殖民地人民非尽不可的任务：一面靠着帝国主义的暴力，一面利用本国的传统之力，以除去'害群之马'，不安分的'莠民'"[②]。第三，赞赏和利用"中国固有的文明"。帝国主义看到中国固有的"文明"有利于培养奴才主义，而奴才主义又有利于帝国主义征服中国民族的"心"，他们因此大肆鼓吹和利用中国固有的"文明"。鲁迅揭露了这种现象：中国废止读经了，教会学生还请腐儒教学生读四书；民国废去跪拜了，犹太学校偏请遗老做先生，要学生磕头拜寿；日本人拜骈文于北京，英督"金制军""整理国故"于香港；等等。他们对中国固有的"文明"如此一往情深，如此不遗余力地保存，就是要"吃中国人的肉的"！

鲁迅前期主要集中在攻击封建的意识形态上，晚年所攻击的对象则比先前广泛得多，包括一切守旧的思想体系，即旧文化的各个方面。这突出体现在他重视改革旧的风俗习惯上。风俗习惯主要是指一个民族（或一定地域的人们）在物质生活和文化生活方面长期形成的共同习惯，包括衣着、饮食、居住、生产、婚姻、丧葬、节庆、礼仪等方面的好尚、信仰和禁忌，它既是民族的外部特征之一，又体现了民族的共同心理素质，是构成民族的重要因素之一，它具有群体性、地域性、稳定性以及可变性等特点。作为文化的一个组成部分的风俗

---

① 《鲁迅全集》第 4 卷，《二心集·现代电影与有产阶级》，人民文学出版社 1981 年版，第 412 页。

② 《鲁迅全集》第 4 卷，《二心集·"民族主义文学"的任务和运命》，人民文学出版社 1981 年版，第 311 页。

习惯是社会生活的反映，反过来又对社会的发展产生一定的影响。鲁迅一直重视风俗习惯问题，他在1930年给许世瑛开的书单中，就有记叙"晋人清谈之状"的《世说新语》、"论及晋末社会状态"的《抱朴子外篇》、"可见汉末之风俗迷信等"的《论衡》、反映"明末清初之名士习气"的《今世说》等。①他爱读明清笔记之类的野史，因为从中可以使人们了解某一时代的生活、习惯、风尚。"譬如我们看一家的陈年账簿，每天写着'豆付三文，青菜十文，鱼五十文，酱油一文'，就知先前这几个钱就可买一天的小菜，吃够一家；看一本旧历本，写着'不宜出行，不宜沐浴，不宜上梁'，就知道先前是有这么多的禁忌。"②风俗习惯是在长期社会生活中形成的，其中有好的，也有不好的甚至坏的。坏的风俗习惯对人民群众起着潜移默化的毒害作用，使旧的思想绳绳不断，成为社会改革的阻碍。当时的中国，许多风俗习惯是封建时代和半殖民地半封建时代的产物，甚至是人类蒙昧、野蛮时代的产物的残余。影响很广。20世纪30年代，报刊上开展关于"社会改革"问题的讨论，鲁迅便把社会改革同改革旧的风俗习惯联系起来，显示了一个成熟的马克思主义者的认识水平和理论深度。鲁迅指出，要进行社会改革，必须注重研究风俗习惯，同旧的习惯势力做长期的顽强的斗争。列宁说过："千百万人的习惯势力是最可怕的势力。"③他又指出，共产党的基本任务，"就是帮助培养和教育劳动群众，使他们克服旧制度遗留下来的旧习惯、旧风气，那些在群众中根深蒂固的私有者的习惯和风气"④。鲁迅赞扬和接受列宁的意见，指出："真实的革命者，自有独到的见解，例如乌略诺夫（即列

---

① 《鲁迅全集》第8卷，《集外集拾遗补编·开给许世瑛的书单》，人民文学出版社1981年版，第441页。

② 《鲁迅全集》第6卷，《且介亭杂文·随便翻翻》，人民文学出版社1981年版，第137页。

③ 列宁：《共产主义运动中的"左派"幼稚病》，《列宁选集》第4卷，第200页。

④ 转引自《红旗》杂志评论员：《努力建设高度的社会主义精神文明》，《红旗》1982年第19期。

宁——引者注）先生，他是将'风俗'和'习惯'都包括在'文化'之内的，并且以为改革这些，很为困难。我想，但倘不将这些改革，则这革命即等于无成，如沙上建塔，顷刻倒坏。"①因此，革命者应当深入民众，了解社会，研究风俗习惯，分别好坏，立存废的标准，然后"设法引导，改进"；如果只是"大叫未来的光明"而不敢正视黑暗的现实，那不过是书斋里欺骗性的空谈。鲁迅的这些重要的观点，就是在今天也有启发的。

如何使人民群众真正获得思想和精神的解放，彻底摆脱愚昧的境况，这是鲁迅一生所思考和着力进行的一项伟大的工作。鲁迅在后期认为，人们首先要获得政治、经济的解放，"改革最快的还是火与剑"②，是"实地的革命战争"③，但又主张在人民大众未获得政治、经济的彻底解放之前，用改革国民教育的办法，逐步改变他们文化思想落后的状况。这主要表现在改革汉字上。在《门外文谈》中，鲁迅用历史唯物主义的观点，深刻论述了文学起源于人民群众，"文字在人民间萌芽，后来却一定为特权者所收揽"④。剥削阶级不但剥夺了物质财富的创造者——劳动群众享有物质财富的权利，而且利用他们在政治上、经济上的特权，剥夺了精神财富的创造者——劳动群众享受文字的权利。汉字本来就难，统治者又用种种"故意特制的难"使文字同它的创造者分离开来，广大劳动者只能世世代代当"睁眼瞎"，遭受剥削和压迫。不识字是中国劳动人民长期处于愚昧状态的一个重要原因。鲁迅尖锐地指出："汉字和大众，是势不两立的"⑤，"方块汉字真是愚民政策的武器"，"也是中国劳苦大众身上的一个结核，

---

①《鲁迅全集》第4卷，《二心集·习惯与改革》，人民文学出版社1981年版，第224页。

②《鲁迅全集》第11卷，《两地书·第一集北京》，人民文学出版社1981年版，第39页。

③《鲁迅全集》第3卷，《而已集·革命时代的文学》，人民文学出版社1981年版，第423页。

④《鲁迅全集》第6卷，《且介亭杂文·门外文谈》，人民文学出版社1981年版，第94页。

⑤《鲁迅全集》第6卷，《且介亭杂文·答曹聚仁先生信》，人民文学出版社1981年版，第76页。

病菌都潜伏在里面，倘不首先除去它，结果只有自己死"①。反动派出于愚民统治的需要，极力反对、阻挠人民群众掌握文字，"中国的劳苦大众虽然并不识字，但是特权阶级却还嫌他们太聪明了，正竭力的弄麻木他们的思索机关呢"②。鲁迅认为，即使是"目不识丁"的人民大众，其实也并不如读书人所推想的那么愚蠢，"他们是要智识，要新的智识，要学习，能摄取的"③。从有利于人民大众掌握汉字出发，鲁迅坚决支持汉字拉丁化的提议，他说："倘要中国的文化一同向上，就必须提倡大众语，大众化，而且书法更必须拉丁化。"④

通过以上分析，我们看到，鲁迅的文化观虽然经过了前后期的重大变化，但是，抨击传统文化中的消极因素，积极吸收外来的新文化，着眼于人民群众萎靡、麻木的精神状态的改变亦即国民性的改造，则是贯穿他的文化观前后期的一个基本方面，也是一个显著特点。

（本文原载中国鲁迅研究学会《鲁迅研究》1987年第10辑）

---

① 《鲁迅全集》第6卷，《且介亭杂文·关于新文字》，人民文学出版社1981年版，第160页。

② 《鲁迅全集》第6卷，《且介亭杂文·关于新文字》，人民文学出版社1981年版，第161页。

③ 《鲁迅全集》第6卷，《且介亭杂文·门外文谈》，人民文学出版社1981年版，第101页。

④ 《鲁迅全集》第6卷，《且介亭杂文·门外文谈》，人民文学出版社1981年版，第100页。

鲁迅与佛学

作为现代中国文化革命巨人的鲁迅，以他百科全书式的气魄，吮吸了人类文化的丰富的营养，当然也注意到自己悠久深厚的传统文化的一个重要部分——佛学。鲁迅对佛学的精深研究为我们树立了批判吸收旧文化、建设无产阶级新文化的典范。

一

鲁迅与佛学的缘分可谓久矣。他一生下来，家人就在神佛处给他"记名"，表示已出家，免得鬼神妒忌，要想抢夺了去。不到一岁，便拜一个和尚为师，并从师处领得一个法名，叫"长庚"，后来也曾用作笔名。他开始接触佛学是在留学日本时。1904年致友人书信中，就有"吾将以乌托邦目东樱馆，即贵临馆亦不妨称华严界也"①的话。1908年在《破恶声论》中对佛学做了肯定的评价："夫佛教崇高，凡有识者所同可。"这正是鲁迅在辛亥革命前夕，努力进行革命的文化思想启蒙教育的重要时期。了解鲁迅这时推重佛教的契机，应注意到

①《鲁迅全集》第11卷，《书信·041008致蒋抑卮》，人民文学出版社1981年版，第321页。

以下社会的和个人的三方面的原因：

第一，时代风气的浸染。

梁启超说过：“晚清思想家有一伏流，曰佛学。”他在分析其原因时指出，佛学是对清代沉溺于文学、音韵、训诂之学的“汉学”的反动，从龚自珍、魏源到康、梁诸今文学家，“多兼治佛学”；“故晚清所谓新学家者，殆无一不与佛学有关系，而凡有真信仰者率皈依文会”[①]。从19世纪中叶开始，崇信佛教似乎成了一种时代风尚，社会上逐渐形成了复兴佛学的运动。除了僧侣以外，还出现过不少居士，例如沈善登、杨文会、黎端甫、桂伯华、梅光羲、欧阳渐等，都很有名，其中尤以杨文会弘扬佛教的业绩影响最大。当时维新思潮的一个特色，就是以佛法解释孔孟，谈西学则取证佛经。南社、同盟会的不少成员也熟读内典，或从佛学里汲取激励自己的精神力量，或到其中寻求精神寄托的天地。从地主阶级的革新派到资产阶级的改良派、革命派，这么多的人与佛学结下了不解之缘，自然有着深刻的阶级的、社会的、历史的根源。对于受中国传统文化影响较深，并且经历了旧民主主义革命的鲁迅来说，受到佞佛这种浓厚的时代风气的浸濡，也就不足为奇了。

第二，章太炎的直接影响。

章太炎1903年因《苏报》案在上海被捕，3年后出狱，即东渡日本，一面为《民报》撰文，一面为青年讲学，鲁迅就在此时得以亲炙。许寿裳回忆说，鲁迅的读佛经，当然是受章太炎的影响。[②]章太炎20岁时曾读过佛书，但并未继续下去。在因《苏报》案的3年禁锢期间，他认真研究了弥勒的《瑜伽师地论》和世亲的《成唯识论》这两部法相唯识学的要籍。大约43岁（1912年）时，他用法相唯识学的观点解老庄，撰成《齐物论释》这一名著。章太炎十分推崇法相唯

---

① 梁启超：《清代学术概论》，《饮冰室合集·专集之三十四》，中华书局1989年影印版，第73页。

② 许寿裳：《亡友鲁迅印象记》，人民文学出版社1953年版，第46页。

识学。他说："今之立教，唯以自识为宗。"①"这法相宗所说，就是万法惟心。一切有形的色相，无形的法尘，总是幻见幻觉，并非实在真有"，必须"要有这种信仰，才能勇猛无畏，众志成城，方可干得事来"②。法相唯识宗为中国佛教宗派之一，出于古印度大乘佛教的瑜伽宗，由唐代高僧玄奘及其弟子窥基所传。它以主张外境非有、内识非无，成立"唯识无境"为基本理论。由于它集中地分析了世界各种（心的和物的）现象，所以叫作法相学派；分析到最后，认为一切现象不过是识（精神、观念）所表现出来的，所谓"三界唯心，万法唯识"，因此也叫唯识学。因其教义过于烦琐，仅三传即衰微。近代以来曾一度兴起。章太炎对法相的"不援鬼神，自贵其心""依自不依他"十分赞赏，认为这也是中国道德方面的优良传统，并且同尼采思想有相通之处，"尼采所谓超人，庶几相近（但不可取尼采贵族之说）"。他认为提倡这种精神对于净化道德、开启民智有好处，"排除生死，旁若无人，布衣麻鞋，径行独往。上无政党猥贱之操，下作懦夫奋矜之气。以此揭橥，庶于中国前途有益"③。

第三，推重佛教与鲁迅改造国民性主张有密切关系。

鲁迅留学日本，在改变医学救国的初衷后，便把重点放在改造国民性这个不少先进的中国人所瞩目的问题上。他认为，要推翻清朝专制统治，改造社会弊端，必须从改变人们精神面貌做起。而佛教对于纯净人们的道德，改造愚弱的国民性，激发人们的民族民主革命激情，则有着积极的作用。鲁迅对当时有些地方毁佛像、占祠庙做学堂的做法很反感，认为"迩来沙门虽衰退"，但和那些"志操特卑下，所希仅在科名"的学生比起来，"其清净远矣"。他说，如果认为佛教"无功于民，则当先自省民德之堕落；欲与挽救，方昌大之不暇，

---

① 章太炎：《建立宗教论》，《民报》第 9 号，1906 年 11 月 15 日。
② 章太炎：《演说录》，《民报》第 6 号，1906 年 7 月 25 日。
③ 章太炎：《答铁铮》，《民报》第 14 号，1907 年 6 月 8 日。

胡毁裂也"[1]。

　　我们从以上三方面探讨了鲁迅早年对佛教产生兴趣的原因。但他真正钻研佛经却是辛亥革命以后，具体说，主要在1914—1916年。翻开鲁迅1914年的日记，就可看到，从这年4月到年底的九个月里，共买佛教书籍八十多部近一百二十册，花去四十六元，占全年买书总款的百分之三十八。这几年他经常流连在琉璃厂一带，成了有正书局、文明书局等店铺的老主顾。他和清末佛学领袖杨文会的高足梅光羲、佛教徒许季上等往来频仍。不仅自己大力搜购、潜心披阅，还与许寿裳、周作人等彼此交换。中国佛教的天台宗、华严宗、禅宗、净土宗、唯识宗等，他都有所涉猎。鲁迅还大做功德，捐款佛经流通处；为祝母寿，托金陵刻经处刻《百喻经》一百册，又用余资刻了《地藏十轮经》。《日记》中不时有这样的记载："午后阅《华严经》竟""从季上借得《出三藏记集》残本，录之起第二卷""夜抄《法显传》"等等。鲁迅这时虽然研究范围颇广，但更多注重唯识宗和华严宗，如《瑜伽师地论》《华严经合论》《华严决策论》《大乘起信论》等。这不仅由于当时佛学界广为流行的是唯识、华严，而且也可看到章太炎的影响。总之，在近3年中，鲁迅买佛经数量之丰，用功之勤，实在是惊人的。

　　如何看待鲁迅这时期的嗜读佛经？毋庸讳言，革命后令人失望的局面，险恶的政治环境以及一时找不到真正的出路等原因，在鲁迅思想上形成了矛盾，产生了寂寞、失望、怀疑和痛苦的情结，因此抄古书、读佛经，想借此摆脱那"如大毒蛇似的寂寞""缠住了我的灵魂"所造成的痛苦。佛学原本是一种消极遁世的精神麻醉剂，在这种情况下读佛经，它那套空灵的唯心主义，超然出世、"四大皆空"的消极思想，不可避免地会对鲁迅产生一定的影响。鲁迅这时就对人说过："释迦牟尼真是大哲，我平常对人生有许多难以解决的问题，而

---

[1]《鲁迅全集》第8卷，《集外集拾遗补编·破恶声论》，人民文学出版社1981年版，第29页。

他居然大部分早已明白启示了，真是大哲！"①这自然是消极的一面。然而鲁迅毕竟是鲁迅。对于永远是革命战士的鲁迅来说，坚忍执着的战斗精神同因果报应的佛门教义水火不容，勇于面对现实的清醒态度同追求超脱世间的"涅槃寂静"格格不入，他始终把自己与国家、民族的命运连在一起的宽广胸怀同只为个人"来生"打算的猥贱用心更是风马牛不相及。鲁迅有过暂时的消沉，但并没有放弃战斗。他终于得出了一个结论："佛教和孔教一样，都已经死亡，永不会复活了。"②

应该看到，对鲁迅来说，读佛经还有积极的一面。鲁迅留日时就立下了改造国民性的宏愿，以做一名"精神界之战士"而投身到革命洪流中的。理想与现实的矛盾促使他严于解剖自己，认真地总结经验教训。他逐渐发现了自己，渐渐地对自己的怀疑产生了怀疑，因此在失望时仍不悲观，在怀疑中仍有追求。鲁迅在辛亥革命前从改造国民性出发而推重佛教，真诚地企望通过佛学的振兴有助于社会的改革、国民道德的改造和革命者无私无畏精神的培养，但严峻的现实证明这不过是"高妙的幻想"。鲁迅采取的行动是"沉入于国民中"与"回到古代去"。所谓"沉入于国民中"，主要是进一步认识中国社会，探索国民性的弱点；所谓"回到古代去"，主要是认真考察中国历史、研究中国传统文化，诊察封建社会的痼疾，寻找针砭国民性的药方。作为自己早先就十分重视而又是中国传统文化一个重要部分的佛学，鲁迅下功夫去钻研，是非常自然的，也是值得的。

二

鲁迅不仅大量搜求佛籍，而且钻研之精，领会之深，也是一般人

---

① 许寿裳：《亡友鲁迅印象记》，人民文学出版社 1953 年版，第 44 页。
② 许寿裳：《亡友鲁迅印象记》，人民文学出版社 1953 年版，第 44 页。

所不及的。他深刻地剖析了佛学教义的实质，戳穿了佛教麻痹人民的手法，并对佛教发展中的一些问题提出了自己的看法，体现了一个伟大的思想家的思想深度和特色。

两千多年来，佛教以它那虚幻的"极乐世界"的许诺，拨动了受苦受难的群众的心弦，吸引了无数的善男信女，也使许多失意文人、落魄政客为之倾倒。鲁迅把佛教的一套唯心主义教理斥为"鬼画符"，进行了深刻的剖析和揭露。他说："话要回到释迦先生的教训去了，据说：活在人间，还不如下地狱的稳妥。做人有'作'就是动作（＝造孽），下地狱却只有报（＝报应）了；所以生活是下地狱的原因，而下地狱倒是出地狱的起点。这样说来，实在令人有些想做和尚，但这自然也只限于'有根'（据说，这是"一句天津话"）的大人物，我却不大相信这一类鬼画符。"①

佛教的基本教义是四圣谛、八正道、十二因缘。佛教认为，人生在世，一切皆苦，甚至在娘胎里就开始受苦了，一直到死，死了又生，生生死死不断轮回受苦。苦的原因既不在超现实的梵天，也不在社会环境，而由每人自身的"惑"（指贪、嗔、痴等烦恼）、"业"（指身、口、意等活动）所致。"惑""业"为因，造成生死不息之果；根据善恶行为，轮回报应。因此摆脱痛苦之路，唯有依据佛理，修持戒、定、慧，彻底改变自己的世俗欲望和认识，才能脱离"生灭无常"的人间，获得"解脱"。佛教修行，以涅槃为终极目的。所谓涅槃，实际只是死的化名。佛学是研究死的学问，它要人专心在死字上做功夫，希望死后解脱轮回之苦。"我常常感叹，印度小乘教的方法何等厉害：它立了地狱之说，借着和尚，尼姑，念佛老妪的嘴来宣扬，恐吓异端，使心志不坚定者害怕。那诀窍是在说报应并非眼前，

---

① 《鲁迅全集》第3卷，《华盖集续编·有趣的消息》，人民文学出版社1981年版，第198页。

却在将来百年之后，至少也须到锐气脱尽之时。"①任何宗教唯心主义总是同蒙昧主义、信仰主义和禁欲主义结合在一起的，以发挥其麻痹人民、为剥削阶级利益服务的最大作用。佛教也是如此。

应该看到，佛教的出世思想和它所提供的对彼岸世界的幻想，给人们以精神上的寄托，六道轮回、善恶报应等说教，也可被用作阿Q式的自我安慰，而统治阶级又利用佛教不抗争的自我苦行精神，进行精神麻醉，强化思想上的统治。因此，佛教在我国封建社会得到迅速的传播，产生了广泛的影响，起到了"麻醉人民的鸦片"的作用。鲁迅结合现实的斗争，戳穿了佛教骗人的手法以及麻醉人民的目的。他指出："说佛法的和尚，卖仙药的道士，将来都与白骨是'一丘之貉'。人们现在却向他听生西的大法，求上升的真传，岂不可笑！"②"和尚喝酒养婆娘，他最不信天堂地狱。巫师对人见神见鬼，但神鬼是怎样的东西，他自己的心里是明白的。"③

鲁迅认真研究了佛教的发展史，并对有的问题提出了自己的看法，这主要是下面相互关联的两点：

一是关于大、小乘佛教，认为大乘教使佛教变得浮滑，失去佛教的一些本来面目。佛教产生于公元前6—前5世纪。公元1世纪开始出现大乘佛教，它是由大众部中的一些支派演变而成。乘，指运输工具或道路。大乘佛教自称能运载无量众生从生死大河之此岸达到菩提涅槃之彼岸，而把以前的原始佛教和部派佛教贬称为小乘佛教。小乘主张自行解脱，要求苦行修炼，在很大程度上保持了早期佛教的精神。大乘主张"普度众生"，强调尽人皆能成佛，一切修行以利他为主，戒律比较松弛。在我国流传广影响大的是大乘佛教。鲁迅说："我对

---

① 《鲁迅全集》第3卷，《华盖集续编·有趣的消息》，人民文学出版社1981年版，第201页。

② 《鲁迅全集》第3卷，《华盖集·导师》，人民文学出版社1981年版，第55页。

③ 《鲁迅全集》第8卷，《集外集拾遗补编·通信（复张孟闻）》，人民文学出版社1981年版，第224页。

于佛教先有一种偏见，以为艰苦的小乘教倒是佛教。待到饮酒食肉的阔人富翁，只要吃一餐素，便可以称为居士，算作信徒，虽然美其名曰大乘，流播也更广远，然而这教却因为容易信奉，因而变为浮滑，或者竟等于零了。"[1]他又说过："释迦牟尼出世以后，割肉喂鹰，投身饲虎的是小乘，渺渺茫茫地说教的倒算是大乘，总是发达起来，我想，那机微就在此。"那"机微"是什么？就是"志愿愈大，希望愈高，可以致力之处就愈少，可以自解之处也愈多"[2]。

二是关于居士与僧尼，认为居士的增多是佛教败坏的反映。居士，佛教用以称呼在家佛教徒之受过"三皈"（对佛、法、僧的归顺依附）、"五戒"（不杀生、不偷盗、不邪淫、不妄语、不饮酒等五项戒条）者。佛教发展到大乘阶段，承认在家修行也是成佛途径。鲁迅指出，晋以来的名流，每一个总有三种小玩意，其一就是《维摩诘经》，这说明都以礼佛当居士为时髦。近代出了不少有名的居士。有人认为，"杨文会那般居士们只是代表了伪善而又不放弃既得权益的地主官僚罢了"[3]。鲁迅说过："给一处做文章时，我说青天白日旗插远去，信徒一定加多。但有如大乘佛教一般，待到居士也算佛子的时候，往往戒律荡然，不知道是佛教的弘通，还是佛教的败坏？"[4]

理解鲁迅提出的这两个相互联系的观点，应注意两点：第一，鲁迅确实揭示了佛教史上的事实，他的见解是深刻的。例如，各个时代都有一些潜心礼佛的居士，他们虽然没有出家，仍然是虔诚的佛教徒，但有相当多的则是以《维摩诘经》为幌子，以当居士为时髦，他们的增多，当然只能是佛教的败坏。第二，鲁迅的这些论述紧密结

---

① 《鲁迅全集》第8卷，《集外集拾遗补编·庆祝沪宁克复的那一边》，人民文学出版社1981年版，第163页。

② 《鲁迅全集》第4卷，《三闲集·叶永蓁作〈小小十年〉小引》，人民文学出版社1981年版，第146页。

③ 蔡尚思：《论清末佛学思想的特点》；任继愈等：《中国佛学论文集》，陕西人民出版社1984年版。

④ 《鲁迅全集》第4卷，《三闲集·在钟楼上》，人民文学出版社1981年版，第33页。

合当时的斗争实际，有很强的针对性。大乘佛教宣扬成佛很容易，特别是阿弥陀净土宗，提倡口念佛号，宣传"若一念阿弥陀佛，即能除却八十亿劫生命之罪"。这不仅使处在苦难中的人民群众产生幻想，得到廉价的精神上的满足，那些军阀、官僚在下台之后也念起"阿弥陀佛"，摇身一变成了"居士"，似乎"放下屠刀，立地成佛"，其实统统是假的，这不过是韬晦之计，等待的是东山再起。鲁迅在一首诗中写道："一阔脸就变，所砍头渐多，忽而又下野，南无阿弥陀。"① "民国以来，有过许多总统和阔官了，下野之后，都是面团团的，或赋诗，或看戏，或念佛"②。当时国民党军阀、政客经常发生内讧，上台下野，走马灯似的丑恶表演，"即使弄到这地步，也没有什么难解决：外洋养病，名山拜佛，这就完结了"③。这不仅看去有些滑稽，而且只能使佛教愈益变得浮滑，正如鲁迅尖锐指出的："军人自称佛子，高官忽挂念珠，而佛法就要涅槃。"④涅槃者，消失殆尽也。

三

上文谈了鲁迅对佛教本质的深刻认识，以及对佛教作为精神鸦片所起的麻醉人民的消极作用的揭露，但这只是一个方面。在佛学问题上，鲁迅主要是站在中外文化交流、中国文化发展的高度，充分肯定了印度佛教文化对中国中古以来文化发展的深远影响，赞扬了中国历史上那种对外族文化敏于探求、勇于吸收的"汉唐气魄"，提出了在

---

① 《鲁迅全集》第7卷，《集外集拾遗·赠邬其山》，人民文学出版社1981年版，第427页。

②《鲁迅全集》第5卷，《准风月谈·外国也有》，人民文学出版社1981年版，第343页。

③《鲁迅全集》第5卷，《伪自由书·天上地下》，人民文学出版社1981年版，第139页。

④ 《鲁迅全集》第5卷，《准风月谈·"滑稽"例解》，人民文学出版社1981年版，第342页。

文化上大胆开放、为我所用的"拿来主义"的口号。

在我国文化发展的过程中，以佛教为中心的印度文化系统，在公元1—8世纪的汉唐盛世中，逐渐传来，被我们引进、翻译、学习和消化，融入我们民族精神生活的很多方面，经过消化后进一步再创造，反过来又丰富了人类文化。鲁迅以汉唐为例，主张大量吸收外来文化。他说："遥想汉人多少闳放，新来的动植物，即毫不拘忌，来充装饰的花纹。唐人也还不算弱，例如汉人的墓前石兽，多是羊，虎，天禄，辟邪，而长安的昭陵上，却刻着带箭的骏马，还有一匹鸵鸟，则办法简直前无古人。"①鲁迅十分推崇这种敢于大胆吸收外来文化的"汉唐气魄"。这种"汉唐气魄"，也十分鲜明地体现在对佛教文化的态度上。从汉到唐，中国封建社会走着上坡路，毫无顾忌地吸取从外域传来的各种新东西。西汉哀帝元寿元年（公元前2年）时，佛教传入中国内地，魏晋南北朝时得到发展，至隋唐达于鼎盛。这里试以唐代为例，可以看出对佛教文化的豁达态度。唐代经济繁荣，文化发达，各种宗教十分活跃。道教因其所奉教主老子与唐室同姓备受崇敬，但唐代统治者在尊崇道教的同时，对其他宗教采取兼容并蓄、诸教并行的态度。原有的佛教，唐代政府更是大力扶持，中间虽有武宗灭佛，但时间很短。当三论宗祖师吉藏初到京师时，受到唐高祖的优礼，被聘为十大德之一。玄奘病重时，高宗派御医急赴，未至已卒，为之废朝数天。中国佛教的十个宗派，除天台宗、禅宗以外，其他八个都是在长安的大慈恩寺、大兴善寺、华严寺、香积寺等六座寺院创立的。当时长安宗派纷生，寺庙林立，谈禅佞佛之风遍及帝王公卿、工商百姓。唐代的译经基本上由国家主持，成绩很可观，译出的佛典总数达到372部2159卷。唐代长安是一座世界闻名、国际交往频繁的都市。四方僧尼风闻长安佛法隆盛，无不慕名而至。当时新罗和日本的很多学僧来中国学习中国佛教各宗学说，得到各宗大师的传授，归国开宗。中国高

---

① 《鲁迅全集》第1卷，《坟·看镜有感》，人民文学出版社1981年版，第197页。

僧也有去日本传教的。我们由此看到了鲁迅一再盛赞的"汉唐气魄"的风貌。这是一个民族积极向上、有自信力和自尊心的表现。

陈寅恪认为："二千年来华夏民族所受儒家学说之影响，最深最巨者，实在制度法律公私生活之方面，而关于学说思想之方面，或转有不如佛道二教者。"特别是佛教，经国人吸收改造，在我国思想界"发生重大久远之影响"①。同时随着佛教的传入，印度的逻辑学、文法学、声韵学、医药学、天文学、数学、历法学以及音乐、舞蹈、绘画、雕塑等等都带进中国来了。鲁迅在他的一些论著和杂文中，也明确指出了佛教文化对中国文化广泛而深远的影响。以下从文学、艺术、哲学等方面撮要谈谈鲁迅的论述。

文学。佛学对中国文学的发展，起了积极的作用。这不仅因为佛教要利用文艺的形式传播它的教义，而且佛典的构成就包含着丰富的文学成分。汉译的佛典，有很多就是优美的文学作品，它们最常用记事的文体，以生动的形象、奇妙的想象以及曲折的情节，引人入胜。例如《佛所行赞经》，是一部叙述佛陀一生故事的长诗，译本虽未用韵，论者亦谓读之"犹觉其与《孔雀东南飞》等古乐府相仿佛"："其《庄严经论》，则直是《儒林外史》式之一部小说，其原料皆采自《四阿含》，而经彼点缀之后，能令读者肉飞神动。"②鲁迅1914年出资刻印《百喻经》，就是把这部书作为佛教文学看的。他说："尝闻天竺寓言之富，如大林深泉，他国艺文，往往蒙其影响。即翻为华言之佛经中，亦随在可见。""佛藏中经，以警喻为名者，亦可五六种，惟《百喻经》最有条贯。"③

---

① 陈寅恪：《金明馆丛稿二编·冯友兰中国哲学史下册审查报告》，上海古籍出版社1980年版，第250—252页。

② 梁启超：《翻译文学与佛典》，《饮冰室合集·专集之五十九》，中华书局1989年影印版，第30页。

③ 《鲁迅全集》第7卷，《集外集·〈痴华鬘〉题记》，人民文学出版社1981年版，第101页。

中国的小说，从六朝开始，才有志怪小说出现，发展到唐人传奇，宋人话本，元明以后的章回小说等，小说才逐渐登上文学舞台。在这个发展过程中，佛教都曾给以不同程度的影响。魏晋南北朝志怪小说繁荣的一个重要原因，就是由于佛教的传播。鲁迅指出："还有一种助六朝人志怪思想发达的，便是印度思想之输入。因为晋，宋，齐，梁四朝，佛教大行，当时所译的佛经很多，而同时鬼神奇异之谈也杂出，所以当时合中、印两国底鬼怪到小说里，使它更加发达起来。"① "中国本信巫，秦汉以来，神仙之说盛行，汉末又大畅巫风，而鬼道愈炽，会小乘佛教亦入中土，渐见流传。凡此，皆张皇鬼神，称道灵异，故自晋讫隋，特多鬼神志怪之书。"②

绘画。鲁迅说："至于怎样的是中国精神，我实在不知道，就绘画而论，六朝以来，就大受印度美术的影响，无所谓国画了。"③从三国鼎立到隋朝统一的三百年间，是魏晋南北朝时期，社会动荡混乱，佛教也得到迅速发展。随着佛教被汉族地区的文化所融合，佛教艺术也中国化了。南朝的佛画作家以张僧繇为最，创立了"张家样"。当时由郝骞等的西行和迦佛陀的东来，曾把印度阴影法的新壁画介绍到中土。张僧繇所画建康乘一寺的匾额，就是活用这种手法的新佛画。北朝的佛画家，以北齐的曹仲达为最，他创立的"曹家样"，为唐代盛行的四大样式之一。所画璎珞天衣，带有犍陀罗式的画风。后世画家称为"曹衣出水"，与吴道子的"吴带当风"并称。因此，印度佛教美术对中国绘画自六朝起就产生了影响。

木刻。鲁迅指出："木刻的图画，原是中国早先就有的东西。唐

---

① 《鲁迅全集》第 9 卷，《中国小说史略·中国小说的历史的变迁》，人民文学出版社 1981 年版，第 308 页。

② 《鲁迅全集》第 9 卷，《中国小说史略·第五篇六朝之鬼神志怪书（上）》，人民文学出版社 1981 年版，第 43 页。

③ 《鲁迅全集》第 13 卷，《书信·350204 致李桦》，人民文学出版社 1981 年版，第 45 页。

末的佛像，纸牌，以至后来的小说绣像，启蒙小图，我们至今还能够看见实物。"①我国在8世纪前后，发明了雕版印刷术，于是随之而来的便是木刻版画。敦煌发现唐咸通九年（868年）的版刻印本《金刚经》的扉页《说法图》，是我们现在所能看到的最早的相当成熟的宗教题材木刻版画。它是秦汉、魏晋以来画像砖的演变，同时也是从唐代绘画艺术中派生的一个新门类与新的形式，给后来日益发展的版画、年画开辟了新的道路。②

哲学。佛学是一种特殊形态的思辨哲学，它通过唯心主义的理论的论证，把人们引进信仰主义的大门。佛教的逻辑分析、心理分析相当精致，辩证法思想也很丰富，恩格斯曾经指出："辩证的思维——正因为它是以概念本性的研究为前提——只对于人才是可能的，并且只对于较高发展阶段上的人（佛教徒和希腊人）才是可能的。而其充分的发展还晚得多，在现代哲学中才达到。"③我国封建时代哲学在全世界达到了很高的水平，就与佛教的传入有关。"宋儒道貌岸然，而窃取禅师的语录。"④鲁迅这里以幽默的口吻，道出了宋儒理学与佛教的关系。宋儒理学与佛教禅宗、华严宗有着深厚的思想渊源。例如"理一分殊"（天地万物的本体——"理"是唯一的，而天地万物都是差别的）的命题，就是对华严宗"事法界"和"理法界"的抄袭。又如朱熹讲"致知"时说："致知，乃本心之知。如一面镜子，本全体通明，但被昏翳了，而今逐旋磨去，使四边皆照见，其明无所不到。"⑤这显然是抄袭神秀的"身是菩提树，心是明镜台，时时勤拂拭，勿使惹尘埃"这一偈意。因此，佛学思想深深渗透到了宋儒理学。

① 《鲁迅全集》第6卷，《且介亭杂文二集·〈全国木刻联合展览会专辑〉序》，人民文学出版社1981年版，第338页。

② 阎丽川：《中国美术史略》，人民美术出版社1980年版，第148页。

③ 恩格斯：《自然辩证法》，《马克思恩格斯全集》第20卷，人民出版社1971年版，第565—567页。

④ 《鲁迅全集》第5卷，《准风月谈·吃教》，人民文学出版社1981年版，第310页。

⑤ 《朱子语类》卷三《大学·经下》。

四

鲁迅不仅用丰富的佛学知识进行创作、开展研究，而且紧密结合当时激烈的阶级斗争和民族斗争，揭露了"佛法救国"的谬说，抨击了国民党反动派利用佛教推行愚民政策的罪行，并且通过研究历史上儒释道的合流，批判了国民性格上的中庸调和思想。

鲁迅的佛学知识是丰富的。在他的作品中，信手拈来，用了不少的佛学典故、思想材料，赋予极为深刻的崭新的寓意，给人以历史和思想的启发。他不仅用了刹那、涅槃、生死、轮回等已习用的佛教语言，而且还恰到好处地用了随喜、香象、檀越、印可、善知识、言语道断等一般人较少用的典故、语言。他的《华盖集》《华盖集续编》中的"华盖"、《摩罗诗力说》中的"摩罗"，也都是佛教用语。鲁迅用"狮子身中的害虫"喻混入革命阵营的投机分子[1]；用"牛首阿旁，畜生，化生，大叫唤，无叫唤"等"重叠的黑云"，形容如同地狱般的华夏[2]；用"释迦出世，一手指天，一手指地曰：'天上地下，惟我独尊。'"比喻国民党反动派的独裁统治[3]；用"布袋和尚"的举动鼓励人们勇于解剖自己[4]；等等。在鲁迅的《中国小说史略》这部学术著作中，某些精辟的论断就得力于深厚的佛学素养，我们上面已谈过了。在阶级社会里，反动统治阶级对广大劳动人民进行压迫和剥削，总是软、硬两手并用。这软的一手就包括宗教。宗教是为剥削制度辩护的，给过剥削生活的人廉价地出售享受天国幸福的门票；对

---

[1] 《鲁迅全集》第5卷，《伪自由书·后记》，人民文学出版社1981年版，第182页。

[2] 《鲁迅全集》第3卷，《华盖集·"碰壁"之后》，人民文学出版社1981年版，第68页。

[3] 《鲁迅全集》第5卷，《伪自由书·天上地下》，人民文学出版社1981年版，第138页。

[4] 《鲁迅全集》第11卷，《书信·230612致孙伏园》，人民文学出版社1981年版，第417页。

于被压迫和被剥削的人民群众，宗教却劝他们把希望寄托在天国的恩赐上，放弃在现实中做人的权利。千百年来，宗教这种"精神上的劣质酒"把人们灌得昏昏沉沉，使得他们"怯懦、自卑、自甘屈辱、顺从屈服"，按照"愚民的各种特点"去规范自己。鲁迅十分重视包括风俗习惯在内的旧思想旧文化的改革。他指出："现在已不是在书斋中，捧书本高谈宗教，法律，文艺，美术……的时候了，即使要谈论这些，也必须先知道习惯和风俗，而且有正视这些的黑暗面的勇猛和毅力。因为倘不看清，就无从改革。"①这里正确指出了宗教等问题同风俗习惯的密切关系。但是旧的风俗习惯却顽强地存在着，每日每时地影响着人民群众。鲁迅认为，要进行改革，医治包括佛教在内的宗教所给人们思想上的愚妄病，必须大力提倡科学。他生前期望有那么一天，"和尚，道士，巫师，星相家，风水先生……的宝座，就都让给了科学家，我们也不必整年的见神见鬼了"②。

在鲁迅后期的中国，民族矛盾和阶级矛盾空前尖锐、激烈。为了麻痹人们思想，国民党反动派大肆鼓吹宗教的作用。例如，在日本帝国主义的侵略威胁下，竟然演出了"佛法救国"的丑剧。鲁迅指出："一到求神拜佛，可就玄虚之至了，有益或是有害，一时就找不出分明的结果来，它可以令人更长久的麻醉着自己。"③麻醉的结果，就是发展着"自欺力"。1934年杭州灵隐寺举行时轮金刚法会，庄严的法会上出现了美人影星，梵呗圆音竟为轻歌曼舞所加被，靠这样以广招徕，可见佛法已到了末路。鲁迅对此予以尖锐的讽刺："赛会做戏文，香市看娇娇，正是'古已有之'的把戏。既积无量之福，又极视听之娱，现在未来，都有好处，这是向来兴行佛事的号召的力量。

①《鲁迅全集》第4卷，《二心集·习惯与改革》，人民文学出版社1981年版，第224页。

②《鲁迅全集》第6卷，《且介亭杂文·运命》，人民文学出版社1981年版，第131—132页。

③《鲁迅全集》第6卷，《且介亭杂文·中国人失掉自信力了吗》，人民文学出版社1981年版，第117页。

否则，黄胖和尚念经，参加者就未必踊跃，浩劫一定没有消除的希望了。"[①]国民政府考试院院长戴季陶，曾发起"仁王护国法会""普利法会"以讲经礼佛，还在南京中山陵附近造塔收藏孙中山著作，煞有介事，俨然是个十足的教徒了。老百姓称信奉耶稣教的人为"吃教"。鲁迅说，"吃教"二字，真是道出了教徒的"精神"！岂止耶稣教，"包括大多数的儒释道教之流的信者"，"也可以移用于许多'吃革命饭'的老英雄"。戴季陶"既尊孔子又拜活佛"，恰如将他的钱试买各种股票，分存许多银行一样，其实哪一面都不相信[②]，这何尝不是在"吃教"？蒋介石也何尝不是在"吃教"？对他们来说，孔圣人也好，释迦牟尼也好，张天师也好，都不过是其利用的对象，是愚弄和欺骗人民的工具。鲁迅的批判何等犀利、有力！

　　鲁迅还通过研究儒释道的合流，批判了中庸调和思想。鲁迅在新文化运动、"五四"运动中，就注意研究三教合流的问题。他曾对许寿裳说，孔子提出三纲五常，硬要民众当奴才，本来不容易说服人，而佛教轮回说很能吓人，道教炼丹求仙颇有吸引力，能补孔子之不足。所以历代统治者以儒释道三者兼济，互相补充，融汇。[③]鲁迅以后又多次谈到中国思想文化发展史上的这个现象。在《中国小说史略》中说："释氏辅教之说，……引经史以证报应，已开混合儒释之端矣。"在《中国小说的历史的变迁》中说："况且历来三教之争，都无解决，大抵是互相调和，互相容受，终于名为'同源'而已。"1925年又说："佛教初来时便大被排斥，一到理学先生谈禅，和尚做诗的时候，'三教同源'的机运就成熟了。"

　　在中国历史上，梁武帝用儒家的礼来区别富贵贫贱，用道家的无

---

　　① 《鲁迅全集》第5卷，《花边文学·法会和歌剧》，人民文学出版社1981年版，第452页。

　　② 《鲁迅全集》第6卷，《且介亭杂文·难行和不信》，人民文学出版社1981年版，第51页。

　　③ 参见罗慧生：《鲁迅与许寿裳》，浙江人民出版社1982年版。

为来劝导不要争夺，用小乘佛教的因果报应来解答人为什么应安于已有的富贵贫贱，为什么不要争夺。他感到三家合用对于维护自己的统治非常有利，便创儒释道"三教同源"说。^①长期以来，"三教"之间虽然也互相排斥、斗争，但总的是不断融合、互相补充的趋势，同是反动统治阶级钳制人民群众思想的有力工具。儒家的伦常礼法，佛教的因果报应，道教的长生成仙，都共居在一个人的头脑里了。"三教"合流的事实，自然有着深刻的社会的阶级的原因，但鲁迅却从中看到了中国国民性中调和、折中的弱点，这当然主要指反动统治阶级而言。鲁迅说："其实是中国自南北朝以来，凡有文人学士，道士和尚，大抵以'无特操'为特色的。晋以来的名流，每一个人总有三种小玩意，一是《论语》和《孝经》，二是《老子》，三是《维摩诘经》，不但采作谈资，并且常常做一点注解。唐有三教辩论，后来变成大家打诨；所谓名儒，做几篇伽蓝碑文也不算什么大事。宋儒道貌岸然，而窃取禅师的语录。清呢，去今不远，我们还可以知道儒者的相信《太上感应篇》和《文昌帝君阴骘文》，并且会请和尚到家里来拜忏。"^②

鲁迅认为，"中国人自然有迷信，也有'信'，但好像很少'坚信'"。正因为如此，"崇孔的名儒，一面拜佛，信甲的战士，明天信丁。宗教战争是向来没有的，从北魏到唐末的佛道二教的此仆彼起，是只靠几个人在皇帝耳朵边的甘言蜜语"^③。虽然佛道之间也曾闹得很厉害，"但中国人，所擅长的是所谓'中庸'，于是终于佛有释藏，道有道藏，不论是非，一齐存在"^④。在中庸思想指导下，"悟善社里的神主已经有了五块：孔子，老子，释迦牟尼，耶稣基督，谟哈

① 参见范文澜：《中国通史简编》第2编第5章。
② 《鲁迅全集》第5卷，《准风月谈·吃教》，人民文学出版社1981年版，第310页。
③ 《鲁迅全集》第6卷，《且介亭杂文·运命》，人民文学出版社1981年版，第131页。
④ 《鲁迅全集》第8卷，《集外集拾遗补编·关于〈小说世界〉》，人民文学出版社1981年版，第111页。

默德"。鲁迅在实际斗争中看穿了中庸思想的危害，看到它是中华民族改革前进的阻力。鲁迅号召人们吸取经验教训，对阶级敌人决不能讲"中庸之道"，对旧事物决不能揖让妥协，而必须旗帜鲜明，坚决斗争，在斗争中求得民族的进步。

（本文原载中国鲁迅研究学会《鲁迅研究》1988年第12辑）

鲁迅与野史

　　鲁迅一直重视历史典籍，对于野史笔记更为留意。他说过，读史，"尤其是宋朝明朝史，而且尤须是野史；或者看杂说"[①]。

　　野史是对"正史"而言。正史是统治阶级官方修订的史书，清乾隆时选定从《史记》至《明史》等二十四部史书作为"正史"。野史指的是中国古代私人编撰的史书。杂说即杂记，往往记一时之见闻和一事之始末，或者常有掌故性质的史书。野史杂说，统称为杂史，它的特点，据《四库全书总目》所言，其一是体例杂，"义取乎兼，包众体，宏殊名"；其二是内容杂，"大抵取其事系庙堂，语关军国，或但具一事之始末，非一代之全编；或但述一时之见闻，只一家之私记；要期遗文遗事，足以存掌故，资考证，备读史者之参稽云尔"。野史杂说在我国可以说始于秦汉，出现最早的有《山海经》《穆天子传》以及汉应劭的《风俗通》等；唐代兴盛了起来，到宋代几乎每一个作家都写有一本笔记，著名的如唐李肇《国史补》，五代王定保《摭言》、王仁裕《开元天宝遗事》，沈括《梦溪笔谈》、方勺《泊宅编》、宋孟元老《东京梦华录》、周密《武林旧事》等。明代野史笔记空前繁荣，全祖望说：明代野史，不下千家。梁启超也指出："明清鼎革之交一段历史，在全中国史上实有重大的意义。当时随笔

---

　　①《鲁迅全集》第3卷，《华盖集·这个与那个》，人民文学出版社1981年版，第138页。

类之野史甚多，虽屡经清廷禁毁，现存者尚百数十种。"①

　　野史笔记内容非常广泛，包括自然、社会经济、政治、思想、文化、民族关系、对外关系等各个方面，诸如典章制度、地区经济、人物传记、农民起义、风土民情、朝野掌故、生产技术、文学艺术、奇说异闻、花卉草木、鸟兽虫鱼、自然灾害、物产资源、山川河湖、名胜古迹等等，可谓无所不包。正史与野史在史料上的价值，实甚悬殊，有人对两者做了比较：因正史贵志综约，别记文每增益；因国史迁延忌讳，野史反存实录；因社会琐细不登国史，私家摭拾信有足征。②因此，野史笔记对于扩充历史的内容、增补官修正史的不足，有着重要的作用。例如司马光编著《资治通鉴》时，就曾取材于南唐尉迟偓《中朝故事》、刘崇远《金华子》等书；元修《金史》，就据金刘祁《归潜志》做蓝本。

　　鲁迅从小喜欢野史笔记。他十四五岁时，阅读的注意力就转向了所谓的"杂学"方面，读了《立斋闲录》《曲洧旧闻》《窃愤录》《玉芝堂谈荟》《鸡肋编》《明季稗史汇编》《南烬记闻》等。后来，又接触了明季顾亭林、黄梨洲、王船山等遗老诸书，家藏的《经策统纂》一书后附有部分《四库书目提要》，启发他搜求各种"杂类书"。他晚年曾回忆说："我常说明朝永乐皇帝的凶残，远在张献忠之上，是受了宋端仪的《立斋闲录》的影响的。那时我还是满洲治下的一个拖着辫子的十四五岁的少年，但已经看过记载张献忠怎样屠杀蜀人的《蜀碧》，痛恨这'流贼'的凶残。后来又偶然在破书堆里发现了一本不全的《立斋闲录》，还是明抄书，我就在那书上看见了永乐的上谕，于是我的憎恨就移到永乐身上了。"③

---

　　① 梁启超：《中国近三百年学术史》，《饮冰室合集·专集之七十五》，中华书局1989年影印版，第274页。

　　② 苏渊雷：《读史举要》，黑龙江人民出版社1981年版。

　　③《鲁迅全集》第6卷，《且介亭杂文·病后杂谈之余》，人民文学出版社1981年版，第179页。

　　阅读野史对鲁迅认识中国的历史和社会起了很大的作用，有的材料还成为他以后的创作素材。他曾说过，《故事新编》中的《铸剑》，"出处忘了，因为是取材了幼时读过的书，我想也许是在《吴越春秋》或《越绝书》里面"①。

　　鲁迅为什么如此注重野史笔记？应注意到这两个方面：

　　第一，鲁迅认为，封建社会官修的正史，其材料的可靠程度远不及野史笔记。这种看法是正确的。当然，在我国几千年的封建社会里，也有不少史家，不为权势所迫，秉笔直书，敢于说真话，为后代保存了大量确凿的史料。"崔杼弑其君"，董狐宁冒杀头之祸，也决不改写历史事实，被传为美谈；司马迁敢于讽谏汉皇帝，也是颇为勇敢的。但总的说来，"官修"而加以"钦定"的正史，虽然摆出一副"史架子"，什么"本纪咧、列传咧"，其实"里面也不敢说什么"②。鲁迅分析了正史记载不大可靠的三条原因：

　　一是本朝人历史由别朝人作。我们翻着旧史就会发现：某朝代的年代长一点，其中必定好人多；某朝的年代短一点，其中差不多没有好人。为什么呢？因为年代长了，作史的是本朝人，当然恭维本朝的人物；年代短的，作史的是别朝人，便很自由地贬斥其异朝的人物。"所以在秦朝，差不多在史的记载上半个好人也没有。曹操在史上年代也是颇短的，自然也逃不了被后一朝人说坏话的公例。"因此历史上的记载，"有时也是极靠不住的，不能相信的地方很多"③。

　　二是统治者从有利于维护、巩固自己统治的需要出发，"字里行间也含著什么褒贬的"④。孔子作《春秋》，就特别重视利用褒贬的

---

　　①《鲁迅全集》第13卷，《书信·360328 致增田涉》，人民文学出版社1981年版，第659页。

　　②《鲁迅全集》第3卷，《华盖集·这个与那个》，人民文学出版社1981年版，第138页。

　　③《鲁迅全集》第3卷，《而已集·魏晋风度及文章与药及酒之关系》，人民文学出版社1981年版，第501—502页。

　　④《鲁迅全集》第3卷，《华盖集·这个与那个》，人民文学出版社1981年版，第138页。

手法，借以达到"乱臣贼子惧"，收到"正名""定分"的效果。例如，楚国当时经济文化比较落后，它的国王虽自称为王，《春秋》上却始则书"荆人"（称地不称国）、继书"楚人"（称国），至宣公四年（公元前605年）后始称"楚子"。又如，宣公二年（公元前607年）记载的"晋赵盾弑其君夷皋"，实际上弑君的不是赵盾而是赵穿。自《春秋》上写为赵盾。因赵盾身为上卿，负有讨贼之责，却放弃职守，故坐以弑君之罪，以诛其心。显然，这样写出来的历史，很难说是"信史"。

三是删削篡改，有意粉饰。鲁迅说过，"《颂》诗早已拍马，《春秋》已经隐瞒"[①]。据《春秋·谷梁传·成公九年》：孔丘编《春秋》时，"为尊者讳耻，为贤者讳过，为亲者讳疾"。例如晋侯传见天子，《春秋》为了维护周天子的尊严，便有意粉饰，变其文为"天王狩于河阳"，这叫作"婉而成章"。《诗经》里的《周颂》《鲁颂》《商颂》，虽有一定的史料价值，但多是统治阶级祭祖酬神用的作品，旨在歌颂祖先的丰功伟烈，"大率叹美"[②]。鲁迅指出：这经过改削的十三经二十五史，便成为"酋长祭师们一心崇奉的治国平天下的谱"[③]。

鲁迅因此指出，汗牛充栋的皇皇正史，"涂饰太厚，废话太多，所以很不容易察出底细来。正如通过密叶投射在莓苔上面的月光。只看见点点的碎影。但如看野史和杂记，可更容易了然了，因为他们究竟不必太摆史官的架子"[④]。当然，"野史和杂说自然也免不了有讹传，挟恩怨，但看往事却可以较分明，因为它究竟不像正史那样地装

---

① 《鲁迅全集》第5卷，《伪自由书·文学上的折扣》，人民文学出版社1981年版，第57页。

② 《鲁迅全集》第9卷，《汉文学史纲要·第二篇〈书〉与〈诗〉》，人民文学出版社1981年版，第334页。

③ 《鲁迅全集》第1卷，《热风·随感录四十二》，人民文学出版社1981年版，第328页。

④ 《鲁迅全集》第3卷，《华盖集·忽然想到（一至四）》，人民文学出版社1981年版，第17页。

腔作势"①。

鲁迅特别重视野史，但对正史并不是采取简单的一笔抹杀的态度。相反，他通过除涂饰、去废话，披沙拣金，努力查出正史的底细来。在他的杂文中，引用了大量的正史材料，以古鉴今，收到了较好的效果。他还有一段名言："我们从古以来，就有埋头苦干的人，有拼命硬干的人，有为民请命的人，有舍身求法的人，……虽是等于为帝王将相作家谱的所谓'正史'，也往往掩不住他们的光耀，这就是中国的脊梁。"②

第二，在鲁迅的青少年时代，正是推翻清朝统治的革命斗争如火如荼展开的年月。为了揭露清朝残暴，激发民族气节，那时聚在日本的革命派中间，有一些人专意整理出版明末遗民的著作和清军残暴的记录，如《扬州十日记》《嘉定屠城记略》《朱舜水集》《张苍水集》《黄肃养回头》等，输入国内，以制造"光复"的舆论。这对鲁迅是有影响的。三十多年后，鲁迅还回忆起这时候的情景："留学日本的学生们中有些人，也在图书馆里搜寻可以鼓吹革命的明末清初的文献"；他甚至记得当时湖北留学生办的《汉声》杂志增刊扉页上的四句话："摅怀旧之蓄念，发思古之幽情，光祖宗之玄灵，振大汉之天声。"③

在野史杂说中，鲁迅之所以特别留意宋、明野史，大约有三个原因：

一是官修的正史即二十四史，虽都是站在地主阶级立场、为维护封建统治服务的，但前四史和魏晋南北朝的史书，容或记载朝野的遗闻，社会风俗的情状，农民的暴动，畸士异人科技学家的事迹。而宋

---

① 《鲁迅全集》第3卷，《华盖集·这个与那个》，人民文学出版社1981年版，第138页。

② 《鲁迅全集》第6卷，《且介亭杂文·中国人失掉自信力了吗》，人民文学出版社1981年版，第118页。

③ 《鲁迅全集》第6卷，《且介亭杂文·病后杂谈之余》，人民文学出版社1981年版，第186页。

代以后的史书，只不过是官样文章，动涉忌讳，或避而不谈。因此要了解宋、明的真实历史，就不能不有赖于大量的稗乘杂家了。[①]

二是宋、明两朝都灭亡于少数民族，代之而起的是元、清。鲁迅通过野史笔记，研究宋、明两朝，特别是宋末、明末腐败的政治，探讨它们灭亡的原因。例如，明末社会十分腐朽，宦官魏忠贤等专权，通过特务机构残酷压榨和杀戮人民。魏的阉党把大批反对他们的正直的士大夫，如东林党人，编成"天鉴录""点将录"等名册，按名杀害。鲁迅指出："满洲人早在窥伺了，国内却是草菅民命，杀戮清流。""鹰犬塞途，干儿当道，魏忠贤不是活着就配享了孔庙么？"[②]20世纪30年代初，周作人、林语堂等借鼓吹袁宏道等明人小品来宣扬所谓"空灵"，鲁迅在《读书忌》一文中引用明末遗民屈大均《翁山文外》中有关残酷的民族压迫的记载，主张读一点野史笔记之类的作品，借以提高人们抗日的民族意识。他说："明人小品，好的，语录体也不坏，但我看《明季稗史》之类和明末遗民的作品却实在还要好，现在也正到了标点、翻印的时候了：给大家来清醒一下。"在当时民族危机的情况下，鲁迅的主张是有积极意义的。

三是鲁迅深感不管是北洋军阀的残酷压迫，还是国民党反动派的黑暗统治，都与宋末、明末的腐败情形相似。他在1925年曾指出："秦汉远了，和现在的情形相差已多，且不道。元人著作寥寥。至于唐宋明的杂史之类，则现在多有。试将记五代，南宋，明末的事情的，和现今的状况一比较，就当惊心动魄于何其相似之甚，仿佛时间的流逝，独与我们中国无关。现在的中华民国也还是五代，是宋末，

---

① 谢国桢：《明清野史笔记概述》，《明末清初的学风》，上海书店出版社 2004 年版，第 81 页。

② 《鲁迅全集》第 5 卷，《伪自由书·文章与题目》，人民文学出版社 1981 年版，第 121—122 页。

是明季。"①

鲁迅1935年又说："偶看明末野史，觉现在的士大夫和那时之相像，真令人不得不惊。"②"中国事其实早在意中，热心人或杀或囚，早替他们收拾了，和宋明之末极像。"③鲁迅正是通过对宋明野史的研究，认真总结阶级斗争的规律。

鲁迅阅读野史笔记，从中探索愚弱的国民性形成的原因，并且紧紧结合斗争实际，尖锐地抨击了反动派承袭老谱的伎俩，指出了他们必然灭亡的命运。

鲁迅认真考察历史，看到中国人民几千年来被虐杀的悲惨命运。他愤慨地说："自有历史以来，中国人民是一向被同族和异族屠戮，奴隶，敲掠，刑辱，压迫下来的，非人类能够忍受的楚毒，也都身受过，每一考察，真教人觉得不像活在人间。"④统治者对待反抗分子或者违背他们旨意的人，或者他们认为有罪的人，制造了种种惨无人道的酷刑。鲁迅说到古代的酷刑，从周到汉，次于"大辟"的，有一种施于男子的"宫刑"，也叫"腐刑"，对于女性则叫"幽闭"。宋、明野史笔记中有关酷刑的记载比比皆是。读这些野史，"有些事情，真也不像人世，要令人毛骨悚然，心里受伤，永不全愈的"⑤。据记载，朱元璋所用的酷刑有三十多种，最丧失人性的就是"剥皮揎草"。《安龙逸史》载永历六年（1652年）明朝孙可望党羽张应科

---

① 《鲁迅全集》第3卷，《华盖集·忽然想到（一至四）》，人民文学出版社1981年版，第47页。

② 《鲁迅全集》第13卷，《书信·350108 致郑振铎》，人民文学出版社1981年版，第11页。

③ 《鲁迅全集》第13卷，《书信·350624 致曹靖华》，人民文学出版社1981年版，第155页。

④ 《鲁迅全集》第6卷，《且介亭杂文·病后杂谈之余》，人民文学出版社1981年版，第180—181页。

⑤ 《鲁迅全集》第6卷，《且介亭杂文·病后杂谈》，人民文学出版社1981年版，第167页。

杀御史李如月，剥皮示众，"应科促令仆地，剖脊，及臀，……及断至手足，转前胸，犹微声恨骂，至颈绝而死。随以灰渍之，纫以线，后乃入草，移北城门通衢阁上，悬之"。明初，永乐皇帝剥了景清的皮，也就是用这方法的。鲁迅说："大明一朝，以剥皮始，以剥皮终，可谓始终不变。"①

鲁迅从《立斋闲录》中永乐的上谕，看到了这位明朝皇帝的凶残猥亵，据永乐立法，罪人不仅自己要被剥皮，被油炸，还要牵连到妻女，被送到"教坊"里去做婊子，而且要"转营"，即到每座兵营里住几天，供士兵凌辱，并让生下"小龟子"和"淫贱材儿"；如果死了，那就"着狗吃了：钦此！"这就是明代统治者的虐政。在《病后杂谈》《病后杂谈之余》中，鲁迅执意要弄清一件明代的史实，就是明永乐皇帝油炸了建文皇帝的忠臣铁铉后，他的两个女儿则发付教坊做婊子。后来二女献诗于原问官，被永乐知道，就赦放出来，嫁与士人了。鲁迅却想到，在下过不少凶残猥亵的上谕的永乐皇帝治下，"做一首诗就能超生的么？"他查阅了杭世骏的《订讹类编》，发现这诗并非铁女所作；又据另一本书说法，发现铁铉有无女儿还是一桩疑案。鲁迅因此指出："中国的有一些士大夫，总爱无中生有，移花接木的造出故事来，他们不但歌颂升平，还粉饰黑暗。"这种不敢正视现实人生，习惯于瞒和骗，即是国民性的弱点。

"然而酷刑的方法，却决不是突然就会发明，一定都有它的师承或祖传。"②鲁迅结合现实斗争，揭露了国民党反动派镇压、屠杀人民的罪行。国民党反动派是在血泊中建立起法西斯统治的，继承了历代反动派的衣钵，无所不用其极。鲁迅1933年说："现在官厅拷问嫌疑

---

① 《鲁迅全集》第6卷，《且介亭杂文·病后杂谈》，人民文学出版社1981年版，第167页。

② 《鲁迅全集》第4卷，《南腔北调集·偶成》，人民文学出版社1981年版，第583页。

犯，有用辣椒煎汁灌入鼻孔去的，似乎就是唐朝遗下的方法，或则是古今英雄，所见略同。"[1]但现在所谓文明人制造的刑具，残酷又超出于此种方法万万。上海有电刑，一上，即遍身痛楚欲裂，遂昏去，少顷又醒，则又受刑。曾有连受七八次者，即幸而免死，亦从此牙齿皆摇动，神经变钝，不能复原。

在漫长的中国历史上，反动统治者不仅用虐杀手段镇压人民，而且用尽办法在思想上钳制人民。鲁迅抨击了清政府删改、禁毁古书，特别是野史杂说的行径，揭露了中国文化史上这黑暗的一页。

删改古书是清代统治者的创举，是与他们大兴"文字狱"相联系的两项文化统制政策中的一种。清政府从消弭汉人民族意识维护自己统治的需要出发，将认为内容"悖谬"和有"违碍字句"的书都列为禁书，分别予以"销毁"或"撤毁"（即"全毁"或"抽毁"）。鲁迅说："现在不说别的，单看雍正乾隆两朝的对于中国人著作的手段，就足够令人惊心动魄。全毁，抽毁，剜去之类也且不说，最阴险的是删改了古书的内容。"[2]集中反映清政府这一毒辣政策的，可以说是编纂《四库全书》。清政府以编辑《四库全书》为名，对全国所存的书籍做了一番检查，其中不利于清朝统治者的书籍全都没有列入，而在列入的图书中有部分也被删或抽毁。禁毁的一个重点就是明末野史。乾隆在乾隆三十九年（1774年）致各地督抚的上谕中提出："乃各省进到书籍，不下万余种，并不见奏及稍有忌讳之书，岂有裒集如许遗书，竟无一违碍字迹之理？况明季末造野史甚多，其间毁誉任意，传词异词，必有抵触本朝之语，正当及此一番查办，尽行销毁，杜遏邪言，以正人心而厚风俗，断不宜置之不办。"后来又扩大到宋元时期的史书，凡是对于辽金元等少数民族"语句乖

---

① 《鲁迅全集》第5卷，《伪自由书·电的利弊》，人民文学出版社1981年版，第14页。

② 《鲁迅全集》第6卷，《且介亭杂文·病后杂谈之余》，人民文学出版社1981年版，第182页。

戾""议论偏谬"的，都在删改或销毁之列。据统计，全国范围内列入全毁的书目有两千四百多种，抽毁的书目有四百多种，销毁的总数在十万部左右。鲁迅就将宋代晁说之的《嵩山文集》旧抄本，与《四库全书》中的有关部分逐字逐句做了对比，发现仅《负薪对》这一篇里，"非删即改，语言全非"的地方很多。[①]他又把宋代庄季裕《鸡肋编》的元抄本，与《四库全书》的改删加以对照，指出清朝"不但兴过几回'文字狱'大杀叛徒，且于宋朝人所做的'激烈文字'也曾细心加以删改"[②]。鲁迅激愤地指出："他们却不但捣乱了古书的格式，还修改了古人的文章，不但藏之内廷，还颁之文风较盛之处，使天下士子阅读，永不会觉得我们中国的作者里面，也曾经有过很有些骨气的人。"[③]鲁迅认为，反动统治者的这些文化统制政策，对于中国国民性弱点的形成有很大影响，是"遗留至今的奴性的由来"。

（本文原载《人文杂志》1989年第3期）

---

①《鲁迅全集》第6卷，《且介亭杂文·病后杂谈之余》，人民文学出版社1981年版，第183页。

②《鲁迅全集》第3卷，《而已集·谈"激烈"》，人民文学出版社1981年版，第477页。

③《鲁迅全集》第6卷，《且介亭杂文·病后杂谈之余》，人民文学出版社1981年版，第183页。

鲁迅与基督教

宗教是一种文化现象。在其长期发展过程中，宗教思想在人们的意识形态中积累下来，成为人类文化有机整体的一部分。作为伟大思想家的鲁迅，终其一生，对中外文化进行了认真的研究与择判，这里当然包括宗教问题，包括世界三大宗教之一的基督教。

一

鲁迅早期思想曾受到章太炎广泛而深刻的影响，其中也包括宗教观。因此，探讨鲁迅与基督教的关系，有必要介绍一下章太炎的宗教观。章太炎十分重视宗教的作用，特别推崇佛教，但对基督教采取反对、抨击的态度。在著名的《无神论》一文中，针对西方传教士论证上帝存在的四大理由，他用清朝汉学家特有的辨伪方法就《圣经》论《圣经》，逐点揭露其内在矛盾，认为每则立论都恰好证明这个创世主是人的虚构。章太炎对基督教的憎恶，有其深刻的社会根源。20世纪刚开头，帝国主义列强就以中国农民欺负了基督教的上帝为由头，向中国发动了侵略战争。章太炎的这种憎恶，反映了那时先进的中国人对帝国主义侵略的共同敌忾。

鲁迅同章太炎一样，推崇佛学，反对盲目崇拜西方资本主义的物质文明。在宗教问题上，他更着重于从哲学和人类文明史的角度去对待，看到了宗教产生与发展的必然性，注意并肯定了它的积极作用。这是鲁迅的独到之处。他认为，破迷信、嘲神话、毁偶像是错误的，因为所谓宗教迷信、民间酬神等看来似乎违反科学的，但它们正是人们不满足于物质生活的精神要求和"形上需要"。因此"虽中国志士谓之迷，而吾则谓此乃向上之民，欲离是有限相对之现世，以趣无限绝对之至上者也。人心必有所冯依，非信无以立，宗教之作。不可已矣"。鲁迅指出基督教也是这样产生的："希伯来之民，大观天然，怀不思议，则神来之事与接神之术兴，后之宗教，即以萌蘖。"①

鲁迅早期在自然科学，特别是在达尔文的生物进化论里，就接受了认识自然现象的唯物主义观点。对于基督教所宣扬的神是万能的、神创造人、人应该服从神的观点，他在辛亥革命前夕进行的革命文化思想启蒙教育中，就给予了尖锐的批判。在1907年写的《人之历史》一文中，鲁迅以解释海克尔的《人类发生学》为主，介绍了西方生物进化学说及其发展。他称颂海克尔在达尔文学说的基础上，创立了一元论的生物界的种系发生学及生物进化系谱树。从谱树上可以看到人类自身的演进及生物进化的过程，看到人类的祖先就是猿类。《圣经》却不是这样认为的："《创世记》开篇，即云帝以七日作天地万有，抟埴成男，析其肋为女。"鲁迅指出，这不过是"景教之迷信"，是"彷徨于神话之歧途"。他既肯定了瑞典生物学家林奈在动植物系统分类上的贡献，又指出其在物种上"仍袭摩西创造之说"、坚持"物种不变论"的错误。在1907年发表的《科学史教篇》中，鲁迅论述了西方自然科学发展的历史，并肯定了在历史发展过程中，一些自然科学家在反对欧洲中世纪黑暗时代的宗教神学和封建迷信等方

---

① 《鲁迅全集》第8卷，《集外集拾遗补编·破恶声论》，人民文学出版社1981年版，第27页。

面所起的进步作用，以及由于科学的兴起而带来的近代文明。

对于基督教的历史及其与欧洲文化发展的关系，鲁迅在早期写的《文化偏至论》一文中，就有了明晰的认识，特别是对马丁·路德宗教改革的原因、内容及巨大影响，做了精当的论述。他指出，欧洲进入中世纪以后，由于宗教神学的严密统治，"益于梏亡人心，思想之自由几绝，聪明英特之士，虽摘发新理，怀抱新见，而束于教会，胥缄口结舌而不敢言"。但民众的思想却像是一股洪流，受到阻挡就更加汹涌澎湃，极力要摆脱宗教的束缚，"时则有路德者起于德，谓宗教根元，在乎信仰，制度戒法，悉其荣华，力击旧教而仆之"。16世纪初，德国天主教神父马丁·路德，反对罗马教皇出售"赎罪券"。对罗马教皇公开提出抗议，强调因信称义，认为要获得上帝的拯救，不在于遵守教会规条，而在于个人信仰，并对原有的教义、教阶和仪礼方面做了许多改革，点燃了宗教改革运动的火种。鲁迅又指出，这个变革遍及欧洲，受到影响的不仅是宗教，还波及其他许多方面，包括要求政治上的改革等。鲁迅的这些论述是正确的。鲁迅有着丰富的基督教知识，对于基督教的教派、教义以及历史事项都是比较熟悉的。1928年，他翻译了法国作家查理路易·腓立普的小说《食人人种的话》，在附记中说明，翻译这篇作品主要是取它描写野蛮部落举行人肉宴的"深刻讽喻"。"至于首尾的教训，大约出于作者的加特力教（即天主教）思想，在我是也并不以为的确的。"1931年，鲁迅翻译了苏联L. 绥甫林娜短篇小说《肥料》，在附记中特别指出："文中所谓'教友'，是基督教的一派而反对战争，故当时很受帝制政府压迫，但到革命时候，也终于显出本相来了。倘不记住这一点，对于本文就常有难以明白之处的。"教友派由于宣扬和平主义，反对一切战争和暴力，十月革命后，就变成了革命的反对者。

二

基督教的《圣经》，对西方文化的发展产生过重大的影响，诚如鲁迅指出的，其"虽多涉信仰教诫，而文章以幽邃庄严胜，教宗文术，此其源泉，灌溉人心，迄今兹未艾"①。鲁迅对《圣经》是颇为熟悉的。在他早期作品中，就有"亚当之故家""弥耳之乐园""神赫斯怒，湮以洪水""撒旦"等不少《圣经》的内容和词语。在《摩罗诗力说》中，还详细介绍了西欧19世纪积极浪漫主义诗人一些以《圣经》为题材的作品，如弥尔顿的《失乐园》、拜伦的《该隐》等。新文学运动起来之后，他或从《圣经》中选材进行创作，或在作品中引用《圣经》的词语，次数虽不很多，却寄寓了深刻的意义。这里，着重介绍一下鲁迅十分重视并多次提及的耶稣被钉十字架一事。

在鲁迅的前期作品中，多次提到耶稣被众人钉了十字架一事。按照基督教的说法，耶稣是以拯救世界的受苦受难者和救世主的面目来到世界的，是一位不随顺传统和众人，而成为被民众所弃绝、被家乡所驱逐、被故国所残害的先知。耶稣在耶路撒冷传道时，为门徒犹大所出卖，被捕后解交罗马帝国驻犹太总督彼拉多。彼拉多因耶稣无罪，想释放他，但遭到祭司长、文士和民间长老们的反对，结果被钉在十字架上。耶稣死后复活、升天。鲁迅多次提到此事。在《文化偏至论》中，他就悲叹那些先知先觉之士往往为庸众所嫉视、迫害，"一梭格拉第（即苏格拉底——引者注）也，而众希腊人鸩之，一耶稣基督也，而众犹太人磔之"。"五四"时期，封建遗少刘少少咒骂白话文是"马太福音体"，鲁迅讽刺他对文化史一无所知，连福音书是革新体都不懂，却用它来骂白话文，真是浅薄得可以。鲁迅强调

---

① 《鲁迅全集》第1卷，《坟·摩罗诗力说》，人民文学出版社1981年版，第64页。

说："马太福音是好书，很应该看。犹太人钉杀耶稣的事，更应该细看。"[1]写于同一时期的《随感录六十五·暴君的臣民》指出："暴君治下的臣民，大抵比暴君更暴""巡抚想救耶稣，众人却要求将他钉上十字架"即是一例。

1924年12月，鲁迅根据《马太福音》第27章，写了散文诗《复仇（其二）》，以耶稣的遭遇为素材，塑造了一个为民众谋福音反而受到侮辱和迫害的社会改革者的形象：

> 他在手足的痛楚中，玩味着可悯的人们的钉杀神之子的悲哀和可咒诅的人们要钉杀神之子，而神之子就要被钉杀了的欢喜。突然间，碎骨的大痛楚透到心髓了，他即沉酣于大欢喜和大悲悯中。
>
> ……
>
> 上帝离弃了他，他终于还是一个"人之子"；然而以色列人连"人之子"都钉杀了。
>
> 钉杀了"人之子"的人们的身上，比钉杀了"神之子"尤其血污，血腥。

耶稣说："我实在告诉你们，没有先知在自己家乡被人悦纳的。"[2]他到地上来，明明是为拯救以色列人的，然而却被众人钉上十字架。鲁迅一再提及此事，是结合当时中国革命斗争实际，对于那些麻木、落后的民众的悲愤。耶稣是"神之子"，鲁迅则强调他是"人之子"，把耶稣当作为人民群众谋解放而反被不觉悟的群众侮辱、残害的英雄来抒写，使耶稣成了一位"向庸众宣战"的个性主义者。这样写，也有文献上的根据。如在《马可福音》中，耶稣一向自称"人

---

[1]《鲁迅全集》第8卷，《集外集拾遗补编·寸铁》，人民文学出版社1981年版，第89页。
[2]《圣经·新约·路加福音》第4章第28—29节。

之子"，并预言自己将遭到杀害。这说明鲁迅对原始基督教的深刻见解。鲁迅当时不仅指出了人民群众的落后，而且在他看来这些不觉悟的群众，还在不自觉地帮着统治者迫害先知先觉者："先觉的人，历来总被阴险的小人昏庸的群众迫压排挤倾陷放逐杀戮。中国又格外凶。"[①]"孤独的精神的战士，虽然为民众战斗，却往往为这'所为'.而灭亡。"[②]在小说《药》中，年轻的夏瑜为革命而洒下的鲜血，却被华小栓这样的被压迫群众糊里糊涂地当"药"吃掉了。这是多么可悲可悯的现实！前期的鲁迅从启蒙主义出发，对于人民群众在长期封建统治下形成的这种严重的精神痼疾，表示了深切的悲愤，提出必须唤起民众的觉悟，这是十分必要的。当然，他这时还没有树立起正确的群众观点。

耶稣的被钉死对于基督教来说，有十分重大的意义。被钉死在十字架上，意味着耶稣以自己的血为人类赎罪。耶稣自甘受苦受难，他以自己的受难来拯救世界。鲁迅在后期，也几次提到耶稣受难。如果说前期谈到此事，主要是表达对群众麻木、愚弱一面的悲愤之情，那么后期提及此事，则主要是对耶稣为拯救人类而自甘受难、毫不畏惧的精神的肯定和赞扬。画家司徒乔有一幅画，画上的耶稣胁下的矛伤尽管流血，而他的荆冠上却有天使的接吻。据作者说，这"无非是对那些为人民献出自己生命的殉难者表示景仰和悼念"[③]，而鲁迅则认为，"无论如何，这是胜利"[④]。在为美国《新群众》杂志而作的《黑暗中国的文艺界的现状》一文中，报道当时中国文艺界的现状说："惟有左翼文艺现在和无产者一同受难（Passion）。"以耶稣受难来比喻中国左翼文艺和无产者的处境。

---

① 《鲁迅全集》第8卷，《集外集拾遗补编·寸铁》，人民文学出版社1981年版，第89页。
② 《鲁迅全集》第3卷，《华盖集·这个与那个》，人民文学出版社1981年版，第140页。
③ 司徒乔：《回忆鲁迅先生》，《回忆伟大的鲁迅》，新文艺出版社1959年版。
④ 《鲁迅全集》第4卷，《三闲集·看司徒乔君的画》，人民文学出版社1981年版，第75页。

三

在阶级社会里，宗教表现为被压迫者对现实苦难的叹息，它对人民群众的精神起着麻醉的作用。历史上，统治阶级一般都利用宗教作为麻痹人民斗争意志的工具。基督教也不例外。鲁迅既肯定了基督教在社会文化发展过程中的某些积极作用，又对它的某些教义采取坚决批判的态度，揭露了它愚弄人民的实质。

对基督教"奇迹"的批判。在基督教教义里，耶稣是神，是无所不能的救世主。他施行了许多"奇迹"，如使盲人复明，使枯手复生，使死人复活。《圣经》说，会堂管理人睚鲁的女儿死了，耶稣到了他的家，就说："退去吧！这姑娘不是死了，是睡着了。"众人被撵出之后，耶稣拉着姑娘的手，对她说："我吩咐你起来。"姑娘立时就起来了。[1]耶稣还能在海面上行走，把水变成酒，用五饼二鱼让五千人吃饱，等等。这些"奇迹"，显然都是骗人的。1927年2月18日，鲁迅在香港基督教青年会讲演中，指出由于封建统治阶级的文化专制主义，终使中国寂然无声，而"要恢复这多年无声的中国，是不容易的，正如命令一个死掉的人道：'你活过来！'我虽然并不懂得宗教，但我以为正如想出现一个宗教上之所谓'奇迹'一样"[2]。很显然，死掉的人是不会活过来的。宗教上的"奇迹"，只能是诳人的谎言。

对天堂地狱说的批判。基督教认为，世人都有罪，故皆应沉沦地狱，无法自救；但如信奉耶稣基督，便能得到救赎。不得救者不能进天堂；得救者灵魂可入天堂享永生。天堂是上帝在天居所，宝座前有

---

① 《圣经·新约·马可福音》第 5 章第 35—43 节。

② 《鲁迅全集》第 4 卷，《三闲集·无声的中国》，人民文学出版社 1981 年版，第 13 页。

众天使侍立，基督则坐在上帝的右边。鲁迅说："从前海涅以为诗人最高贵，而上帝最公平，诗人在死后，便到上帝那里去，围着上帝坐着，上帝请他吃糖果。在现在，上帝请吃糖果的事，是当然无人相信的了。"[①]遥远的"天堂"，只是幻想的幸福，是给人民身上的锁链装饰"幻想的花朵"，它要求人们去自觉地忍受一切现实的痛苦，甚至要求人们去爱剥削和压迫自己的仇敌，以便由此而换来死后的天国幸福。鲁迅说过："记得有一种小说里攻击牧师，说有一个乡下女人，向牧师沥诉困苦的半生，请他救助，牧师听毕答道：'忍着吧，上帝使你在生前受苦，死后定当赐福的。'其实古今的圣贤以及哲人学者之所说，何尝能比这高明些。他们之所谓'将来'，不就是牧师之所谓'死后'么。"[②]鲁迅认为，人们对于"将来"这回事，虽然不知情形怎样，但不必这样悲观，只要"那时的现在"比"现在的现在"好一点，就很好了，就是进步。"这些空想。也无法证明一定是空想，所以也可以算是人生的一种慰安，正如信徒的上帝。"[③]一针见血地揭露了基督教所宣扬的一套只是自欺欺人的安慰。

对名不副实的基督教徒的揭露。作为一个教徒，最重要的是虔诚的宗教信仰。但是，中国人之信奉洋教，有不少人并非出于信仰，而是为了获得眼前好处。据记载，近代中国，有的教堂为了拉人入教，径直出钱收买。如北直隶各地流传着这样的歌谣："你为什么信洋教？为了三块北洋造。神甫不给我洋钱，我不奉教！"[④]洋教会也知道中国人"皈依圣教的目的十分复杂，其中一部分人只是为了物质上的利益"[⑤]。鲁迅专门写了一篇题为《吃教》的杂文，指出："耶稣教

---

①《鲁迅全集》第4卷，《二心集·对于左翼作家联盟的意见》，人民文学出版社1981年版，第234页。

②《鲁迅全集》第11卷，《两地书·第一集北京》，人民文学出版社1981年版，第14—15页。

③《鲁迅全集》第11卷，《两地书·第一集北京》，人民文学出版社1981年版，第20页。

④ 程英：《中国近代反帝反封建歌谣选》，中华书局1962年版，第496页。

⑤ 史式微：《江南传教史》第2卷，上海译文出版社1983年版，第220页。

传入中国，教徒自以为信教，而教外的小百姓却都叫他们是'吃教'的。"他认为，"吃教"这两个字，真是提出了教徒的"精神"。更有甚者，什么也不信，对他们来讲，孔子、释迦、耶稣等，只是给自己利用的一个招牌，"如果孔丘，释迦，耶稣基督还活着，那些教徒难免要恐慌。对于他们的行为，真不知道教主先生要怎样慨叹"①。在外国，也有不少名不副实的教徒。耶稣对门徒说："我实在告诉你们，财主进天国是难的。我又告诉你们，骆驼穿过针的眼，比财主进上帝的国还容易呢。"②鲁迅引用了这句话后说："但说这话的人，自己当时却受难了。现在是欧美的一切富翁，几乎都是耶稣的信奉者，而受难的就轮到穷人。"③这就用阶级分析的方法，揭露了基督教的实质，道出了那些所谓基督教徒的虚伪性。

对基督教宣扬的忍从、驯服观点的批判。基督教的一个基本教义，就是忍从，推崇受苦受难，唯有忍耐到底才能得救。马克思曾经指出："基督教的社会原则是颂扬怯懦、自卑、自甘屈辱、顺从驯服，总之，颂扬愚民的各种特点。"④鲁迅对基督教的这个教义进行了尖锐的批判。以"病态"和"残酷"著称的俄国作家陀思妥耶夫斯基认为，世人想要赎罪，就必须经过苦难的净化，背负起沉重的十字架，走向天国之门。他笔下的人物，正是沿着这条道路，走向了新生。鲁迅指出："不过作为中国读者的我，却还不能熟悉陀思妥夫斯基（陀思妥耶夫斯基，下同）式的忍从——对于横逆之来的真正的忍从。在中国，没有俄国的基督。在中国，君临的是'礼'，不是神。百分之百的忍从，在未嫁就死了定婚的丈夫，艰苦的一直硬活到八十

① 《鲁迅全集》第 3 卷，《华盖集续编·无花的蔷薇》，人民文学出版社 1981 年版，第 256 页。

② 《圣经·新约·马太福音》第 19 章第 23—24 节。

③ 《鲁迅全集》第 4 卷，《南腔北调集·〈一个人的受难〉序》，人民文学出版社 1981 年版，第 559 页。

④ 马克思：《〈莱茵观察家〉的共产主义》，《马克思恩格斯全集》第 4 卷，人民出版社 1958 年版，第 218 页。

岁的所谓节妇身上，也许偶然可以发见罢，但在一般的人们，却没有。忍从的形式，是有的，然而陀思妥夫斯基式的掘下去，我以为恐怕也还是虚伪。因为压迫者指为被压迫者的不德之一的这虚伪，对于同类，是恶，而对于压迫者，却是道德的。"①

鲁迅反对忍从驯服，主张坚持斗争。苏联勃洛克长诗《十二个》结尾时，出现了拿着旗帜、戴着花环，走在十二个赤卫军前面的耶稣基督。鲁迅1926年为该诗中译本写的后记中说："篇末出现的耶稣基督，仿佛可有两种的解释：一是他也赞同，一是还须靠他得救。但无论如何，总还以后解为近是。故十月革命中的这大作品《十二个》，也还不是革命的诗。"人民必须靠自身救自己，把希望寄托在耶稣基督身上，只能是幻想，因此《十二个》虽然反映了伟大的十月革命，但还不是革命的诗。

对基督教与儒释道合流的批判。中国历史上，有儒释道"三教"合流的现象。长时期以来，"三教"之间虽然也互相排斥、斗争，但总的是不断融合、互相补充的趋势，同是统治阶级钳制人民群众思想的有力工具。近代以来，基督教在传播过程中，也极力与中国的传统文化相结合。19世纪上半叶，从第一批帝国主义传教士来到中国开始宣传基督教上帝的时候，就注意与中国孔学的结合。英国的李提摩太、美国的李佳白等传教士，利用中国封建的复古主义思想来传播基督教。他们宣扬"耶稣圣教与中国儒教名虽迥别，道本同源，皆存心养性之学，非诡僻怪异之言"。企图把基督教与孔教结合起来，使之更为中国人民所接受。事实上，在愚弄、麻醉人民方面，儒家与基督教有不少相通之处。如圣贤的礼教主张女子必须从一而终，耶稣则教训"只在心里动了恶念，也要算犯奸淫"，同是一类。②鲁迅指出：

---

① 《鲁迅全集》第6卷，《且介亭杂文二集·陀思妥夫斯基的事》，人民文学出版社1981年版，第412页。

② 《鲁迅全集》第5卷，《准风月谈·男人的进化》，人民文学出版社1981年版，第284页。

"佛教初来时便大被排斥，一到理学先生谈禅，和尚做诗的时候，'三教同源'的机运就成熟了。听说现在悟善社里的神主已经有了五块：孔子，老子，释迦牟尼，耶稣基督，谟哈默德。"

四

鲁迅利用丰富的基督教知识，结合现实斗争，对黑暗的旧社会、国民党的反动统治以及病态的社会现象，进行了深刻而有力的抨击，收到了更好的斗争效果。

国民党反动派是在血泊中建立起法西斯统治，而又妄图以虐杀手段维持其统治的。面对"杀人如草不闻声"的黑暗现实，鲁迅进行了激烈的抗争。公元29年前后，欧洲的一些耶稣教徒常遭虐杀，有的被钉十字架，有的被杀被焚，甚至有被绑进演技场或剧场喂食狮子。在鲁迅看来，这种残虐程度还比不上中国。他说："我曾查欧洲先前虐杀耶稣教徒的记录，其残虐实不及中国，有至死不屈者，史上在姓名之前就冠一'圣'字了。中国青年之至死不屈者，亦常有之，但皆秘不发表。"[1]秘密杀戮共产党人、进步人士，这是国民党反动派的惯技，著名的"左联"五烈士就是被秘密杀害于龙华的。鲁迅在上海"有感屠戮之凶"，曾写了篇题为《虐杀》的杂文（此文已佚——引者注），其中"讲些日本幕府的磔杀耶教徒"之事。[2]日本江户幕府时代封建统治阶级残酷迫害和屠杀天主教徒，其火刑之法，为远远以火焙之，十分苛酷。"后见唐人笔记，则云有官杀盗，亦用火缓焙，渴

---

① 《鲁迅全集》第12卷，《书信·330618致曹聚仁》，人民文学出版社1981年版，第185页。

② 《鲁迅全集》第4卷，《二心集·做古文和做好人的秘诀》，人民文学出版社1981年版，第271页。

则饮以醋，此又日本人所不及者也。"[1]由外到中，以古喻今，矛头直指凶残的国民党反动派。

《新约·马太福音》第二章说，当犹太希律王的时候，耶稣生在犹太的伯利恒，希律王知道了，心里很不安。有主的使者向约瑟梦中显现，让他们带着孩子逃往埃及。他们走后，希律王就大为发怒，差人将伯利恒城里并四境所有凡两岁以内的男孩都杀尽了。1933年，贵州省教育厅厅长派兵用汽车冲杀"九一八"纪念游行的小学生，造成大量伤亡。鲁迅把《圣经》里的故事与这件事联系起来说："'身当其冲'，先前好像不过一句空话，现在却应验了，这应验不但在成人，而且到了小孩子。'婴儿杀戮'算是一种罪恶，已经是过去的事，将乳儿抛上空中去，接以枪尖，不过看作一种玩把戏的日子，恐怕也就不远了罢。"[2]愤怒谴责了国民党反动派对外投降、对内逞凶的罪行。

基督教来源于犹太教。《圣经》由《新约全书》和《旧约全书》两部分组成。《旧约》是犹太教的"圣经"，《新约》则是基督教的正典。基督教把犹太教的经典承受下来作为它的经典的一个部分。但是，基督教在与犹太教分离过程中，在教义上也形成了一些与犹太教不同之处。例如，基督教的爱仇敌之说与犹太教的爱人之说就不相同。《旧约》律法书只主张爱自己的族人，但主张恨敌人。爱族人的说法如"不可心里恨你的弟兄，……不可报仇。也不可埋怨你本国的子民，却要爱人如己"[3]。对仇敌则主张"以命偿命。以眼还眼，以牙还牙，以手还手，以脚还脚，以烙还烙，以伤还伤，以打还打"[4]。《新约》则反对"以眼还眼，以牙还牙"，如说："你们听见有话

---

[1]《鲁迅全集》第12卷，《书信·340524致杨霁云》，人民文学出版社1981年版，第427页。

[2]《鲁迅全集》第5卷，《准风月谈·冲》，人民文学出版社1981年版，第340页。

[3]《圣经·旧约·利未记》第19章第17—18节。

[4]《圣经·旧约·出埃及记》第22章第22—25节。

说：'以眼还眼，以牙还牙。'只是我告诉你们，不要与恶人作对，有人打你的右脸，连左脸也转过来由他打；有人想要告你，要拿你的里衣，连外衣也由他拿去。"①耶稣在被钉上十字架时还为处死他的人祈祷说："父啊，赦免他们，因为他们所做的他们不晓得。"②

　　鲁迅是服膺并坚持"以眼还眼，以牙还牙"的。他主张对反动势力必须针锋相对，进行不屈不挠的斗争，痛打"落水狗"，不能手软，不能"费厄泼赖"。他在著名的《论"费厄泼赖"应该缓行》一文中指出："'犯而不校'是恕道，'以眼还眼，以牙还牙'是直道。中国最多的却是枉道：不打落水狗，反被狗咬了。"这个对敌斗争的重要经验，正如他所说："虽然不是我的血所写，却是见了我的同辈和比我年幼的青年们的血而写的。"③陈源把鲁迅叫作"土匪""思想界的权威"，鲁迅则以"东吉祥派""正人君子""通品"等字样加于陈源之上，他说："我要'以眼还眼以牙还牙'，或者以半牙，以两牙还一牙，因为我是人，难于上帝似的铢两悉称。如果我没有做，那是我的无力，并非我的大度，宽恕了加害于我的敌人。"④对于仇敌，鲁迅坚持斗争，毫不宽恕。他在临终前一个月写的杂文《死》里，预拟了七条"遗嘱"，最后一条是："损着别人的牙眼，却反对报复，主张宽容的人，万勿和他接近。"他又说道："欧洲人临死时，往往有一种仪式，是请别人宽恕，自己也宽恕了别人。我的怨敌可谓多矣，倘有新式的人问起我来，怎么回答呢？我想了一想，决定的是：让他们怨恨去，我也一个都不宽恕。"这说明直到生命的终结，鲁迅始终主张并坚持"以眼还眼，以牙还牙"的古训。

　　基督教从唐代开始传入中国，不少来华传教士为中西文化交流起

---

① 《圣经·新约·马太福音》第 5 章第 38—40 节。

② 《圣经·新约·路加福音》第 23 章第 34 节。

③ 《鲁迅全集》第 1 卷，《坟·写在〈坟〉后面》，人民文学出版社 1981 年版，第 283 页。

④ 《鲁迅全集》第 3 卷，《华盖集续编·学界的三魂》注 1，人民文学出版社 1981 年版，第 209 页。

了积极的作用。鲁迅用这方面的有关事例，批判了盲目排外，守旧自大的意识。鲁迅多次提到两件事：一是杨光先参劾传教士汤若望，一是美国传教士斯密斯写的《中国人气质》一书。

汤若望是德国人，天主教传教士。精通天文学，明天启二年（1622年）来中国传教，后在历局供职，清顺治元年（1644年）任钦天监监正，主持新王朝修订历法的工作。这是外国传教士担任中国世俗官职之始。杨光先原是明朝军中小官，清军入关后他改任清朝官吏。顺治十七年（1660年）杨光先上奏参劾汤若望，说历书封面上不该用"依西洋新法"五字，批评汤若望暗窃正朔之权，以予西洋。这次参劾没有奏效。后来杨光先出版了《不得已》，在书中声称自己不能保持沉默，"不得已"而起来辩驳。他认为："宁可使中国无好历法，不可使中国有西洋人！"康熙四年（1665年）杨又上书礼部，指责历法推算该年十二月初一日食的错误，汤若望等因而被判罪，杨光先接任钦天监监正，复用旧历。康熙七年（1668年）杨因推闰失实下狱，后被驱逐回籍，死于途中。康熙又任命传教士南怀仁为钦天监监正，恢复使用"时宪历"。[①]鲁迅多次抨击杨光先的盲目排外，拒绝接受任何外来的好东西。他指出，汉唐时代对域外来的动植物，毫不拘忌，来充装饰的花纹，这是因为魄力雄大，人民有充分的自信心，自由驱使外来事物，绝不介怀。而到衰敝陵夷之际，就神经衰弱过敏，"每遇外国东西，便觉得仿佛彼来俘我一样，推拒，惶恐，退缩，逃避，抖成一团，又必想一篇道理来掩饰，而国粹遂成为孱王和孱奴的宝贝。"[②]他认为，像杨光先那样具有浓厚的排外意识的还大有人在："例如杨光先的《不得已》是清初的著作，但看起来，他的思想是活着的。现在意见和他相近的人们正多得很。"[③]鲁迅严肃指出："倘再

① 参见江文汉：《明清间在华的天主教耶稣会士》第5章，知识出版社1987年版。

② 《鲁迅全集》第1卷，《坟·看镜有感》，人民文学出版社1981年版，第198页。

③ 《鲁迅全集》第6卷，《且介亭杂文·随便翻翻》，人民文学出版社1981年版，第157页。

不放开度量，大胆地，无畏地，将新文化尽量地吸收，则杨光先似的向西洋人沥陈中夏的精神文明的时候，大概是不劳久待的罢。"①

　　鲁迅谈的较多的一个传教士是斯密斯。斯密斯是美国人，居留中国五十余年，写了一本《中国人气质》的书。他认为，中国人是颇有点做戏气味的民族，精神略有亢奋，就成了戏子样，一字一句，一举手一投足，都装模作样，出于本心的分量，倒还是撑场面的分量多，这是因为太重体面的缘故。鲁迅深有同感："我们试来博观和内省，便可以知道这话并不过于刻毒。"②鲁迅是一个伟大的爱国主义者，正因为爱之深，所以对于我们民族的弱点就痛之切。哪怕是"洋鬼子"，只要他真正揭出了我们民族的痼疾，我们也应该重视和欢迎。鲁迅1936年逝世前，还恳望中国人正视现实，不要自欺欺人："我至今还在希望有人翻出斯密斯的《支那人气质》（即《中国人气质》——引者注）来。看了这些，而自省，分析，明白那几点说的对，变革，挣扎，自做工夫，却不求别人的原谅和称赞，来证明究竟是怎样的中国人。"③

（本文原载《鲁迅研究年刊》1991年、1992年合刊）

---

　　①《鲁迅全集》第1卷，《坟·看镜有感》，人民文学出版社1981年版，第200页。

　　②《鲁迅全集》第3卷，《华盖集续编·马上支日记》，人民文学出版社1981年版，第326页。

　　③《鲁迅全集》第6卷，《且介亭杂文末编·"立此存照"（三）》，人民文学出版社1981年版，第626页。

鲁迅与佛教造像

　　鲁迅在1913—1915年，曾大量购买并研读佛经，与此同时，也开始搜求、整理与研究碑帖拓片，其中的一个重点是造像及有关佛寺的碑、铭、志、记等，而且终其一生，在这方面付出了很大精力。

　　佛教重视造像。释迦牟尼离世，诸大弟子想慕不已，刻木为佛，以形象教人，故佛教亦称像教。佛事中不但造像功德无量，即观像崇拜者也有极大功德。造像即雕刻佛像。大规模造像立碑始于北魏，讫于唐中叶。所造者以释迦、弥陀、弥勒、观音、势至为多。造像开始是刻石，或刻山崖，或刻碑石，或造石窟，或造佛龛，后来则或施以金涂彩绘。其形式有一尊一石或多尊共一石的，有带龛形的，佛座上刻有铭文。大型的石雕完像叫作"造像碑"，一面以至四面都雕刻佛菩萨像。有的在下方刻有供养人像或者题名。南北朝是石刻造像最盛的时期，这些作品也是当时雕塑创作最重要的一类。历史上由于寺庙建筑多毁，泥、木作品无存，而石刻造像在各地则有大量遗存，其中不少制作精美，与石窟雕塑具有同等的艺术和文物价值。鲁迅收集的重点是造像最盛的六朝时期。

　　鲁迅对佛教造像及佛教有关的文物十分重视。在北京教育部任职期间，他就参加并领导了古物调查工作，其中任务之一，就是调查古代美术品的存佚情况。现存一份鲁迅当年写下的《古物调查表钞》，共27页。内容为河北、山东、河南等地现存的造像、塔寺和石碑，并尽可能地注明了建造的时间、地点和收藏人。他还从《畿辅通志》中摘录有关河北省三十余县的石刻录，共三万六千字，对了解和研究河北省的造像、墓志和碑刻，具有重要的参考作用。鲁迅从1915年4月起，大量收集研究汉代画像和六朝造像，他的《日记》中就有不少求搜造像等碑帖的记载，如这一年7月1日，买《李显族造像碑颂》《潞州舍利塔下铭》；3日，买《常岳造像》及残幢、《凝禅寺三级浮图碑》；4日，买《北齐等慈寺残碑》及杂造像等七枚；7日，买《同州舍利塔额》一枚，《青州舍利塔下铭》并额二枚；10日，买《张荣千（迁）造像记》三枚，《刘碑》《马天祥造像记》各一枚，《岐州舍利塔下铭》一枚；等等。在这方面，鲁迅花费了大量的精力及财力。据《鲁迅日记》"书账"，1915年共买拓本一百一十九种，1916年买进一千二百种左右。除从北京的书店购得外，他还常得到友人馈赠或请人在外地代买代拓，杨莘士即为其中之一。1915年《日记》就有这样的记载，如2月6日，"杨莘士赠《颜鲁公像》拓一枚，又《刘丑奴等造像》拓一枚"；6月10日，"杨莘士从西安代买石刻拓本来，计《梵汉合文经幢》一枚，《摩利支天等经》一枚，《田僧敬造像记》共二枚，《夏侯纯陀造像记》共二枚，《钳耳神猛造像记》共四枚"；11月27日，"杨莘耜赠《周天成造像》拓本一枚"等。这时远在绍兴的周作人，也搜集了一些碑帖拓片，寄给北京的鲁迅。如周作人1915年3月11日《日记》载："在仓桥买跳山建初摩崖妙相寺石佛背铭，共五纸，当寄北京。"次日《日记》，便有"上午寄北京拓片一包，建初摩崖四，石佛二，武梁石室一，共七分"的记载。《鲁迅日记》本月17日，有收到这些拓片的记载。鲁迅还利用到外地讲学的机会搜罗金石拓本。1924年他在西安讲学时，就从古董铺中收购了如大智禅师碑侧画像、《卧龙寺观音像》等拓本。鲁迅收集到的造像，除个别是道教的外，主要的是佛教。搜求碑帖拓片，鲁迅坚持了三十余年。1935年5月，鲁迅对于收集画像事"拟暂作一结束"，原因是"年来精神体力，大不如前，且终日劳劳，亦无整理付印之望，所以拟姑置之"①。事实上他并未停下来。这年8月11日，他在致台静农信中，谈到极希望得到全份的南阳汉墓石刻画像。在他过世前的两个月，得到王正朔寄来的南阳汉石画像六十七枚，接信的当日即复信，并托王正朔于冰消后，将桥基石刻拓出寄来。②

收集碑帖拓片，属金石之学。金石学为自宋以来较发达之学。鲁迅不仅大量搜求，而且进行认真的整理。在1916—1918年的《鲁迅日记》上，常有"录碑"、"夜独坐录碑"及"夜校碑"等记载。为了研究、整理这些拓本，鲁迅以后购置了大量的金石文字书、金石地志书、金石图像书以及金石目录等，直到1935年，还买了容庚辑的《金文续编》、王振铎编的《汉代圹砖集录》、王潜刚辑的《观沧阁所藏魏齐造像记》。鲁迅所用以对勘的主要有《陶斋藏石记》《金石萃编》《金石续编》等。《陶斋藏石记》为清代端方所著，凡四十四卷。端方曾任两江总督，所录均为其所藏之碑刻、钱范、瓦砖等铭文拓片，始于汉代，止于明代，共七百余件，录释文于前，后附考订，并详载原物之尺度。《金石萃编》，为金石著录之集大成者，清代王昶编，凡一百六十卷。该书自周代迄金代，以建碑年月为序，共收碑志一千余件，每一碑目下，列石形制、尺寸、行字数、额字、所在地等，刊碑志全文，系以历代论著、题跋语摘，复加按语于后。鲁迅看到《金石萃编》的错误很多，于是"立意要来精密的写成一本可信的定本"③。他的方法是先用尺量了碑文的高广，共几行，每行几字，随后按字抄录下去，到了行末便画上一条横线。石刻原文均依碑文字体摹写，对有些残缺处间做校补，在绝大多数碑文之后辑录了宋明以来金石著录及方志上的有关资料。鲁迅所辑录和校勘的石

---

① 《鲁迅全集》第13卷，《书信·350514 致台静农》，人民文学出版社 1981 年版，第 127 页。

② 《鲁迅全集》第13卷，《书信·360818 致王正朔》，人民文学出版社 1981 年版，第 407 页。

③ 周遐寿：《鲁迅的故家》，人民文学出版社 1981 年版，第 201 页。

刻，共七百九十余种。他生前已编出《六朝造像目录》，共收造像一千三百三十五项，造像题记三百四十三篇。鲁迅经过长期的悉心研究，在这方面有很高的造诣，也有一定的影响。在收到台静农所寄北魏石刻《曹望憘等造像记》后，鲁迅根据方若著的《校碑随笔》：原石"正书二十二行，行九字，后余一行，末刻一大字"，认为这是翻刻的，"摹刻本全失原石笔意"[①]。《鲁迅日记》1929年5月31日载："午后金九经偕家本善隆、水野清一、仓石武四郎来观造像拓本。"金九经是朝鲜人，北大日文、朝鲜文讲师，因往未名社而认识鲁迅。家本善隆为日本京都大学教授，研究中国佛教美术。水野清一当时在北大研究考古，后研究中国雕塑艺术。仓石武四郎是京都大学汉文教授。他们三人由金九经陪同，观看了鲁迅所藏石刻造像拓片和六朝砖拓片。

鲁迅所收碑帖相当丰富，这里仅介绍他对于佛教造像及佛教有关的碑铭志记的研究。

鲁迅大量收集包括佛教造像在内的碑帖拓片，除了出于对佛教的研究外，一个重要的原因，是想撰写一部《中国字体变迁史》，1933年6月18日在致曹聚仁的信中说："我数年前，曾拟编中国字体变迁史。"所谓字体，大致包含两个方面。一是指文字的不同体式，如篆书、隶书、草书、楷书、行书等。韩愈《石鼓歌》："辞严义密读难晓，字体不类隶与科。"科同蝌，指蝌蚪文。二是书法的流派或风格特点，如钟（繇）王（羲之）字体、颜（真卿）柳（公权）字体之类。字体有时也指字的形体结构。

汉字是历史上最悠久的文字之一。从字体发展的历史看，自甲骨文之后，经历了金文、篆文、隶书、草书、楷书、行书这样几个阶段。鲁迅对汉字的产生、演变及改革，进行过深入的研究。他虽然没

---

① 《鲁迅全集》第 13 卷，《书信·350514 致台静农》，人民文学出版社 1981 年版，第 128 页。

有写成《中国字体变迁史》，但从《门外文谈》《中国语文的新生》《关于新文字》《论新文字》《汉字和拉丁化》等一系列文章中，仍可看到他的精湛的论述和超卓的见解。他在《门外文谈》这篇用马克思主义观点解释文字和文学的起源与发展历史的杰作中，指出汉字起源于图画，"写字就是画画"；有些字不好画，古人"早就将形象改得简单，远离了事实。篆字圆折，还有图画的余痕，从篆书到现在的楷书，和形象就天差地远"。文字是无数的仓颉所创造的，大家心心相印，口口相传，文字就多起来，史官一采集，便可以敷衍记事了。"现在我们能在实物上看见的最古的文字，只有商朝的甲骨和钟鼎文。"鲁迅认为，汉字是劳动人民创造的，必须把它交给大众，但方块汉字对劳动人民来说，又是十分繁难的，成为他们的障碍，因此必须进行改革，并且提出了汉字改革必然走向拼音化的主张。

鲁迅研究中国字体的变迁而重视六朝造像，这因为造像必有铭文题记，与书法艺术关系甚深。清代书法，康雍之际竞尚董其昌，乾隆之世争效赵孟頫，是为帖学兴盛期。及清代后期，随着金石考据之学大兴，碑学盛行起来。阮元是倡导北碑的先驱者，他在《北碑南帖论》中提出："短笺长卷，意态挥洒，则帖据其胜。"包世臣的《艺舟双楫》，又把阮元的鼓吹推向了一个高潮。他竭力推崇北魏书法："北朝人书，落笔峻而结体庄和，行墨涩而取势排宕。"[1]以为有河朔清刚之气，可以救晋草唐楷柔弱之弊。康有为继承包世臣的理论、观点，写了一本论书法的书，名为《广艺舟双楫》，发出了"尊魏卑唐"的口号。他还认为，学碑可考隶楷之变，可考后世书体之源流。在他们的号召下，形成了尊碑抑帖之势，由此一改风靡了几百年的媚弱书风，气象为之一新。造像题记书法精美，品类繁多。在北碑中之地位极为重要。康有为对造像题记评价甚高。他说："吾见六朝造像数百种，中间虽野人之所书，笔法亦浑朴奇丽有异

---

[1] 包世臣：《艺舟双楫·历下笔谈》，《艺林名著丛刊》，中国书店1983年版，第79页。

态。"①"魏碑无不佳者，虽穷乡儿女造像，而骨血峻宕，拙厚中皆有异态，构字亦紧密非常，岂与晋世皆当书之会邪，何其工也！"②他还指出某些造像在书法艺术上有承先启后的作用，如认为"北碑《杨大眼》《始平公》《郑长猷》《魏灵藏》，气象挥霍，体裁凝重，似《受禅碑》；《张猛龙》《杨翠》《贾思伯》《李宪》《张黑女》《高贞》《温泉颂》等碑，皆其法裔"③。康有为把南北朝碑按高低分为"神""妙""高""精""逸""能"等六级品题，入选者共七十七种，其中造像二十四种，约占三分之一。正由于造像题记在中国书法艺术史上占有重要的地位，鲁迅才花了那么大的精力去认真研究。

鲁迅所收集的造像题记，很多具有较高的书法艺术价值，有的还是珍品。如《极德像碑》，为摩崖石刻，北齐天保六年（555年）刻，在山西平定东三十余里石门口长国寺前岩上。正书，李清作，燕州释仙书。王昶《金石萃编》云："书法高深，为北朝杰作。"康有为谓"雅朴莫如释仙"④，并列为"能品"。又如《极德寺造像碑》，即《七佛颂》，东魏武定三年（545年）立。隶书，书法方正疏朗，瘦挺雅秀，颇多楷意。鲁迅录《陶斋藏石记（九）》："右碑精整矩丽，自来金石书未经著录，诚瑰宝也。"再如《于子建等义桥石像碑》，东魏武定七年（549年）立，在河南河内县武德镇（今河南省博爱县武德镇村），清乾隆十七年（1752年）为村民掘得。鲁迅录《道光河内县志》云："文甚流丽，书体宽博有余而少风致，较他北朝书颇异，与僧惠造像记笔法相同，疑是一人所书，北派中别立一宗也。"

---

① 康有为：《广艺舟双楫·本汉第七》卷二，上海广智书局丙辰年第十八次再版，第29页。

② 康有为：《广艺舟双楫·十六宗第十六》卷四，上海广智书局丙辰年第十八次再版，第13页。

③ 康有为：《广艺舟双楫·传卫第八》卷三，上海广智书局丙辰年第十八次再版，第3页。

④ 康有为：《广艺舟双楫·十家第十五》卷四，上海广智书局丙辰年第十八次再版，第11页。

因东晋、刘宋禁碑，南朝造像题记远不如北朝之多，传世极少，然甚为珍贵。康有为说过："南碑数十种，只字片石，皆世希有；既流传绝少，又书皆神妙，较之魏碑，尚觉高逸过之，况隋、唐以下乎？"[1]鲁迅收集的《□熊造无量佛像记》，为始康郡晋丰县□熊造像题记，刘宋元嘉二十五年（448年）刻。鲁迅录罗振玉《唐风楼金石文字跋尾》云："考南朝造像极少，此虽寥寥数十字，不啻韩陵片石，洵可宝贵。书法极似爨龙颜寇谦之碑，其时方由古隶变今隶，故字体极朴厚。"

除过佛教造像题记，石刻佛经字体多变，与书法艺术关系也极大。如房山云居寺，自隋至明连续千余年的不断镌刻，经石总数达一万五千石，刻佛经一千多种，是研究金石、书法的丰富资料。鲁迅整理了隋代刻的《宝梁经》，录《陶斋藏石记（十六）》云："今观此经书法与房山佛经同中有异，异中有同，其为隋刻无足疑者。然房山佛经书虽秀整，其结体稍落蹊径，此刻笔既遒健，而字里行间，尤多逸气，不似彼过于缜密，转觉有意求工者，是又在妙法莲华之上矣。"

鲁迅搜集的一些有关佛寺的碑、铭、志、记，对于研究字体变迁也有很大的参考价值。如他抄的《晖福寺碑》《龙藏寺碑》等，在中国书法史上就占有重要地位。北魏《宕昌公晖福寺碑》，太和十二年（488年）建，碑在陕西澄城。康有为评其为"妙品上"。隋《龙藏寺碑》，开皇六年（586年）恒州刺史王孝伶为劝造龙藏寺而立，在今河北正定隆兴寺内。刘熙载《艺概》谓此碑，欧阳公（修）以为"字画遒劲，有欧、虞之体"。康有为说："隋碑渐失古意，体多闿爽，绝少虚和高穆之风，一线之延，惟有《龙藏》，《龙藏》统合分、隶，并《吊比干文》《郑文公》《敬使君》《刘懿》《李仲璇》诸派，荟萃为一，安静浑穆，骨鲠不减曲江（张九龄）。而风度端凝，此六朝

① 康有为:《广艺舟双楫·宝南第九》卷三，上海广智书局丙辰年第十八次再版，第6页。

125

集成之碑，非独为隋碑第一也。"①

鲁迅还通过造像题记，注意一些字的写法的变化。如《元宁造像记》，为北魏孝昌二年（526年）荥阳太守元宁立。题记"荥阳"为"荧阳"。鲁迅据《蛾术编》："禹贡荥波从水，汉志河南郡荥阳县（今河南省荥阳市）亦从水，今乃从火，二字古通用。"弄清了彼此的关系。

鲁迅的书法清秀俊逸，遒劲有力，独具一格。郭沫若称颂说："所遗手迹，自成风格。融洽篆隶于一炉，听任心腕之交应，朴质而不拘挛，洒脱而有法度。远逾宋唐，直攀魏晋。世人宝之，非因人而奖也。"②鲁迅的书法造诣，分明与努力钻研包括上述在内的优秀传统书法艺术，并能大胆另辟新径分不开的。

从鲁迅辑校的佛教造像题记中，还可以窥悉不同时代的社会、政治、宗教状况。

《圣母寺四面像碑》，北周保定四年（564年）所造，在陕西关中。所列造像人姓名多怪异，且复姓不少，如"罕井""昨和""同蹄""屈男""荔非""钳耳""弥姐"等。鲁迅录《籀膏述林（八）》云："此碑记文浅俗，所列造像之姓名多诡异。盖北朝丧乱，关中诸郡，异族杂处，此碑即俚俗羌虏所为，不尽通儒义也。"原来散居在我国西北部的各部羌人，从东汉政府多次发动对羌战争以来，不断被东汉政府用强力迁徙于关中诸郡，与汉人杂居。经过几代繁衍，及至西晋时，关中也已成为羌人密集的地区了。据晋惠帝时太子洗马江统著《徙戎论》估计，内迁各族人口与关中汉人的比例是："关中之人，百余万口，率其多少，戎狄居半。"南北朝时期是充满战争和动乱的年代，是我国历史上第二次民族大迁移的时期。《圣母

---

① 康有为：《广艺舟双楫·取隋第十一》卷三，上海广智书局丙辰年第十八次再版，第1011页。

② 郭沫若：《〈鲁迅诗稿〉序》，《文汇报》1961年9月12日。

寺四面像碑》的"诡异"姓名，就是当时关中诸郡异族杂处的一个反映。又如北魏正光元年左右（约520年）《荔非元造像记》，鲁迅据《陶斋藏石记（十）》的考释文字，证实复姓荔非氏者，系西羌种类，又纠正有的史书将"非"写为"菲"之误。

《杜乾绪等造像记》，隋开皇十二年（592年）立，在河南叶县。铭序首云"大随开皇十二年"，为什么把"隋"写作"随"呢？鲁迅引录了《金石萃编》的考释文字："考'随'本春秋时国，即今随州，隋文帝初受封于随。及有天下，以随从走，周齐奔走不宁，故去走作隋。然见之碑刻，径往通用。以逮唐初诸碑，书'随'为'隋'者，不可枚举。此碑仍作'大随'，盖未尝有定制也。"

《诸葛子恒等造像碑》，隋开皇十三年（593年）立，在山东兰山右军祠。此碑对隋文帝颂扬备至。鲁迅引录《临沂县志》对时代背景做了说明："按隋史：帝后周禅，恐民心不服，多称符瑞以耀之，其伪造而献者，不可胜计。王邵撰皇隋灵感志奏之，上令宣示天下。此碑铺张扬厉，引赤乌斩蛇故事，并有河图久验、翔凤俱臻等语，正是此意。子恒诸人，殆亦王邵之流亚欤？"按隋朝建立者杨坚，是北周静帝的外祖父，后逼迫外孙皇帝退位，自立为帝，改国号为隋。由于是篡位而立，为了证明其权威性、合法性，于是"多称符瑞以耀之"。诸葛子恒等百人自述从军劳绩，兼颂隋高功德，就是适应了这种需要。

《王法规廿四人等造石室像记》，东魏武定五年（547年）立，在山西平定州乱柳村西。题有"上为佛法兴隆，皇帝陛下、勃海大王又为群龙"的话，此书"皇帝陛下"指东魏孝静帝，"勃海大王"即执政大臣高欢，把皇帝与大臣并列，这是颇不寻常的。鲁迅辑《山右石刻丛补（一）》评道："大凡霸府已盛之时，文字必兼言之。……史称高欢事孝静忠谨，以此观之，则乡民造一佛像亦必举之并帝而列，则其移魏之迹可见，欢虽欲掩之，而千年石刻犹揭露如此，固不可得而掩也。"高欢佯作忠谨，实为霸业而成，后来其次子高洋灭东魏，建北齐。"南北朝习俗，佞佛托祈国福兼媚权贵。造像几遍天下。"东魏武定七年（549年）的《高岭以东诸村邑仪道俗造像记》（在山西孟县兴化寺），也题有"上为皇帝陛下、勃海大王延祚无穷，王宝礼隆"之类的献媚文字，此处的勃海大王为高欢之子高澄。但是武定六年（548年），东魏孝静帝就被高澄幽禁；武定七年（549年），高澄为部下所杀，其弟高洋执掌大权；武定八年（550年），高洋称帝，废东魏帝为中山王，未几杀之。鲁迅引录《金石续编》评曰："造像延祚，果何益也！"

值得重视的是鲁迅对《大云寺弥勒重阁碑》的考证。鲁迅曾收藏了不少有关佛教方面的碑拓，但进行认真抄校并写有考证性文章的仅《大云寺弥勒重阁碑》一份。鲁迅特托人从西安买回新拓本，对胡聘之《山右石刻丛编》收录的此文进行了考证，"为补正二十余所，疑碑本未泐，胡氏所得拓本恶耳"。鲁迅为什么要校这通碑，当然自有其道理。但是这碑却有很重要的历史价值，是研究唐代政治斗争的重要资料，从中可以看到佛教与中国政治的密切关系。

武则天改元称帝后，为了维护自己的女皇宝座，自称"慈氏越古金轮圣神皇帝"，用佛教的金轮灵光来神化自己。据《旧唐书》记载：载初元年（689年），有僧人十人伪撰《大云经》，表上之，武则天十分高兴，因为经中有"有一天女……即以女身，当王国土，得转轮王"。就是说女人可以为王。僧人怀义、法朗等又造《大云经疏》。称武则天是弥勒降生，当作阎浮提主。武则天于是就在这年九月自立为皇帝，改国号为周。改元为"天授"，大赦天下。升佛教于道教之上，令诸州各置大云寺，各藏《大云经》一本，总度僧千人，怀义与法朗等九人，并封县公，皆赐紫袈裟银龟袋。[①]这里，武则天竭力利用佛经来宣传和证明其新取得地位的合理性，而佛经也发挥了它的特殊作用。《大云寺弥勒重阁碑》，唐天授三年（692年）立，

---

① 《旧唐书·则天皇后本纪》。

在山西猗氏县仁寿寺，该碑文称："天授二年二月二十四日准制置为'大云寺'至三年正月十八日，准制回换额为'仁寿寺'。"通过该碑，可见佛教作为一股重大的社会势力，与统治阶级的政治关系是密切的，是统治阶级实行封建统治的补充工具，当然，彼此也有冲突，但一致性方面是主要的。我们也有理由认为，鲁迅认真考证这通碑，也是他钻研佛教的一个方面。

鲁迅还十分重视佛教美术，除造像外，又购买了大量的图片、画册，如云冈石窟佛像和正定木佛像的照片等。许寿裳说，鲁迅收集并研究汉魏六朝石刻，不但注意其文字，而且研究其画像和图案，是旧时代的考据家赏鉴家所未曾着手的。[①]

对佛教造像的精深研究，使鲁迅在这方面具备了丰富的知识。1914年1月25日，季自求访鲁迅，谈及古画问题。季自求在当日日记中写道：

> 途中过一地摊，见画一轴，写释迦像甚奇，异于常画：一青面红发状貌狰狞之神乘一白马，两旁二神作护持状。青面神之顶际则群云缭绕，上有文佛、法相庄严。其创古拙，疑是明人手笔。问其价，亦不昂。乃见豫才，因具道之。豫才言，此当是喇嘛庙中物，断非明代之物。盖明以前佛像无作青面狰狞状者。余深叹服，遂不作购置之想。[②]

喇嘛庙即喇嘛教寺庙。喇嘛教是佛教的一支，主要在藏族地区形成和发展，其教义兼容大小乘而以大乘为主，大乘中以显、密俱备，而侧重密宗，且以无上瑜伽密为最高修行次第。佛画中有一类是明王像，即佛、菩萨的愤怒相。根据佛教密宗的理论，佛和菩萨都有两种

① 许寿裳：《亡友鲁迅印象记》，人民文学出版社1953年版，第37页。
② 《鲁迅年谱》第1卷，人民文学出版社1984年版，第311页。

身：一是正法轮身，即是佛、菩萨由所修的行愿所得真实极身；二是教令轮身，即是佛、菩萨由于大悲而示现威猛明王之相。密宗称以智慧的光明摧破一切烦恼业障，所以称为明王。明王像一般是多面多臂，手持各种法物降服恶魔的愤怒相，看起来具有极恐怖的威严。喇嘛教寺庙中常有这类佛画。季自求所见的大约就是明王像。

1924年夏鲁迅曾赴西安讲学。在游览孔庙时，看到历代帝王画像中，宋太祖的胡子是向上翘的，有人便断定"这都是日本人假造的""这胡子就是日本式的胡子"。鲁迅用两种历史文物批驳了这种视胡子为国粹的形式主义：一是汉武梁祠石刻画像，"清乾隆中，黄易掘出汉梁祠石刻像来，男子的胡须多翘上"；二是北魏至唐的信士像，"我们现在所见北魏至唐的佛教造像中的信士像，凡有胡子的也多翘上"。信士像，是我国从三国以来一些信仰佛教的人，出资在寺庙和崖壁间塑造或雕刻佛像时，在其间所附带塑刻的出资者自身的像。鲁迅指出，中国到了元明的画像，则胡子大抵受了地心的吸力作用，向下面拖下去了。他反诘道："日本人何其不惮烦，孳孳汲汲地造了这许多从汉到唐的假古董，来埋在中国的齐鲁燕晋秦陇巴蜀的深山邃谷废墟荒地里？"[1]他认为，拖下去的胡子倒是蒙古式，是蒙古人带来的，然而我们的聪明的名士却当作国粹了。这虽只是信手拈来的一个例子，但也可以看出鲁迅对佛教造像的精细研究。

鲁迅1928年在杭州西泠印社买得《贯休罗汉像石刻》影印本一册。贯休为五代前蜀画家、诗僧，俗姓姜，字德隐，唐天复（901—904年）间入蜀，蜀主王建赐以紫衣，号禅月大师。工画，学阎立本，笔力圆劲。所绘罗汉真容，粗眉大眼，丰颊高鼻，形骨古怪，称为"梵相"。又画《释迦十弟子》，颇为门弟子所宝。存世"十六罗汉图"，相传是他的作品。1935年，鲁迅把这本《贯休罗汉像石

---

[1] 《鲁迅全集》第1卷，《坟·说胡须》，人民文学出版社1981年版，第175页。

刻》画册赠增田涉，又在一封信中说："关于贯休和尚的罗汉像，我认为倒是石拓的好，亲笔画似乎过于怪异，到极乐世界去时，如老遇到这种面孔的人，开始也许希奇，但不久就会感到不舒服了。石恪的画我觉得不错。"[1] 石恪，五代宋初画家，字子专，成都郫县（今属四川）人，工佛道人物，风格刚劲，夸张奇崛，开南宋梁楷减笔人物画的先声。宋太祖赵匡胤时，尝奉旨绘相国寺壁画，授以画院之职，坚辞还乡。从鲁迅的片断论述，可以看到他对佛教绘画的造诣。

（本文原载《鲁迅研究月刊》1993年第9期）

---

① 《鲁迅全集》第13卷，《书信·350430致增田涉》，人民文学出版社1981年版，第630页。

鲁迅论“三教合流”

　　儒释道的“三教合流”，是中国古代思想史、文化史上的重要现象，它对中国思想文化的发展与中国人的心理结构影响很大。鲁迅对这个问题很重视。他攻读佛经，钻研玄学，剖析封建礼教，都是对三教合流的具体研究，并且有许多深刻的见解。

　　汉代是佛教初入和道教初建时期。这一时期，儒释道三教都忙于自身的改造。产生于先秦时期的儒家学说，被改造成“天人感应”的儒学，自汉武帝时起取得一家独尊的地位，而谶纬神学成为当时占统治地位的思想，例如董仲舒“用寡妇，关城门”的祈雨法，“乌烟瘴气，其古怪与道士无异”[①]。佛教在两汉之际由西域传入中国内地，开始是附庸于道术流传的。早期道教的一个明显特点，即与佛教一样，也是依附于当时盛行的黄老之学。道教一开始就注意“道”与儒家伦理道德的结合。儒家的谶纬学说对道教影响也很大。在汉代，三教主要是相互启发、补充，但其间也是有矛盾的。

　　从汉末到魏晋南北朝，是中国历史上第二次社会大变动时期。名教衰微，产生了玄学。鲁迅在《魏晋风度及文章与药及酒之关系》里，对形成玄学的社会政治背景进行了深刻的分析，认为在当时儒

---

　　① 《鲁迅全集》第5卷，《花边文学·迎神和咬人》，人民文学出版社1981年版，第547页。

道合流所形成的玄学中，儒仍为主体，是"道表儒里"；道之为用，不仅在于解释儒，而且在于真正的儒生以道掩护儒。在魏晋南北朝，儒释道三教鼎立的局面形成。作为外来宗教文化的佛教，发展到一定程度，不可避免地与传统的儒家宗法伦理观念发生冲突；同时，佛、道两大宗教为了争夺思想文化阵地，相互排斥、斗争，其论争也日益激烈。鲁迅说："凡当中国自身烂着的时候，倘有什么新的进来，旧的便照例有一种异样的挣扎。例如佛教东来时有几个佛徒译经传道，则道士们一面乱偷了佛经造道经，而这道经就来骂佛经，而一面又用了下流不堪的方法害和尚，闹得乌烟瘴气，乱七八糟。"①

这是魏晋南北朝佛、道二教斗争情况的真实反映。由于佛教初传时依附黄老，其空廓玄虚的理论与老庄的虚无之道也颇为相似，人们对两者的关系并不很清楚，所以当时就有"老子入夷狄为浮屠"的传言。西晋时，道士王符著《老子化胡经》，记述老子入天竺化为佛陀，教胡人为佛教之事，宣扬佛教源于道教，老子是释迦牟尼的老师。显示道高于佛。佛教针锋相对，编了《清净法行经》，伪托佛陀之语，把老子、孔子、颜渊统统贬为佛教的弟子。佛教徒攻击道教盗窃佛经，图写神像，又剽窃地狱天堂五戒十善之说。道教又不择手段，编造了"大三摩多夫人贪欲，驴根出欠，就之生子"的谎言，进行下流的辱骂。道教由于有过多的巫觋之术，缺乏能与佛教对抗的理论体系，显得鄙陋粗浅，在这场相互攻讦中处于下风。这就迫使道教不得不加强自身理论建设，大造道书，改造自己的仪式方法，摆脱民间宗教的色彩。造道书的方法，诚如鲁迅所说，"乱偷了"不少佛经。例如，对道教理论有重要贡献的陶弘景，其名著《真诰》，即是仿造佛教经典而成，其中对佛教生死轮回之旨尤为重视，书中的修炼

---

① 《鲁迅全集》第8卷，《集外集拾遗补编·关于〈小说世界〉》，人民文学出版社1981年版，第111页。

方法类似佛教戒条和地狱托生等说教。

鲁迅指出，在中国，"宗教战争是向来没有的，从北魏到唐末的佛道二教的此仆彼起，是只靠几个人在皇帝耳朵边的甘言蜜语"[1]。南北朝时期，道教与佛教之间的斗争，最激烈的事件是北魏太武帝、北周武帝的灭佛。北魏太武帝本人信道斥佛，又在信奉道徒的司徒崔浩的煽动下，下诏毁寺坑僧，酿成中国历史上第一次残酷的反佛事件。北周武帝相信谶记，谶记谓"黑者得也，谓有黑相当得天下"。因僧穿黑衣，有道士张宾，乘机蛊惑周武帝"以黑释为国忌，以黄老为国祥"，帝信其言，遂灭佛法。[2]这两次灭佛，固然有着复杂的深刻的社会政治原因，但确又与道士的挑唆煽惑及推波助澜有关。中国历史上又一次著名的灭佛事件，是唐代的"会昌法难"。同样，道教的受挫，也不是其与佛教直接斗争的结果，而取决于封建统治者的意志、好恶。在三教斗争中，封建帝王往往充当裁判，或兴或废，或扶或抑，完全是从巩固封建统治的需要而决定的，宗教斗争始终为统治者所操纵和利用。但是三教异中有同。故能在相互斗争的同时又相互融合。事实上三教也在互相吸收。在中国历史上，南朝梁武帝就创儒释道"三教同源"说。

隋唐时期，儒释道继续发展，三教的斗争和融合也进一步展开。隋唐结束了南北纷争的局面，统一了全国。唐代又是中国封建社会的鼎盛时期。与这种政治经济统一的局面相适应，唐代统治者采取了三教兼容的政策。由于三教各有利弊，相互为用，因而在不同程度上受到唐朝统治者的重视。在政府的倡导下，三教合流的风气更为盛行。佛教华严五祖宗密说："孔、老、释迦皆是至圣，随时应物，设教殊途，内外相资，共利群庶。"[3]李翱作《复性书》，发挥阐宗去情复性说，成为宋明理学援佛入儒的先驱。唐代三教斗争，著名的有太

---

[1]《鲁迅全集》第6卷，《介且亭杂文·运命》，人民文学出版社1981年版，第131页。
[2] 参见《广弘明集》第8卷《叙周武帝集道俗议灭佛法事》。
[3]《华严原人论》。

史令傅奕，道士李仲卿、刘进喜与释法琳、释明概的辩论，韩愈的反佛，武宗灭佛等。鲁迅说："从前的排斥外来学术和思想，大抵专靠皇帝；自六朝至唐宋，凡攻击佛教的人，往往说他不拜君父，近乎造反。"①

这里说的"不拜君父，近乎造反"，是当时儒家、道教攻击佛教的一个重要内容。中国古代封建社会实行中央集权的君主专制主义制度，以及与小农经济基础相适应的宗法制度，因此忠君孝亲就是维护封建统治阶级利益的社会规范。佛教是与中国传统文化迥异的一种外来文化。两种文化的冲突涉及许多方面，是否忠君孝亲，就是一个十分重要的问题。佛教主张无君无父，一不敬王者，二不拜父母，不受世俗的礼法道德约束。这在儒家看来，是悖逆人伦的行为。佛教初传来后，儒家就从沙门剃发违背《孝经》，不娶妻生子是不孝等对佛教予以责难。道教的《太平清领书》也以出家弃父母、不娶妻生子指斥佛教。事实上，佛教在发展过程中，也竭力迎合儒家的伦理道德观念，吸收儒、道，与中国传统文化相融合。南朝宋孝帝曾下令沙门必须对皇帝跪拜，否则就"鞭颜皴面而斩之"，僧侣只好屈服。唐高宗曾命令沙门应向君主和双亲礼拜，后因道宣等人反抗，改为只拜父母。但到了中唐，沙门上疏的自称就由"贫道""沙门"改为"臣"了。君权高于神权，封建礼制高于僧制，这就是中国的国情。自唐代以来，在儒家名教的影响下，佛教还大力宣扬孝道，佛教学者专门编造了讲孝的佛经。如宣扬应报父母孕育之恩的《父母恩重经》等。华严宗五祖宗密亲撰《盂兰盆经疏》二卷，强调释迦牟尼出家和目连出家，都是为救济父母。中国佛寺每年农历七月十五日还举行盂兰盆会，追荐祖先，影响深远。佛教经过这一番改造，就十分笃敬君父，不仅消除了"造反"之嫌，而且成为维持统治秩序的有力工具。

---

① 《鲁迅全集》第1卷，《热风·随感录三十三》，人民文学出版社1981年版，第300页。

鲁迅也注意到中国历史上的"三教辩论"。在中国，君权高于神权，宗教之间的争端要靠皇帝来裁判。从北周开始，就有"三教辩论"。北周武帝亲政前，曾多次召集臣僚、沙门、道士讨论儒释道三教问题，研究何者对维护封建统治和富国强兵最为有利。这种"三教辩论"的形式盛于唐代。鲁迅说："唐有三教辩论，后来变成大家打诨。"①唐朝的最高统治者，除少数皇帝外，其余的都深知调和三教对自己有利，因此虽然也搞"三教辩论"，但多是做做样子，维持着儒学为本、和合三教的格局。到了唐德宗时，传统的内殿三教论议，演化为诞节三教讲论。唐德宗每年生日，在麟德殿举行儒释道三教的辩论，形式很典重，但三方都以常识性的琐碎问题应付场面，并无实际上的问难，相反却强调三教"同源"。唐懿宗时，还有俳优在皇帝面前以"三教辩论"作为逗笑取乐的资料。

鲁迅说："佛教初来时便大被排斥，一到理学先生谈禅，和尚做诗的时候，'三教同源'的机运就成熟了。"这里说的是宋代三教调和的情况。宋代是中国封建经济、科技和文化比较发达的时期，政治上中央集权制更趋成熟，在思想文化方面，形成了以儒家伦理思想为核心，糅合佛、道而形成三教归一新特点的理学。理学家与佛、道都有密切的关系。宋代佛教主要是禅宗（尤其是临济宗）的天下。禅宗打破早期"不立文字"的传统，而有大量《灯录》《语录》出现，变成不离文字；又编出一批"公案"，对"公案"加以注释。这都扩大了佛教的影响。理学的开山者周敦颐著《太极图说》，实受道士陈抟《无极图》及寿涯、慧南、祖心、了元和尚的影响，其《爱莲说》由《华严经探玄记》脱胎而出。二程也出入老释，其"体用一源""理一分殊"思想，与佛教华严宗有密切的关系。宋代理学最大代表者朱熹，对《阴符经》《周易参同契》均有精心研究，并称赞佛教，讲学中多处引用佛教道理。正如鲁迅所说，"宋儒道貌岸然而窃取禅师的语录"②。宋代心学大儒陆九

---

① 《鲁迅全集》第5卷，《准风月谈·吃教》，人民文学出版社1981年版，第310页。
② 《鲁迅全集》第5卷，《准风月谈·吃教》，人民文学出版社1981年版，第310页。

渊反对朱熹"格物致知"的修养方法，斥之为"支离事业"，主张直指本心、明心见性的简易功夫，颇有禅宗的风度，故世人称陆学即禅学。此即鲁迅说的"理学先生谈禅"。

如果说"理学先生谈禅"是儒与佛的调和，那么，"和尚做诗"就是佛与儒合流的反映。自东晋以后，僧侣中出现不少善诗文的人，例如支遁，就写了许多诗，开以禅入诗的风气。中唐以后，更出现了"诗僧"这样一种特殊的人物，即披上袈裟的诗人。中国本来就有悠久发达的诗的传统。唐承隋制，采取科举制度，并以诗赋取士，因此写诗可说是儒的学业。僧人而写诗，本身就是一种矛盾现象。诗僧的出现，有着多方面的原因，其中重要的一条，是唐中叶以后，儒释道三教调和的思潮兴盛，容许僧侣参与到社会生活的各个领域中来。士大夫可以外为君子儒，内修菩萨行；和尚也可涉足文坛，不再被视为"方外之人"。社会上僧俗交结攀附，不以为讳。鲁迅说："既然是超出于世，则当然连诗文也没有。诗文也是人事，既有诗，就可以知道于世事未能忘情。"[①]这些诗僧虽然遁入空门，但仍然不能忘怀世事，内心不能清净，所以他们才要写诗。到了宋代，佛教进入后期，禅宗急剧儒化。云门系禅僧主张"儒释一贯"，力求糅合二者。经过唐五代禅宗与士大夫的互相渗透，到了宋代，禅僧已完全士大夫化了，他们不仅游历名山大川，还与士大夫们结友唱和，填词写诗，鼓琴作画，生活安逸恬静、高雅淡泊又风流倜傥。[②]鲁迅从"和尚做诗"这个方面，指出了释儒合流的具体表现。

从以上鲁迅有关论述看，中国历史上三教合流有着显著的特点：三教之间虽然有矛盾，曾相互排斥，但对于封建统治阶级来说，都是可以利用的思想武器，"三教同源"说便应运而生，历代统治者也大都实行三教并举的政策，因此，三教之间更多的是互相渗透、吸收；

①《鲁迅全集》第3卷，《而已集·魏晋风度及文章与药及酒之关系》，人民文学出版社1981年版，第516页。

②参见葛兆光：《禅宗与中国文化》，上海人民出版社1986年版。

三教之间的对抗是表面的，斗争的实质是政治、经济利益问题，鲜有单纯的义理问题。在义理方面，是互相启发、模仿、融合，彼此没有不可逾越的界限；儒家学说是封建社会的治国之本，因此名为三教，但地位是不相等的，儒家总的来说处于根本、核心的位置，三教合流产生的宋明理学，就是以儒为本的；由于君权至上、政教分离，因此三教之间的斗争，是在封建统治阶级的控制下进行的，服从于封建统治的需要，三教孰先孰后的地位或抑扬废兴的命运，完全由皇帝来裁决。

在中国历史上，三教合流是一个复杂的现象，它是中国封建社会政治、经济、文化诸因素共同作用并长期发展的产物，与中国国民性有着密切的关系。以改造国民性为职志的鲁迅，认真考察三教合流的历史及其影响，同时结合现实的斗争，对中国国民性中庸、调和的消极方面进行了批判。

从三教同源理论的鼓吹到三教合流事实的出现，其间反映了中国人对于宗教的看法和态度，也是中国人性格的体现。鲁迅通过比较研究，指出东西方由于性格的差异而表现在宗教观念上的不同态度。他以西班牙塞万提斯的名著《堂·吉诃德》中的主人公堂·吉诃德为例。堂·吉诃德看武侠小说看呆了，硬要去学古代的游侠，穿一身破甲，骑一匹瘦马，带一个跟丁，游来游去，想斩妖伏怪除暴安良，由于时代不同了，因此闹了许多笑话，吃了不少苦头，受了重伤，最后狼狈回来，死在家里。临死才知道自己不过是一个平常人，并非是什么侠客。有人把堂·吉诃德讥为"书呆子"，鲁迅认为："这种书呆子，乃是西班牙书呆子，向来爱讲'中庸'的中国，是不会有的。西班牙人讲恋爱，就天天到女人窗下去唱歌，信旧教，就烧杀异端，一革命，就捣烂教堂，踢出皇帝。然而我们中国的文人学子，不是总说女人先来引诱他，诸教同源，保存庙产，宣统在革命之后，还许他许多年在宫里做皇帝吗？"①

----

① 《鲁迅全集》第4卷，《二心集·中华民国的新"堂·吉诃德"们》，人民文学出版社1981年版，第352页。

旧教，即天主教，或称罗马公教、加特力教，以区别于基督教新教而称"旧教"。中世纪时，旧教成为西欧各国封建社会中占统治地位的宗教。旧教把异己派别贬称为异端。为了侦察和审判"异端分子"，专门设立了"异端裁判所"，即"宗教裁判所"。西班牙的异端裁判所尤为残暴，受迫害者达三十余万人，其中火刑处死者十多万人。鲁迅举这个例子，显然不是评论基督教发展史上的斗争，只是由此说明西班牙人在宗教观念上的激烈、偏执的态度。他们坚持自己的信仰，不管是占有统治地位的派别或是被称为异端的派别，两方面都采取毫不调和的态度：一方是血腥的镇压、残酷的折磨，一方则宁愿忍受一切惩罚直至为信仰而献身。这种执着、认真精神，同样表现在西班牙人的恋爱方式以及革命行动上。堂·吉诃德的书呆子气，就是这种精神的反映。

但是，类似西班牙人的这种执着的殉道精神，却是中国人所缺乏的。之所以缺乏，主要是中国人"向来爱讲'中庸'"的缘故。儒家的中庸之道，强调不偏向任何极端，追求对立两端的统一与中和，对人们的认识有着重要的意义，也对中国人的精神观念影响至深。从中庸观念出发，中国人特别注重人际和谐，在人际交往中，重视和为贵，遇到矛盾时避免正面冲突，力求保持人与人之间的和睦。中国文化传统中处理人际关系的这些方式和准则，非常直接地影响了整个民族性格的面貌，就使得古代中国人没有决斗，尚文不尚武，推崇平和、温顺，不喜激烈，不走极端。这也反映在宗教观念上："中国人自然有迷信，也有'信'，但好像很少'坚信'。"正因为如此，"崇孔的名儒，一面拜佛，信甲的战士，明天信丁"①。

鲁迅指出，在中国，宗教战争是从来没有的。虽然佛道之间也闹得很厉害，"但中国人，所擅长的是所谓'中庸'，于是终于佛有释

---

① 《鲁迅全集》第6卷，《且介亭杂文·运命》，人民文学出版社1981年版，第131页。

藏，道有道藏，不论是非，一齐存在"①。鲁迅又说："况且历来三教之争，都无解决，大抵是互相调和，互相容受，终于名为'同源'而已。凡有新派进来，虽然彼此目为外道，生些纷争，但一到认为同源，即无歧视之意，须俟后来另有派别，它们三家才又自称正道，再来攻击这非同源的异端。"②

三教之间，争而不战且彼此讲和；由于诸教同源，"悟善社里的神主已经有了五块：孔子，老子，释迦牟尼，耶稣基督，谟哈默德"。一般的中国人也不执着于某一种宗教，而是游移于三教之间。儒家的纲常礼法，佛教的因果报应，道教的长生成仙，都可以共居在一个人的头脑里。而在西方，人只能信奉一种宗教，对于宗教的热忱又往往变成一种狂热，便酿成了欧洲历史上的宗教战争，先有持续近二百年的"十字军东征"，后有欧洲本土的"三十年战争"，神圣罗马皇帝和撒克逊诸族，英王和法王，西班牙和荷兰，都因宗教信仰而发生战争。当然，鲁迅这里批评中国人的"三教同源"说，肯定西方人的殉道精神，并不是说他赞同西方人的宗教信仰和西方的宗教战争，只是通过在宗教观念上的比较，批评中国人缺乏坚定信仰并为之坚韧奋斗的人生态度和处世精神。

中国人缺乏坚执的宗教信仰与殉道精神的另一个重要原因，是重视现实的利益，以生命的安乐为本。中国人民是务实求存、面向现实的。恩格斯曾经指出："在一切实际事务中，……中国人远胜过一切东方民族。"③反映在宗教信仰上，就是功利主义的信仰心理。人们不是把宗教价值作为现实幸福的慰藉，不是在精神上向神"奉献"，

---

① 《鲁迅全集》第 8 卷，《集外集拾遗补编·关于〈小说世界〉》，人民文学出版社 1981 年版，第 111 页。

② 《鲁迅全集》第 9 卷，《中国小说史略·中国小说的历史的变迁》，人民文学出版社 1981 年版，第 327 页。

③ 恩格斯：《英人对华的新远征》，《马克思恩格斯全集》第 12 卷，人民出版社 1962 年版，第 190 页。

而是索取。对神的精神虔诚和物质供奉，就是为了得到好处，免灾祈福，有着现实的具体的目的，信什么就需要从什么得到好处，而且是现世现报，"无事不烧香，急来抱佛脚"就是这种思想的形象注脚。鲁迅指出，在中国历史上，确有为信仰而焚身的和尚、砍下臂膊布施无赖的和尚，但这并不能代表中国历史。"中国历史的整数里面，实在没有什么思想主义在内。这整数只是两种物质，——是刀与火。'来了'便是他的总名。"[①]许多中国人所孜孜追求的是功名富贵，保身养生，即"威福，子女，玉帛"，这就是他们的"最高理想"。就是说，许多中国人对思想主义本身很少执着，而看重思想主义对自己的现实利益，大而至于兴国利民是否有利。信仰取向上的功利原则规定了崇拜对象的广泛性，为了免灾祈福，形成了有神就敬、多多益善、"礼多神不怪"的信条。信仰取向上的功利原则又造成了鲁迅所剖析的"收贿，无特操，趋炎附势，自私自利"[②]以及马虎、不认真、名实不副等国民性弱点。有人认为，这种功利主义的信仰心理，实质上是农业和手工业的个体生产者，在劳动过程中所积累起来的交换互利经验（"兼相爱，交相利"）向信仰层面的延伸——由人际互利推衍为人神交换。[③]

三教合流的现象，也对封建时代的一些知识分子的人生态度及行为方式产生了很大影响。《文心雕龙》的作者刘勰就是一个。刘勰生平经历宋、齐、梁三朝，他出身于一个贫寒家庭，青年时代曾依附当时著名的和尚、《弘明集》的编者僧佑生活，博通佛教经论，还参加过佛经的整理工作。梁以后做过记室、参军等小官，并兼东宫通事舍人，深得太子萧统的器重。晚年出家做和尚，改名慧地，不久就死了。《文心雕龙》是刘勰三十几岁时创作于齐代的文学批评巨著。他

---

① 《鲁迅全集》第 1 卷，《热风·五十九》，人民文学出版社 1981 年版，第 355 页。
② 《鲁迅全集》第 3 卷，《华盖集·通讯》，人民文学出版社 1981 年版，第 22 页。
③ 参见程歗：《拳民意识与民俗信仰》，《中国社会科学》1991 年第 3 期。

的思想受儒家和佛家的影响都很深。1933年，有人在文章中批评刘勰，"微惜其攻乎异端，皈依佛氏，正与今之妄以道统自肩者同病，贻羞往圣而不自知也"。鲁迅对此提出了不同看法。他认为，刘勰"自谓梦随孔子，乃始论文，而后来做了和尚"，这不能说是"贻羞往圣"，因为它不是个别现象，而是三教合流在中国古代知识分子身上的反映，是一种相当普遍的文化现象。鲁迅说："其实是中国自南北朝以来，凡有文人学士，道士和尚，大抵以'无特操'为特色的。晋以来的名流，每一个人总有三种小玩意，一是《论语》和《孝经》，二是《老子》，三是《维摩诘经》，不但采作谈资，并且常常做一点注解。唐有三教辩论，后来变成大家打诨；所谓名儒，做几篇伽蓝碑文也不算什么大事。宋儒道貌岸然，而窃取禅师的语录。清呢，去今不远，我们还可以知道儒者的相信《太上感应篇》和《文昌帝君阴骘文》，并且会请和尚到家里来拜忏。"

在传统中国，儒释道诸种文化因子常常有机地交织在一起，融合在传统中国人尤其是士大夫身上，并且成为传统观念中的理想的、完善的人格。这种集儒释道为一身的封建士大夫，晋以后各个朝代都有。例如南北朝张融临死时的遗嘱是："入殓：左手执《孝经》《老子》，右手执《法华经》。"[1]唐德宗朝有一个韦渠牟，初为道士，又为僧，后入仕，被权德舆称赞为"洞彻三教""周流三教"的人物。[2]

三教合流体现在一个人身上，其特点就是"无特操"。如果说封建时代的知识分子把三教合流作为理想人格的追求，其"无特操"是一种深刻的文化现象，那么，现代中国"上等人"中的"无特操"特色，则既有传统思想的影响，更是现实的阶级斗争的反映。俄国作家屠格涅夫在他的长篇小说《父与子》中，塑造了一个叫巴扎洛夫的人

---

[1] 《南齐书·张融传》。

[2] 《唐故太常卿赠刑部尚书韦公墓志铭》，《权载之文集》卷二十三。

物，作者把巴扎洛夫这一类型人物称为"虚无主义者"或"虚无思想者"，其特点是"不信神，不信宗教，否定一切传统和权威，要复归那出于自由意志的生活"。这样的人物与中国的"无特操"者表面上看是极其相似的，但实际上有很大不同。鲁迅指出：

> 但是，这样的人物，从中国人看来也就已经可恶了。然而看看中国的一些人，至少是上等人，他们的对于神，宗教，传统的权威，是"信"和"从"呢，还是"怕"和"利用"？只要看他们的善于变化，毫无特操，是什么也不信从的，但总要摆出和内心两样的架子来。要寻虚无党，在中国实在很少；和俄国的不同的处所，只在他们这么想，便这么说，这么做，我们的确虽然这么想，却是那么说，在后台这么做，到前台又那么做……。将这种特别人物，另称为"做戏的虚无党"或"体面的虚无党"以示区别罢……①

在中国的"上等人"中，这样的人屡见不鲜。鲁迅以戴季陶为典型，花了不少笔墨，对"做戏的虚无党"进行了深入的批判。

戴季陶又名传贤，号天仇，一生思想多变。在辛亥革命时期参加同盟会，激烈排满，后随孙中山反对袁世凯。"五四"运动后，一度宣传过社会主义，并参加过上海共产主义小组的筹备活动。1920年后，戴与蒋介石在上海交易所搞投机生意。在孙中山领导的革命事业遭到严重打击以及个人遭到挫折的情况下，戴逐步转而信仰佛教。"四一二"政变前后，曾为蒋介石公开叛变革命大造舆论，其理论被称为"戴季陶主义"。戴曾任国民党中央执行委员会常务委员、国民政府委员、考试院院长，他把自己装扮成三民主义的信奉者和孙中山

---

① 《鲁迅全集》第3卷，《华盖集续编·马上支日记》，人民文学出版社1981年版，第328页。

先生的信徒，其实是以儒学来曲解孙中山的三民主义，把孔子三民主义化，把孙中山孔子化，把三民主义儒学化。中国共产党人对戴季陶主义给予了严厉批评。恽代英就指出戴季陶歪曲了孙中山的思想。他说，孙先生的主义，包括"绝对的平等的思想"与"革命的精神"两个方面，戴季陶怕革命，把孙先生比作孔子，把孙先生的平等思想化为空想，但孙先生不是孔子或释迦，不是一个教主，而是一个革命领袖。[①]

戴季陶当时变化甚多，所作所为，令人眼花缭乱。他曾捐款修建吴兴孔庙，鼓吹"仁爱"和"忠恕"；又宣扬"忠孝仁爱信义和平"的所谓"八德"，由国民党当局强令机关团体制匾悬挂于礼堂；1933年初他在南京东郊汤山修建别墅，命名为"孝园"，自称"孝思不匮"；他在担任国民政府考试院院长时，于考试院内设置佛堂，在书斋内设置佛经佛像，持斋茹素；1934年，他和当时已下野的北洋军阀段祺瑞等发起，请第九世班禅喇嘛在杭州灵隐寺举行"时轮金刚法会"，宣扬"佛法"；1934年4月，他又去陕西扫祭文武周公墓，并以"救国救民""培国本而厚国力"为名，发出严禁"研究国学科学诸家发掘古墓"的通电。鲁迅在一封信中谈到戴季陶时说："至于如戴季陶者，还多得很，他的忽而教忠，忽而讲孝，忽而拜忏，忽而上坟，说是因为忏悔旧事，或借此逃避良心的责备，我以为还是忠厚之谈，他未必责备自己，其毫无特操者，不过用无聊与无耻，以应付环境的变化而已。"[②]鲁迅指出戴季陶言行的变化不定，其目的是应付环境的变化，教忠讲孝、拜忏上坟只是手段，他的毫无特操、言行不一，在别人看来是"无聊与无耻"，在他却是出于本心，因此他"未必责备自己"。鲁迅指出，不负责任的、不能照办的教训多，则相信

---

① 恽代英：《孙中山主义与戴季陶主义》，《恽代英文集》，人民出版社1984年版，第745—746、756页。

② 《鲁迅全集》第12卷，《书信·340424致杨霁云》，人民文学出版社1981年版，第394页。

的人少；利己损人的教训多，则相信的人更其少。"不相信"就是"愚民"的远害的堑壕，也是使他们成为散沙的毒素。但有这种"不相信"的"脾气"的，不只是"愚民"，虽是说教的"士大夫"，相信自己和别人的，现在也未必有多少，"例如既尊孔子，又拜活佛者，也就是恰如将他的钱试买各种股票，分存许多银行一样，其实是那一面都不相信的"①。这"既尊孔子，又拜活佛者"即戴季陶之流。

中国现代的这些"无特操者"，为了抬高他们自己，就必然要利用他们所奉为大旗的伟人。1933年，戴季陶邀广东中山大学在南京的师生七十余人，合抄孙中山的著作，盛铜盒中，外镶石匣，在中山陵附近建筑宝塔收藏。宝塔起源于印度，用以藏舍利和经卷等，例如著名的西安大雁塔，就是唐玄奘为存放从印度取回的佛经，向朝廷建议修造的。戴季陶把孙中山的著作造塔收藏，表面上似乎是把孙中山的著作看得很珍贵，其实是力图把孙中山思想宗教化，使孙中山成为"教主"，而他们一伙则是孙中山的继承人。这才是他们的最终目的。鲁迅对这"太平之区，却造起了宝塔"②给予尖锐的讽刺。他说："耶稣教传入中国，教徒自以为信教，而教外的小百姓却都叫他们是'吃教'的。这两个字，真是提出了教徒的'精神'，也可以包括大多数的儒释道之流的信者，也可以移用于许多'吃革命饭'的老英雄。"③这就揭穿了戴季陶之流政客的真面目：他们都是些"吃教"的。"教"对他们来说，只是一件可以利用的工具，就像清朝人称八股文为"敲门砖"一样，因为得到了功名，就如打开了门，砖即无用。鲁迅说："'教'之在中国，何尝不如此。讲革命，彼一时也；讲忠孝，又一时也；跟大拉嘛打圈子，又一时也，造塔藏主义，又一

---

①《鲁迅全集》第6卷，《且介亭杂文·难行和不信》，人民文学出版社1981年版，第51页。

②《鲁迅全集》第5卷，《伪自由书·天上地下》，人民文学出版社1981年版，第158页。

③《鲁迅全集》第5卷，《准风月谈·吃教》，人民文学出版社1981年版，第310页。

时也。有宜于专吃的时代，则指归应定于一尊，有宜合吃的时代，则诸教亦本非异致，不过一碟是全鸭，一碟是杂拌儿而已。"①

这些"无特操者"似乎在信奉着什么，其实什么也不信，他们所奉为大旗的伟人，在他们眼中只是种种利用的傀儡。伟大的人物要得到他们的恭维赞叹时，必须死掉，或者沉默，或者不在眼前。总而言之，第一要难于质证。鲁迅说："如果孔丘，释迦，耶稣基督还活着，那些教徒难免要恐慌。对于他们的行为，真不知道教主先生要怎样慨叹。"②同样，如果孙中山还活着，对于自称为他的继承人而又歪曲他的精神的戴季陶之流，也不知要发出怎样的慨叹来！

鲁迅重视对戴季陶的揭露和批判，是把戴作为一个类型来看待的，因为在现代中国，有许多像戴季陶一样的"吃革命饭"的人物，在他们身上，也是儒释道合于一体，思想深处仍是儒家的一套：他们毫无操守，善于变化，左右逢源，无所不宜。

三教合流的思想，在中国古代文学作品中有着明显的反映，鲁迅对此也有深入的研究。佛教传入汉地以后，便注意吸收在思想领域占有统治地位的儒家学说，力求为不同阶层的人更加广泛地接受，这也在六朝的鬼神志怪书中有所体现。鲁迅指出，《冥祥记》等释氏辅教之书，"引经史以证报应，已开混合儒释之端矣"③。在元明清小说里，更有大量的三教合流意识的艺术描写，这其中既有对社会生活中的三教合流现象的描绘，也有借助宗教神话形象反映作者的三教合流意识。明代吴承恩的《西游记》就是这样一部小说。对此书的宗旨，有人说是劝学，有人说是谈禅，有人说是讲道，议论纷纷。鲁迅不同意这些看法，认为"特缘混同之教，流行来久，故其著作，乃亦

---

① 《鲁迅全集》第5卷，《准风月谈·吃教》，人民文学出版社1981年版，第311页。

② 《鲁迅全集》第3卷，《华盖集续编·无花的蔷薇》，人民文学出版社1981年版，第256页。

③ 《鲁迅全集》第9卷，《中国小说史略·第六篇六朝之鬼神志怪书》，人民文学出版社1981年版，第54页。

释迦与老君同流，真性与元神杂出，使三教之徒，皆得随宜附会而已"①。明人丁耀亢撰《续金瓶梅》，因见"只有夫妇一伦，变故极多，……造出许多冤业，世世偿还，真是爱河自溺，欲火自煎，一部《金瓶梅》说了个色字，一部《续金瓶梅》说了个空字，从色还空，即空是色，乃自果报，转入佛法矣"②。鲁迅指出："然所谓佛法，复甚不纯，仍混儒道，与神魔小说诸作家意想无甚异，惟似较重力行，又却无所执著，故亦颇讥当时空谈三教一致及妄分三教等差者之弊。"③

在鲁迅的作品中，对这种三教合一的思想和反映也有一些描写。小说《孤独者》的主人公魏连殳的祖母去世后，亲族聚议，要魏连殳在丧葬仪式上必须按照以下三大条件去办：其一是穿白，其二是跪拜，其三是请和尚道士做法事。和尚、道士一起超度亡魂，说明三教合流意识在民间影响的普遍。小说《祝福》中的鲁四老爷，是一个讲理学的老监生，窗下案头是《近思录集注》《四书衬》，墙上挂着"事理通达心气和平"的条幅，这是朱熹解释《论语·季氏》的语录。但在他的书房墙壁上则挂着朱拓的大"寿"字，是"陈抟老祖"写的。陈抟为五代、宋初道士，字图南，自号扶摇子。相传他常练功长睡，百余日不起，世称"隐于睡"者。在旧时的传说中，他被附会为"神仙"。透过这个"寿"字。可以看到鲁四老爷企望长生的道教式生活情趣。他是杂糅儒、道两教为一身的颇有代表性的人物。

（本文原载《鲁迅研究月刊》1993年第12期）

---

① 《鲁迅全集》第9卷，《中国小说史略·第十七篇明之神魔小说（中）》，人民文学出版社1981年版，第166页。

② 《续金瓶梅》第四十三回。

③ 《鲁迅全集》第9卷，《中国小说史略·第十九篇明之人情小说（上）》，人民文学出版社1981年版，第185页。

论中国人的神灵观
——鲁迅与道教研究一得

　　道教认为，道生神，道无所不在，故亦认为神无所不在，所谓有物即有神，有形即有神。因此道教带有浓厚的万物有灵论和泛神论色彩，属多神教，信奉的神仙很多。这些神仙除道教自己所造之外，还不断从民间信仰中吸收新神，编入其神仙系谱，又推广于民间。南朝道士陶弘景的《真灵位业图》，一气收入了五百多位神，把道教的古仙、各派的祖师和传人，古帝王、古圣人，传说中的道士、方士统统会集在一起，其中大部分是魏晋以前的民间俗神，建立了道教的神谱。这是道教思想在民间影响最为深广的方面。多神崇祀的古老的信仰，从远古以来就源源不绝地渗入民族文化心理的深层，可谓根深而蒂固。人们把现实生活中无力解决或向往实现的问题，诸如雨旸、丰歉、疾疫、灾祸、生儿育女，乃至发财致富、功名寿考等的追求，都寄希望于神灵的佑助。明清时代，大大小小的各种神庙遍布于城乡，祀神活动在民间十分兴盛，在社会生活中起着重要的作用，但这类活动未必由道士主持。鲁迅在一些文章中，提及道教的这一特点；尤为值得重视的是，他通过民间对神灵的不同态度，深刻地剖析了中国人在处世待人方面的心理性格特点。鲁迅说："中国人的对付鬼神，凶恶的是奉承，如瘟神和火神之类，老实一点的就要欺侮，例如对于土地和灶君。"[1]

　　────────
　　[1]《鲁迅全集》第3卷，《华盖集续编·谈皇帝》，人民文学出版社1981年版，第252页。

鲁迅把中国的神分为"凶恶"与"老实"两种，认为中国人对这两种神采取的是"奉承"与"欺侮"两种截然相反的态度。下面，我们就来看看鲁迅的论述。

火神，传说不一。一说指祝融。帝喾时的火官，后尊为火神，命曰祝融。《国语·郑语》："夫黎为高辛氏火正，以淳耀敦大，天明地德，光照四海，故命之曰'祝融'，其功大矣。"《山海经·海外南经》："南方祝融，兽身人面，乘两龙。"郭璞注："火神也。"一说指回禄。《左传·昭公十八年》云："禳火于玄冥、回禄。"注："回禄，火神。"疏："楚之先，吴回为祝融，或云回禄即吴回也。"《山海经·大荒西经》："有人名曰吴回，奇左，是无右臂。"郭璞注："吴回，祝融弟，亦为火正也。"我国传说中的火神祝融、回禄等，他们的名字也用作火灾的代称。

鲁迅把火神称为凶恶的神，"是随意放火的莫名其妙的东西"[1]。自从我们的先人发现了火，也就有了火灾，有了故意放火的人。鲁迅说，至于火灾，虽然不知道那发明家究竟是什么人，但祖师总归是有的，于是没有法，只好漫称之曰火神，而献以敬畏。看他的画像，是红面孔，红胡须，不过祭祀的时候，却须避去一切红色的东西，而代之以绿色。"他大约像西班牙的牛一样，一看见红色，便会亢奋起来，做出一种可怕的行动的。"鲁迅说，"他因此而受着崇祀。"在中国，传说中钻木取火的燧人氏不被人供奉，民间赛会中也没他的份，而放火的火神却受到敬祀，是赛会的主要角色。这是为什么呢？就因为他是恶神。倘有火灾，则被灾的和邻近的没有被灾的人们，都要祭火神，以表感谢之意。为什么被灾了还要表示感谢？因为如果不祭，据说还会烧第二回，所以还是感谢了安全。"火神菩萨只管放火，不管点灯。凡是火着就有他的份。因此，大家把他供养起来，希

---

① 《鲁迅全集》第6卷，《且介亭杂文·关于中国的两三件事》，人民文学出版社1981年版，第7页。

望他少作恶。然而如果他不作恶，他还受得着供养么，你想？"①

鲁迅还结合斗争实际，引古说今，列举了焚书的秦始皇、一把火烧了阿房宫的项羽、放火焚烧罗马城的罗马皇帝尼禄以及制造"国会纵火案"的希特勒等，指出"火神菩萨也代代跨灶"，抨击日本侵略者和国民党反动派焚烧劫掠、残杀人民的罪行："一场大火，几十里路的延烧过去，稻禾，树木，房舍——尤其是草棚——一会儿都成飞灰了。还不够，就有燃烧弹，硫磺弹，从飞机上面扔下来。像上海'一·二八'的大火似的，够烧几天几晚。那才是伟大的光明呵。"②他们如此屠杀百姓，还自称保护人民，要人民把他们供养起来，"屠了耕牛喂老虎"。鲁迅尖锐地揭露了反动派凶残而狡诈的本质。

除过普遍祭祀的恶神如火神、瘟神外，还有地方上的一些小神，也是因恶行而受祭的。鲁迅在《朝花夕拾》的《五猖会》中，说在绍兴的东关，有两座特别的庙，一是梅姑庙，一是五猖庙。何以说"特别"呢？请看这梅姑庙的来历，《聊斋志异》中的《金姑夫》篇有详细介绍：

> 会稽有梅姑祠，神故马姓，族居东莞，未嫁而夫早死，遂矢志不醮，三旬而卒。族人祠之，谓之梅姑。丙申，上虞金生赴试经此，入庙徘徊，颇涉冥想。至夜，梦青衣来，传梅姑命招之，从去。入祠，梅姑立候檐下，笑曰："蒙君宠顾，实切依恋，不嫌陋拙，愿以身为姬侍。"金唯唯。梅姑送之曰："君且去；设座成，当相迓耳。"醒而恶之。是夜，居人梦梅姑曰："上虞金生，今为吾婿，宜塑其像。"诘旦，村人语梦悉同。族长恐玷其贞，以故不从；未几一家俱病，大惧，为肖像于左。既成，金生

---

① 《鲁迅全集》第4卷，《南腔北调集·火》，人民文学出版社1981年版，第600页。
② 《鲁迅全集》第4卷，《南腔北调集·火》，人民文学出版社1981年版，第601页。

告妻子曰："梅姑迎我矣！"衣冠而死。妻痛恨，诣梅祠指女像秽骂，又升座批颊数四乃去。今马氏呼为金姑夫。①

这位生前"矢志不醮"的梅姑，死后却要篡取别人的丈夫，族长不愿塑金生的像，她就令其"一家俱病"。人们因为"大惧"才遂了她的心愿。这位梅姑，也算得上个不讲理的"凶神"了。"现在神座上确塑着一对少年男女，眉开眼笑，殊与'礼教'有妨。"②

这"五猖庙"的名目就很"奇特"，因为供奉的据说是五通神。五通是旧时民间传说的妖邪之神，谓能为祟于人。本是兄弟五人，唐末已有香火，庙号"五通"。《聊斋志异》中的《五通神》，谓其多淫邪不轨，魅惑妇女，乡人畏之，故香火甚盛。清康熙年间，汤斌为江宁巡抚，曾毁像撤祠，以破除淫祀，然亦未能尽绝。鲁迅记述当时五猖庙说："神像是五个男人，也不见有什么猖獗之状；后面列坐着五位太太，却并不'分坐'，远不及北京戏园里界限之谨严。"

对于"恶神"反而受崇祀的现象，鲁迅的《拿破仑与隋那》一文，也表述了同样的意思：拿破仑的战绩，和我们大家没什么相干，但我们却总敬服他的英雄。而牛痘接种的创始人隋那，在世界上不知救活了多少孩子，但却没有谁能记得他的名字。这说明，"杀人者在毁坏世界，救人者在修补它，而炮灰资格的诸公，却总在恭维杀人者。"③

鲁迅从中国人的心理性格方面深挖"恶神"受祀的原因。他认为，中国的人们，遇见带有会使自己不安的朕兆的人物，向来就用这样手法：或者将他压下去，或者将他捧起来。压下去，就是用旧习

---

① 《聊斋志异·金姑夫》。
② 《鲁迅全集》第2卷，《朝花夕拾·五猖会》，人民文学出版社1981年版，第262—263页。
③ 《鲁迅全集》第6卷，《且介亭杂文·拿破仑与隋那》，人民文学出版社1981年版，第142页。

惯和旧道德，或者凭官方的力量，所以"孤独的精神的战士"，虽然为民众战斗，却往往为这"所为"而灭亡。待到压不下时，就采用"捧"，以为"招之使高，屩之使足，便可以于己稍稍无害，得以安心"。鲁迅指出，"压"和"捧"是祖传老法。这种手法，"是孔二先生的先生老聃的大著作里就有的，此后的书本子里还随时可得"①。所谓"老聃的大著作里就有的"，指《老子》中的"将欲歙之，必固张之；将欲弱之，必固强之；将欲废之，必固兴之；将欲夺之，必固与之"②一类的话。意思是说：原来想这样干的，故意先反其道而行之。"此后的书本子里还随时可得"，鲁迅曾举《鬼谷子》为例："往日看《鬼谷子》，觉得其中的谋略也没有什么出奇，独有《飞钳》中的可'钳而从，可钳而横，……可行而反，可行而覆。虽覆能复，不失其度'这一段里的一句'虽覆能复'很有些可怕。但这一种手段，我们在社会上是时常遇到的。"③鲁迅在和创造社的论争中，有的文章一方面说鲁迅是"正直"的，一方面又觉得词锋太有点尖酸刻薄等。鲁迅说："其实所断定的先两回的我的'正直'，也还是死了已经两千多年了的老头子老聃先师的'将欲取之必先与之'的战略，我并不感服这类的公评。陈西滢也知道这种战法的，他因为要打倒我的短评，便称赞我的小说，以见他之公正。"④"可压服的将他压服，否则将他抬高。而抬高也就是一种压服的手段"⑤，鲁迅认为正由于被捧者"十之九不是好东西"，他们的心"本来不易屩足"，而捧的结果，便和捧者的希望"适得其反"，不但能使不安，

①《鲁迅全集》第3卷，《华盖集·十四年的"读经"》，人民文学出版社1981年版，第128页。

②《老子》第36章。

③《鲁迅全集》第3卷，《华盖集·补白》，人民文学出版社1981年版，第164页。

④《鲁迅全集》第4卷，《三闲集·我的态度气量和年纪》，人民文学出版社1981年版，第109页。

⑤《鲁迅全集》第3卷，《华盖集·我的"籍"和"系"》，人民文学出版社1981年版，第83页。

还能使他们很不安。鲁迅这里剖析了在传统思想影响下所形成的中国人性格上的一个弱点，就是缺乏明确的是非观点。没有鲜明的爱憎，缺少与恶势力斗争到底的精神，遇事爱调和，折中，敷衍，得过且过。鲁迅尖锐指出：对于压迫人民的恶势力尤其不能"捧"，而要"挖"——就像常挖河底使河道畅通而不必担忧河堤溃决，才能免除灾难。因此，"中国人的自讨忧吃的根苗在于捧，'自求多福'之道却在于挖"①。这是我们"乏的古人"想了几千年而得到的制驭别人的巧法，影响极为深远。鲁迅指出："但在一般粗人——就是未尝'读经'的，则凡有捧的行动的'动机'，大概是不过想免害。即以所奉祀的神道而论，也大抵是凶恶的，火神瘟神不待言，连财神也是蛇呀刺猬呀似的骇人的畜类；观音菩萨倒还可爱，然而那是从印度输入的，并非我们的'国粹'。要而言之：凡有被捧者，十之九不是好东西。"②

　　既然面对强者、恶者不敢抗争，那么对于弱者、善类，就常难免不恭甚至欺侮。因此，中国人对于"老实"一点的神，虽貌似敬信，实际上以为这些神总比人们傻，"所以就用特别的方法来处治他"。这"特别"的方法，就是捉弄、调侃，虽然从中也可以看到中国人的幽默感，但却反映了国民性格上欺弱怕强的弱点。

　　被鲁迅称为"老实一点"的神有灶君和土地。灶君亦称灶神、灶王。灶君在道教的民间信仰中，影响十分广泛，过去民间多供奉于灶头。灶君由来众说不一。《淮南子·氾论训》："炎帝作火，死而为灶。"高诱注说："炎帝，神农，以火德王天下，死托祀于灶神。"《庄子·达生》："灶有髻。"司马彪注："髻，灶神，著赤衣，状如美女。"灶神作为中国古代神话传说中的神祇，已有很久的历史，《战国策·赵策三》中有"梦见灶君"的话。祭灶风习亦由

①《鲁迅全集》第3卷，《华盖集·这个与那个》，人民文学出版社1981年版，第141页。

②《鲁迅全集》第3卷，《华盖集·这个与那个》，人民文学出版社1981年版，第140页。

来甚早，《论语·八佾》中王孙贾就有"媚奥媚灶"之问。灶君的形象，据说最初为"老妇"，主管饮食事务。到了汉代，祠灶成了求神仙的方术，可能由于这个缘故，灶神信仰以后就成了道教的一部分，并且和古代的司命之职能合在一起了。后来灶君也变成了男神，有名有姓，并有妻子儿女。有说灶君姓张名单，有的则说姓苏名吉利。

灶在古代有着重要的作用和意义。由于火的极端重要性，原始人就有祭火的风俗，而古代的灶曾是保存火种的形式，《礼记·檀弓上》叙述丧仪时说："掘中霤而浴，毁灶以缀足。"孔颖达疏："中霤，室中也，死而掘室中之地作坎……。一则此室无死者之用，二则以床架坎上，尸于床上浴，令浴汁入坎。故曰掘中霤而浴也。""毁灶"是"示死者无复饮食之事"。"缀足"是"恐死人冷僵，足辟戾不可著屦，故用毁灶之甓。连缀死人足令直，可著屦也"。由此可见，"毁灶"是一件严重的事，它的象征意义是连人带家全毁灭了。鲁迅小说《离婚》中有把"拆灶"作为报复手段的描写。八三说："去年我们将他们的灶都拆掉了，总算已经出了一口恶气。"旧时绍兴等地农村有一种风俗，即当民间发生纠纷时，一方将对方的锅灶拆掉，认为这是给对方很大的侮辱。这里的"拆灶"与古代的"毁灶"，可以说有着同样的象征意义。[①]

传统迷信认为，坐镇千家万户的灶君，不仅主管人间饮食，而且还操一家生死祸福大权，随时伺察人们的言行举止，搜录功过善恶，每年于腊月二十三日上天向玉皇大帝汇报，玉皇大帝根据灶神的汇报，做出审判，为善者得福，有过者遭殃。因此，人们在灶君面前都规规矩矩，既不让灶君抓住把柄，又给灶君留下好的印象，以便灶君为自己在玉皇大帝面前多美言几句。很显然，中国人的迷信和亲近灶君，直接与其对生活及生存利益的考虑有关。

---

① 刘玉凯：《鲁迅小说的民俗学价值》，《鲁迅研究》第14辑。

灶君既然是天神的使者，与全家的吉凶祸福有关，平时对灶君的供奉，特别是腊月二十三日祭送灶君上天，就是十分重要的事了。周遐寿在《鲁迅的故家》"祭灶"一章里，对绍兴乡下祭灶的风俗有较详细的记述。他说："灶头最热闹的时候当然是祭灶的那一天。祭灶的风俗南北没有多大差异，……乡下一律是廿三日送灶，除酒肴外特用一鸡，竹叶包的糖饼，《雅言》云胶牙糖，《好听话》则云元宝糖。俗语直云堕贫糖而已。又买竹灯檠名曰各富，糊红纸加毛竹筷为杠，给司灶菩萨当轿坐，乃是小孩们的专责。那一天晚上，一家大小都来礼拜，显得很是郑重。"鲁迅对家乡的这个习俗是很熟悉的。1900年，鲁迅从南京的学堂放年假回来，在祭灶的那一天作了一首旧诗，题目是《庚子送灶即事》：

只鸡胶牙糖，典衣供瓣香。

家中无长物，岂独少黄羊。

这是祭灶民俗的生动描绘。胶牙糖即麦芽糖，为祭灶的祭品之一。《荆楚岁时记》："元日食胶牙糖，取胶固之义。"黄羊，则是送灶时的高贵礼物。这个故事最初见于《后汉书·阴识传》，说汉宣帝时，阴识的祖父阴子方，"至孝而有仁恩，腊日晨炊而灶神形见，子方再拜受庆；家有黄羊，因以祀之。自是已后，暴至巨富。……故后常以腊日祭灶而荐黄羊焉"。《康熙会稽志》：绍兴习俗，"祭灶品用糖糕、时果或羊首，取黄羊祭灶之义"。鲁迅在这首诗里道出了家境的困顿，我们也可以从中看到祭灶习俗的深入人心，即使贫穷的家庭，虽然没有黄羊，但还是要典当衣物买办香烛，要例行祭灶。

中国人对灶君虽然如此敬信，但因他老实，就免不了要捉弄、要戏谑他。为了防止灶君到玉皇大帝那儿说人的坏话，最好就是让他不能开口，不开口的办法，就是吃一种"胶牙糖"，即"麦芽糖"，把他的口胶住。这糖块有柑子那么大小，扁的，像一个厚厚的小烙饼。鲁迅说，供奉这种糖的本意，"是在请灶君吃了，粘住他的牙，使他不能调嘴学舌，对玉帝说坏话"①。这样，灶君虽上了天，但满嘴是糖，在玉皇大帝面前含含糊糊地说了一遍，又下来了。玉帝则对下界的事一点也听不懂，一点也不知道，于是一切照旧，天下太平。

与灶君同样可以向天帝报告人的过失的，还有"三尸神"。鲁迅以道士们对付三尸神为例，说明中国人对于鬼神的手段的厉害。道教认为，人体中有三条虫，或称"三尸神"。神话小说《封神演义》中常说的"三尸神暴躁，七窍生烟"的三尸神，也就是这东西。上尸神名彭倨，常居人头中；中尸神名彭质，居人腹中；下尸神名彭矫，在人足中。《太上三尸中经》云："人之生也，皆寄形于父母胞胎，饱味于五谷精气。是以人之腹中，各有三尸九虫，为人大害。常以庚申之夜上告天帝，以记人之造罪，分毫录奏，欲绝人生籍，减人禄命，令人速死。"三尸神上天向天帝陈说人的罪恶，时间是固定的，即每逢庚申那天；但只要人们在这天晚上通宵不眠，便可避免，这叫作"守庚申"。中国古代以天干、地支记日期。干支相配，凡六十日一轮回，其中有六个庚日（庚午、庚辰、庚寅、庚子、庚戌、庚申），庚申日即六庚之一。《太上三尸中经》云："凡至庚申日，兼夜不卧守之，若晓体疲，少伏床，数觉，莫令睡熟，此尸即不得上告天帝。"鲁迅说，人们"只要这一日不睡觉，他便无隙可乘，只好将过恶都放在肚子里，再看明年的机会了。连胶牙饧都没得吃，他实在比灶君还不幸，值得同情"②。

与灶君同属于"老实"的神，鲁迅指出还有土地。土地俗称土地爷。鲁迅多次提及家乡绍兴的"社戏"，这"社戏"里的"社"，原

---

① 《鲁迅全集》第3卷，《华盖集续编·送灶日漫笔》，人民文学出版社1981年版，第247页。

② 《鲁迅全集》第3卷，《华盖集续编·送灶日漫笔》，人民文学出版社1981年版，第249页。

指土地神。古时"社"又是村落或区域的名称。每个社有社庙，庙里供着土地神，就是土地庙。阿Q栖身的土谷祠，就是土地庙。在道教神谱系中，土地属于最低档次的神祇，其顶头上司是城隍神。他的权力有限，作为村落保护神，管理范围仅限于某一小区域。民间土地庙供奉的土地神，一般为黑衣白发老翁，面目和善慈祥，旁边伴有一老妇，俗称土地婆婆。人们对于土地爷，一般的也是尊重不足，亲昵有加，表现了人类与土地神的密切关系。

（本文原载《人文杂志》1994年第4期）

鲁迅论面子文化

作为"针砭民族性的国手"的鲁迅先生在一生中，对国民的弱点进行了毫不容情的揭发和批判。其中的一个方面，就是对面子文化对中国人行为和心理产生的消极影响的批判。

一

中国人爱面子、重面子，面子意识特别强，这是举世公认的。对这一特点较早、较多地进行研究的，主要是一些外国人。近代美国传教士斯密斯在其《中国人气质》（1894年）一书中指出，面子是"打开中国人许多最重要特性这把暗锁的一把钥匙"[①]。许多外国人认为，面子这一事很不容易懂，但却是"中国精神的纲领"[②]。日本有人认为，面子是一种存在于中国人中间，使日本人格外始终无法理解的强韧的主张。"假如说，中国人以生命维护'面子'，未免有些夸张，

---

① 转引自张梦阳：《鲁迅与斯密斯〈中国人气质〉》，《鲁迅研究资料》第 11 辑，天津人民出版社 1983 年版，第 323 页。

② 《鲁迅全集》第 6 卷，《且介亭杂文·说"面子"》，人民文学出版社 1981 年版，第 126 页。

但其重视的程度，可以说仅次于生命。"①近代以来，面子也引起不少中国人的重视。严复在中西文化比较中所提出的"中国人亲亲，而西人尚贤；中国以孝治天下，而西人以公治天下。……中国美谦屈，而西人务发舒；中国尚节文，而西人乐简易"②等，都与中国人的面子意识有关。梁漱溟在谈到"中国文化个性极强"时，总结了历史上比较公认的十种观点，其中第三种为"爱讲礼貌"：一面指繁文缛节，虚情客套，重形式，爱面子以至于虚伪；一面亦指宁牺牲实利而要面子，为争一口气而倾家荡产等。③林语堂认为，在中国，脸面"比任何其他世俗的财产都宝贵。它比命运和恩惠还有力量，比宪法更受人尊敬"。研究中国人心理上的面孔，"触及到了中国人社会心理最微妙奇异之点"，它"是中国人调节社会交往的最细腻的标准"④。庄泽宣在其《民族性与教育》一书中认为："中国民族因为喜欢文饰，所以最讲面子，不讲实际。看重名义和顾全面子的思想几千年来不断地支配了中国民族的心理，在日常生活中，随处都可表现。"鲁迅说，外国人认为"支那人的重要的国民性所成的复合关键，便是这'体面'"。"我们试来博观和内省，便可以知道这话并不过于刻毒。"⑤正由于面子对中国人的心理和行为产生了极其重大的影响，在中国人性格的形成中有着重要的作用。或者说，它是中国人特有的心理和行为，因此在中国，面子可以说是一种独特的文化现象，需要而且应该认真研究和探索。在现代，鲁迅是较早研究面子文化的中国人之一。

对于面子的含义，至今尚没有统一的看法。鲁迅指出，我们在谈话中常常听到"面子"这个词，因为好像一听就懂，所以细想的人不

---

① 《"面子"和"门钱"》，《鲁迅研究资料》第3辑，文物出版社1979年版，第47页。

② 严复：《论世变之亟》，《严复集》第1卷，中华书局1986年版，第3页。

③ 转引自沙莲香主编：《中国民族性（一）》，中国人民大学出版社1989年版，第297页。

④ 林语堂：《中国人》，浙江人民出版社1988年版，第174—175页。

⑤ 《鲁迅全集》第3卷，《华盖集续编·马上支日记》，人民文学出版社1981年版，第326页。

多。但面子究竟是怎么一回事，一想就觉得糊涂。他认为，"它像是很有好几种的，每一种身份，就有一种面子"①。就是说，面子是不同身份的相应表现。鲁迅对面子虽没有做出严格的明确的定义，但他的说法却抓住了面子的实质，即它与人的身份、地位相联系。我们说，面子意识是中国人民族性格的一个方面，是传统文化心理结构的一个部分。从社会心理学的角度看，面子是中国人在社会交往时依据自我评价，希望自己在别人心目中所应有的心理地位。②

"面子"一词含义很复杂、微妙，要确切地弄清它，还应区分它与脸以及情的关系。

面子与脸，两者是有区别的。面子更多的是与社会地位、声望联系在一起，而脸往往是和人格的尊严、人的形象有关系。说一个人"不要脸""没有脸"是最厉害的骂人的话，是极大的侮辱，等于说他下流、不道德。脸与面子的不同，可从与其搭配的词组的含义上看出来，如"丢脸""不要脸""给×××丢脸""没有脸见人""翻脸"等，都是与自己在他人面前的形象如何有关。和面子一起搭配的词有"面子上不好看""给面子""留面子""看面子""争面子""爱面子"等，这些词组的大意都表明了中国人在交往时，双方都在心理上对对方在自己的心目中的分量做了评定后确定出对方"面子"的大小以及自己在对方心目中"面子"的大小。脸并不是中国特有的文化现象，面子才是中国特有的。面子与脸的界限有时也很难区分。有时一个人因为在社会上失"面子"而觉得"丢脸"，也就是觉得失去了人格的尊严。在一般情况下，这两个概念也是可以互换的，或者连用，称为"脸面"。

面子与情，面与情经常连用，谓之面情或情面。鲁迅说："人非

---

① 《鲁迅全集》第6卷，《且介亭杂文·说"面子"》，人民文学出版社1981年版，第116页。

② 参见翟学伟：《中国人际心理初探——"脸"与"面子"的研究》，《江海学刊》1991年第2期。

木石，岂能一味谈理，碍于情面而偏过去了，在这里正有着人气息。况且中国是一向重情面的。何谓情面？明朝就有人解释过，曰：'情面者，面情之谓也。'自然不知道他说什么，但也就可以懂得他说什么。"[1]中国传统道德规范，都是以人与人之间的情意作为基本出发点，然后经过理性的过滤，用礼加以调适、约束而成，正所谓"发乎情，止乎礼"。因此，中国传统道德人情化的倾向便特别明显，其中尤注重人与人之间的特殊关系以及由此而来的特殊情感，即所谓的内外有别、亲疏有序。显然，这种人情，是指对熟悉或友好的人表示情谊；一点不熟悉的人之间，则是无人情可言的。面子与人情关系十分密切。给人面子容易争取人情，伤人面子则极易伤害人情。社会上一般所说的人情，即为熟人或友人的利益和荣誉效劳时，其动机往往是为了自己的利益，或者是怕人与自己作对。反映在人际关系中即保持和谐，既要使自己"脸上有光"，又要顾全别人的"面子"，遇到矛盾时要避免正面冲突，以和合为重。请客送礼、歌功颂德等，都是做人情亦即给人面子的表现。这样，使得中国人的人际关系推崇信用与和谐，带有浓厚的人情味，较为稳固持久。但它的负面影响也是严重的，即在人们交往中，凡事重情不重理，认亲不认法等。

　　面子作为中国文化特有的现象，包括西方人难于理解的某些方面。但是，结合西方心理学的一些知识，可以进一步加深我们对面子的认识。荣格的"人格面具"理论对我们就有启发。在西方心理学中，"人格"一词来自拉丁文面具（Persona）。面具是在戏台上扮演角色所戴的特殊脸目，它表现剧中人物的身份。"把面具指义为人格，实际上说明两层意思：（1）一个人在生活舞台上演出的种种行为；（2）一个人真实的自我。把人格说成是面具那样的东西，说明人格就是表现于外的、在公众场合上的自我。我们把自己显示于世界的

---

[1]《鲁迅全集》第3卷，《华盖集续编·送灶日漫笔》，人民文学出版社1981年版，第247页。

就是我们的人格。这种说法正好表明人还有由于某些原因不显示的、蕴藏起来的东西。"①瑞士心理学家荣格把"人格面具"视为自我的外延，是人对于社会习俗和惯例向他提出的要求而做出反应时所具备的外壳。它保证一个人能够扮演某种性格，而这种性格却并不一定就是他本人的性格。人格面具是一个人公开展示的一面，其目的在于给人一个很好的印象，以便得到社会的承认。中国人所谈的脸面，大致也包括上述意思。中国人讲究"做人"，这其中有一个含义，就是凡人外显出来的形象不是发自内心，而是工于心计，"做"给别人看的。因此，为迎合社会规范所"做"出的自我形象（面具），往往扼杀了人的本身。生活在现实中的人，适度的面具是必要的，然而过分的面具却可能导致面具悲剧，即面具取代本性，荣格称之为"人格面具的通货膨胀"。

美国社会学家戈夫曼的"戏剧观点"和亚历山大的"情景一致理论"，对我们了解面子含义也很有帮助。戈夫曼将社会交往描绘成戏剧表演，所以每个人都有与他人协调表现自己的方式，必须在社会环境中维持适当的形象，以确保获得他人的良好评价。按照这种理论，中国人在复合关系中的表演只是"舞台行为"，这种舞台行为在中国社会就是脸面，这种表演在中国的习语中叫"会做人"。而真诚的"后台行为"只有在感情关系中才会表现出来。戈夫曼的戏剧观点与亚历山大的情景一致理论很相似。情景一致理论认为，在特定的社会环境下，人们都有一套特殊的与该情景一致的行为模式。这种行为模式是与具体的情景相联系的，因情景而异。应该注意的是，"这些理论的基本观点和研究发现似乎是可取的。但是将它们应用于像中国这样的东方文化中，必须考虑其稳定地位及等级结构的特点"②。

---

① 陈仲庚：《人格心理学》，辽宁人民出版社 1986 年版，第 1—2 页。

② ［英］迈克·彭等著，邹海燕等译：《中国人的心理》，新华出版社 1990 年版，第 211 页。

鲁迅对于面子文化的论述，有三个特点：一是从改造国民性的目的出发，将此作为中国国民性羸弱的一个部分进行挖掘和批判；二是主要揭发面子文化的消极面的影响；三是指出面子文化对广大人民群众的影响，但主要矛头是指向剥削阶级，指向那些"上等人""大人物"。

二

鲁迅指出，"面子"一词初见于小说，乃从明代开始，其前则不常遇到。"我想，它大抵和文言的'体统'一词含义相同。我想恐怕先是'体统'变成'体面'之类的词，然后在社会上又变成了'面子'一词。""一种事物有一种事物的'体统'。如果遭到损坏，就失去存在的价值。'体统'一词说来难懂，于是社会上就变成'面子'一词。'面子'一丢，其人的价值随之亦尽，而价值一无，就等于失去生存的主张，因而'面子'一事颇受重视。"①鲁迅对"面子"一词的来源演变做了研究考证。影响既深且广的面子文化，自然是中国文化长期积淀的结果，有其产生和发展的深刻的社会历史原因，从鲁迅的有关论述看，主要有以下几个方面：

第一，家族制度。

中国传统社会是以小农经济为主体的农业社会，其主要特征是自给自足、男耕女织和以分散的、个体的家庭为基本生产单位。这一经济结构表现在社会方面，就形成了以家庭（家族）为基础的社会结构。父权统治下的家庭是中国古代社会的细胞。鲁迅指出："有人说，中国的国家以家族为基础，真是有识见。"②中国人的"家"的大小又有很大的伸缩性，"自家人"可以包罗任何要拉入自己的圈子的

---

① 《"面子"和"门钱"》，《鲁迅研究资料》第3辑，第48页。

② 《鲁迅全集》第5卷，《准风月谈·礼》，人民文学出版社1981年版，第305页。

人；推而广之，天下也是"一家"。

维护家族秩序的是孝。孝为百行之先。孔子说："夫孝，德之本也，教之所由生也。"①族权又与政权紧密结合。从父权制出发，移孝为忠，事君如事父，便衍化出一套"三纲""五常"的礼教制度，并以此巩固封建统治。这就是所谓的"修身齐家治国平天下"。浓厚的家族意识，使中国人对家族的责任感、义务感、荣誉感非常强烈。"立身行道，扬名于后世，以显父母，孝之终也。"②在处理个人和家族关系时候，处处要以家族利益为重。个人的一切努力，都是为了兴家立业，为祖宗争光。"一人得道，鸡犬升天"与"一人犯罪，株连九族"，从两个不同方面说明了同一个道理。这一关系又延伸到亲朋、乡里。项羽念念不忘"衣锦还乡"，不只是个人的夸耀，还在于这是为亲朋、乡里争了光；而他的"无面目见江东父老"，原因也是自己的失败给亲朋、乡里带来耻辱。光宗耀祖是中国古人重要的生活目的。个人必须以自己的良好形象（脸面）维护家族的荣誉并为之争光，万万不能给先人、给家族"丢脸"。因此，在封建社会，人们是十分崇敬祖宗的。上等人"大重门第""发狂似的讲究阀阅，区别等第"；不仅过去如此，"中国人至今还有无数'等'，还是依赖门第，还是依仗祖宗"③。上等人如此，草野小民也深受影响。阿Q在和别人口角的时候，间或瞪着眼道："我们先前——比你阔的多啦！"似乎祖上的"阔"也使今天一贫如洗的他阔了起来，足以傲人。赵太爷打了阿Q一个嘴巴："你怎么会姓赵！——你那里配姓赵！"认为阿Q姓赵是姓赵的家族的耻辱。"衰败人家的子弟，看见别家兴旺，多说大话，摆出大家架子；或寻求人家一点破绽，聊给自己解嘲。"④

---

① 《孝经·开宗明义章》。

② 《孝经·开宗明义章》。

③ 《鲁迅全集》第1卷，《坟·论"他妈的！"》，人民文学出版社1981年版，第234页。

④ 《鲁迅全集》第1卷，《热风·随感录三十八》，人民文学出版社1981年版，第312—313页。

中国人这种强烈的家族意识以及光宗耀祖的观念，是面子意识产生的一个重要原因。

第二，维护封建等级制度的礼。

鲁迅说："中国原是'礼仪之邦'，关于礼的书，就有三大部。"又说："中国又原是'礼让为国'的，既有礼，就必能让，而愈能让，礼也就愈繁了。"①礼是什么？《礼记·曲礼》中说："夫礼者，所以定亲疏，决嫌疑，别同异，明是非也。"也就是说，礼的核心是别尊卑，明贵贱，区分上下、亲疏、长幼、男女。所谓"天有十日，人有十等""贵贱无序，何以为国"。因此，礼是维护宗法等级制度的社会秩序和规范，也是维护等级社会而采取的组织制度和措施。君臣父子、文武百官、士农工商、庶民百姓等，礼的规定是非常严格的，人必须按礼来办事，把自己约束在一种人际关系规范里，越"礼"是不行的。正如鲁迅所说："我们自己是早已布置妥帖了，有贵贱，有大小，有上下。"②在这种伦理哲学影响下的民族心态，是人与人的关系高于一切。君臣、父子、夫妇、兄弟姊妹、亲朋、邻里之间，组成了一个多维的、多层次的、纵横交错的关系网。每个人都在这网中占据一定的位置，所以人们的荣辱升迁，都与他人有着紧密的关系。

在鲁迅看来，讲面子是封建等级制度的产物，如果一讲平等，双方都会觉得失"礼"，也就是失了"面子"。不同等级即不同身份，各有自己的面子，这面子有一条界限，如果落到这线的下面，即"失了面子"，但倘使做出了这线以上的事，就"有面子"。例如富家姑爷坐在路边赤膊捉虱子，就是"丢面子"，而车夫坐在路边赤膊捉虱子并不算什么，要是给老婆踢了一脚，就躺倒哭起来，这才成为"丢面子"。这种讲面子的心理，有助于维持贵与贱、大与小、上与下的

---

① 《鲁迅全集》第5卷，《准风月谈·礼》，人民文学出版社1981年版，第305页。

② 《鲁迅全集》第1卷，《坟·灯下漫笔》，人民文学出版社1981年版，第215页。

界限，"一级一级的制驭着，不能动弹，也不想动弹了"①。鲁迅曾讲过"堕民"，虽是已被解放的奴才，但他们每年还去主人家帮忙，如果主人叫他们不要去，他们还会觉得受了"侮辱"，没给"面子"。②

第三，伦理道德至上的观念。

以儒家为主体的中国传统文化，从总体上说是一种伦理型文化，强调道德的重要性。儒家有"三不朽"说：立德、立功、立言。"太上为立德"，"德"是最重要的。人生价值中，道德生活是最高尚的，对道德生活的追求是实现人生最高目标和价值的唯一途径，因此道德生活绝对高于物质生活。为了道德，即使在物质上付出极大的代价，也是在所不辞的。传统文化特别强调道德力量在人格中的重要性，对理想人格是从"无德""有德"这个层面界定的，没有"道德"的人在社会上是无法立足的。社会上推崇的"圣人""贤人""君子"，都是追求道德生活的典范，而追逐物质生活的人一概被斥为"小人"。传统文化提倡人格的自我完善，而且认为只要通过个人的诚意、内省，完全可以达到"人皆可以为尧舜""涂之人可以为禹"。但是，这种人格所具有的道德精神，有着鲜明的"他律"性质，即人们之所以遵行某种道德规范，并非一种理性的自觉，主要是在外在评价力量（他人）的迫使下去循规蹈矩、礼让恭谦的，如孔子说的"非礼勿视，非礼勿听，非礼勿言，非礼勿动"③，子贡说的"君子之过也，如日月之蚀焉；过也，人皆见之；更也，人皆仰之"④，曾子说的"十目所视，十手所指，其严乎"⑤，以及我们常说的"人言可畏""众口铄金"等，都是这种他律精神的体现。鲁迅在《中国

---

① 《鲁迅全集》第 1 卷，《坟·灯下漫笔》，人民文学出版社 1981 年版，第 215 页。

② 《鲁迅全集》第 5 卷，《准风月谈·我谈"堕民"》，人民文学出版社 1981 年版，第 217 页。

③ 《论语·颜渊》。

④ 《论语·子张》。

⑤ 《大学》。

小说史略》中谈到《世说新语》一书产生的社会背景时指出："汉末士流，已重品目，声名成毁，决于片言，魏晋以来，乃弥以标格语言相尚，惟吐属则流于玄虚，举止则故为疏放，与汉之惟俊伟坚卓为重者，其不侔矣。"重伦理道德的价值取向，对中华民族的国民性格产生了极为深刻的影响，千百年来，中国人已习惯于用道德的眼光来评判衡量一切。正由于他人的评价是道德行为的原动力，所以中国人就非常关心别人对他们的行为的看法（鲁迅曾在《打听印象》一文中分析了中国人的这种"脾气"），最怕听到耻、辱等字眼，最注意在他人面前保持自己的良好形象，最怕在人前丢掉"面子"。这也是面子意识在中国特别强烈的一个原因。

从面子产生的社会历史原因及文化传统看，它作为中国人心理深处处理人际关系、塑造自我形象的一个最基本的准则，是为了满足中国传统社会中的礼治需要而发挥其独特功能的，使人做到"忠恕""忍让""恭敬""温顺"等，保持人际关系的和谐；同时，面子在运用中的成功，也会给人的心理带来极大的满足和平衡，起到补偿作用。但是，面子文化所带来的负面影响，如重名轻实、喜欢文过饰非、追求虚名、注重形式以及人际交往中的虚伪客套等，也是不可忽视的，成为国民性格中应该克服的方面。

三

对于面子文化对中国国民性的负面影响，鲁迅主要从以下四个方面进行了揭示和批判：

其一，做事如做戏。

斯密斯在《中国人气质》中说，中国人是颇有点做戏味的民族，精神略有亢奋，就成了戏子样，一字一句，一举手一投足，都装模作样，出于本心的分量，倒还是撑场面的分量多。原因是什么？他认为是太重体面的缘故，总想将自己的体面弄得十足，所以敢于做出这样的言语动作来。鲁迅同意这个看法。他说，中国过去戏台上的好对联，是"戏场小天地，天地大戏场"，即把世间一切事都看得不过是一出戏。既然是戏，就不必认真了。他把那种总要摆出和内心两样的架子来的人，称为"做戏的虚无党"或"体面的虚无党"。他认为，日本之所以强盛，"这是因为日本人是做事是做事，做戏是做戏，决不混合起来的缘故"①。

"一做戏，则前台的架子，总与在后台的面目不相同。但看客虽明知是戏，只要做得像，也仍然能够为它悲喜，于是这出戏就做下去了；有谁来揭穿的，他们反以为扫兴。"②这种做法也就是"撑场面"。所谓场面，就是表面的排场，就是体面、面子；撑，即支持、维持。场面要撑甚至硬撑，就是因为它是虚假的，不实在的，徒有其表，只有通过硬撑才能维持表面的荣光。这就使得敷衍、应付、做形式、充体面等发展起来。正如鲁迅所揭露的，教育经费用光了，却还要开几个学堂，装装门面；全国的人们十之九不识字，然而总得请几位博士，让他对西洋人去讲中国的精神文明；至今还随便拷问、杀头，一面却支撑着几个洋式的"模范监狱"给外国人看。还有，离前敌很远的将军，他偏要大打电报，说要"为国前驱"；连体操课也不愿上的学生少爷，他偏要穿上军装，说是"灭此朝食"；弱不禁风的女士们，戎装托枪，表示抗日；同胞们不去救沦陷的国土，而急着去救月亮；"头儿夸大口，面子靠中坚"③，国民党反动派吹嘘他们在日寇侵略气焰面前"放弃北平"是为了"诱敌深入"，却强要大学生留

---

① 《鲁迅全集》第 4 卷，《二心集·新的"女将"》，人民文学出版社 1981 年版，第 336 页。

② 《鲁迅全集》第 3 卷，《华盖集续编·马上支日记》，人民文学出版社 1981 年版，第 327 页。

③ 《鲁迅全集》第 4 卷，《南腔北调集·学生和玉佛》，人民文学出版社 1981 年版，第 477 页。

在北平来维持他们的面子；等等。

其二，重名轻实。

重面子必然重名。"人大抵愿意有名，活的时候做自传，死了想有人写讣文，做行实，甚而至于还'宣付国史馆立传'。人也并不全不自知其丑，然而他不愿意改正，只希望随时消掉，不留痕迹，剩下的单是美点。"[1]名者，实之宾也。但是过分讲求面子，就难免出现重名轻实、名实不符的现象。孔子的弟子子路在与卫国蒯聩的党羽打斗时，帽子掉了，说："君子死，冠不免。"结缨而死。为了"君子"的美名送掉了性命。鲁迅说，子路确是位勇士，但就是有点迂。"掉了一顶帽子，又有何妨呢，却看得这么郑重，实在是上了仲尼先生的当了。"[2]中国人有时候为了博得虚名，竟到了不近情理、丧失人性的地步。例如对女子片面要求"节""烈"，"女子死了丈夫，便守着，或者死掉；遇了强暴，便死掉；将这类人物，称赞一通，世道人心便好，中国便得救了"[3]。《儒林外史》中的老秀才王玉辉，以"这是青史上留名的事"鼓励女儿殉节，女儿既殉夫，他大喜，而当入祠建坊之际，"转觉心伤，辞了不肯来"，后又自言"在家日日看见老妻悲恸，心中不忍"。鲁迅认为，这是"描写良心与礼教之冲突，殊极刻深"[4]。

中国某些人爱面子，但又善于变化，弄不好就和"不要脸"混起来了。鲁迅称之为"圆机活法"。比较简单省事的做法就是改名。不管事实真相如何，只要有个好的名称就行了。日本人长谷川如是闲说："古之君子，恶其名而不饮；今之君子，改其名而饮之。"鲁迅

①《鲁迅全集》第6卷，《且介亭杂文二集·论讽刺》，人民文学出版社1981年版，第278页。

②《鲁迅全集》第11卷，《两地书·第一集北京》，人民文学出版社1981年版，第21页。

③《鲁迅全集》第1卷，《坟·我之节烈观》，人民文学出版社1981年版，第117页。

④《鲁迅全集》第9卷，《中国小说史略·第二十三篇清之讽刺小说》，人民文学出版社1981年版，第224页。

以此为例，指出，这也"说穿了'今之君子'的'面子'的秘密"①。这种善于变化又表现在许多方面。例如，北京过去有许多名称不够雅驯的胡同，如劈柴胡同、奶子府、绳匠胡同、蝎子库、狗尾巴胡同、鬼门关等，以后便改名为辟才胡同、乃兹府、丞相胡同、协资库、高义伯胡同、贵人关等。鲁迅说："字面虽然改了，涵义还依旧。……否则，我将鼓吹改奴隶二字为'弩理'，或是'努礼'，使大家可以永远放心打盹儿，不必再愁什么了。"②

讲形式、重面子，在人际交往中就难免产生虚伪、客套。因为以和为贵，办事交往就要给人面子，要顾全对方面子，有时就免不了敷衍，甚至于虚伪；由于自己对人虚伪，便容易产生猜疑心理。鲁国权臣阳货想让孔子来拜他，孔子不去，他便送了孔子一头蒸熟的小猪，迫使孔子到他家来道谢。孔子是去拜谢了，但却是打听阳货不在家时候去的。既符合礼，又避免了与阳货的会见。鲁迅把这"瞰亡往拜"称为经书上的"最巧玩艺儿"。③

其三，盲目自大。

鲁迅认为，辉煌的中国文化长期以来处于领先的地位，没有遇到过可以抗衡的对手，养成了一种"妄自尊大"的心理。又由于中国传统文化把人际关系的和谐和社会的安定作为最高宗旨，强调个体利益必须服从于社会、群体的利益，要求个体通过道德修养达到与社会、群体的协调一致，将个体融化于群体之中，即人只有在群体中才能昭示出自己的存在和全部意义，个人的意志、情感也只有在群体关系中才能体现出来。因此，鲁迅指出，中国人虽然向来有点自大，只

---

① 《鲁迅全集》第6卷，《且介亭杂文·说"面子"》，人民文学出版社1981年版，第128页。

② 《鲁迅全集》第3卷，《华盖集·咬文嚼字（一至二）》，人民文学出版社1981年版，第10页。

③ 《鲁迅全集》第3卷，《华盖集·十四年的"读经"》，人民文学出版社1981年版，第127页。

可惜没有"个人的自大"，而是一种"合群的爱国的自大"。这就是十分重视群体以至国家的面子，群体或国家有了面子，个人也就觉得荣光。当然这未尝不是好事，问题在于它是一种盲目的自大，讳言缺点，千方百计维护面子。比如，近代以来，一些"爱国自大家"看到中国落后了，却不肯正视现实，他们采取的手法，一是"外国的东西，中国都有过；某种科学，即某子所说的云云"，中国是西学的老祖宗，中国人向西方人学习，是"礼失求诸野"。二是"外国也有"，即凡是中国的落后现象，外国也有，彼此彼此。这样，就维护了国家的面子，个人也当然觉得有了面子。

长期封闭形成自大心理的典型表现是盲目排外。鲁迅曾谈到20世纪30年代我国只许用毛笔而禁用钢笔的问题。钢笔与毛笔比，有其优越性，但因是外来的就被禁用。鲁迅感慨地说："优良而非国货的时候，中国禁用，日本仿造，这是两国截然不同的地方。"①有些人的排外竟到了愚蠢可笑的地步，故意和"洋气"反一调：他们活动，我偏静坐；他们讲科学，我偏扶乩；他们穿短衣，我偏着长衫；他们重卫生，我偏吃苍蝇；他们壮健，我偏生病等。②

"自大"又容易变成"事大"。鲁迅感叹过"世上实有被打嘴巴而反高兴的人，所以无法可想"③。为什么被打反而高兴呢？鲁迅举了一个笑话为例：一个绅士有钱有势，我假定他叫四大人罢，人们都以能够和他攀谈为荣。有一个专爱夸耀的小瘪三，一天高兴地告诉别人道："四大人和我讲过话了！"人问他："说什么呢？"答道："我站在他门口，四大人出来了，对我说：滚开去！"鲁迅说："当

---

① 《鲁迅全集》第5卷，《准风月谈·禁用和自造》，人民文学出版社1981年版，第316页。

② 《鲁迅全集》第6卷，《且介亭杂文·从孩子的照相说起》，人民文学出版社1981年版，第82页。

③ 《鲁迅全集》第13卷，《书信·351204致王冶秋》，人民文学出版社1981年版，第263页。

然，这是笑语，是形容这人的'不要脸'，但在他本人，是以为'有面子'的，如此的人一多，也就真成为'有面子'了。别的许多人，不是四大人连'滚开去'也不对他说么？"①鲁迅后来把这种表现称为"事大"思想。他指出："'事大'和'自大'虽然不相容，但因'事大'而'自大'，却又为实际上所常见——他足以傲视一切连'事大'也不配的人们。"②小瘪三对有钱有势的四大人的态度，就是"事大"的反映。

其四，自我欺骗。

20世纪20年代，鲁迅在回答日本记者提出的"面子"问题时说："'面子'一词以表面的虚饰为主，其中就包含着伪善的意思。把自己的过错加以隐瞒而勉强作出一派正经的面孔，即是伪善；不以坏事为坏，不省悟，不认罪，而摆出道理来掩饰过错，这明是极为卑鄙的伪善。"③这种以"表面的虚饰"隐瞒实际，就是自欺欺人的精神胜利法。例如阿Q头上有癞疮疤，就忌讳人说"癞"以及一切近于"赖"的音，后来推而广之，"光""亮"也讳了。再后来连"灯""烛"都讳了。癞疮分明摆着的，似乎人们不说，它就不存在了。鲁迅说："相传前清时候，洋人到总理衙门去要求利益，一通威吓，吓得大官们满口答应，但临走时，却被从边门送出去。不给他走正门，就是他没有面子；他既然没有了面子，自然就是中国有了面子，也就是占了上风了。"④

正是由于不敢正视现实、承认现实，就只好瞒和骗，这就造成了中国人一种很特别的心理，即喜欢"大团圆"。这不仅反映在文艺

---

① 《鲁迅全集》第6卷，《且介亭杂文·说"面子"》，人民文学出版社1981年版，第128页。

② 《鲁迅全集》第6卷，《且介亭杂文二集·"题未定"草（三）》，人民文学出版社1981年版，第355页。

③ 《"面子"和"门钱"》，《鲁迅研究资料》第3辑，第50页。

④ 《鲁迅全集》第6卷，《且介亭杂文·说"面子"》，人民文学出版社1981年版，第126页。

作品中，而且体现在现实生活中。中国人在这方面突出的表现，就是"不以坏事为坏"，并善于把坏事变成好事。如在历史上，亡国一次，即添加几个殉难的忠臣，后来每不想光复旧物，而只去赞美那几个忠臣；遭劫一次，即造成一群不辱的烈女。事过之后，也每每不思惩凶、自卫，却只顾歌咏那一群烈女。"仿佛亡国遭劫的事，反而给中国人发挥'两间正气'的机会，增高价值，即在此一举，应该一任其至，不足忧悲似的。"①

为世所诟病的面子文化的影响绝不只是消极的。作为民族文化心理结构部分的面子，也是推动人们积极向上、产生"争面子"的"成就感"的动力，中华民族崇操守、尚气节、重人格尊严，提倡委曲求全、忍辱负重、顾全大局，以及蕴含在人生哲学中的强烈的责任感、使命感，都与面子文化的长期浸润有关。面子文化的积极作用，在鲁迅身上也有明显的体现。他的"我以我血荐轩辕"的爱国主义激情，强烈的社会责任感，反对"无特操者"的斗争精神，淡泊自守、安于清苦的崇高情操，以及无情面地解剖自己的大无畏气概，无不闪烁着优秀的传统文化精神的光彩。今天，重温鲁迅关于面子文化的论述，对于我们克服和摒弃重名轻实、弄虚作假、形式主义的做法，坚持严肃的科学态度和认真求实的作风，推进社会主义现代化建设事业，是有积极的作用的。

（本文原载《鲁迅研究月刊》1996年第4期）

---

① 《鲁迅全集》第1卷，《坟·论睁了眼看》，人民文学出版社1981年版，第240页。

吴冠中与鲁迅的世界

一

　　1936年，鲁迅先生离开了人间；这一年，十七岁的吴冠中进入杭州艺专学画。吴冠中虽未有亲炙鲁迅的缘分，但鲁迅的作品却深深地教育着他、影响着他。他十分景仰鲁迅，一再说"鲁迅是我最崇敬的人"，[①]"鲁迅先生的人格魅力和他的作品的艺术魅力哺育了我的青少年时代，他是我安身立命的楷模"[②]。

　　我在吴冠中先生的画作和文字里，在他的言行中，总感到有一种充盈其间的精神，有一股支撑着他的力量。在拜访吴先生时，在与他的交谈中，我得知这个精神、力量的一个重要来源就是鲁迅先生。他受到鲁迅思想的哺育，受到他的伟大人格的感召，醉心于他那富有韵味的丰富的意境、深刻的笔法和洗练的文字。鲁迅的强烈的爱国精神，疾恶如仇的性格，勇往直前、奋斗不止的意志，刚直不阿的硬骨头精神，都在吴冠中先生身上留下深刻的烙印。

---

　　① 吴冠中：《吴冠中谈美·真话直说》，广东人民出版社 2001 年版，第 78 页。
　　② 吴冠中：《吴冠中谈美·文学，我失恋的爱情》，广东人民出版社 2001 年版，第 67 页。

二

　　鲁迅是个文学家，也是个美术家。鲁迅自幼热爱美术，也常常作画。他的艺术修养深厚，又有艺术实践，从小用"明公纸"描摹绣像小说里的插图及画谱等，也画过国画。收有鲁迅一百多件美术作品的《画者鲁迅》一书，有篆刻、线描、平面设计、书籍装帧等，有草图，也有力作。他在北平教育部任职期间，发表《拟播布美术意见书》，指出"美术云者，即用思理以美化天物之谓"，以唯物主义观点，阐明了艺术和现实的关系，给美术以科学的定位。鲁迅在上海定居后，即组建朝华社，大力介绍欧洲版画灿烂的新作，开办木刻讲习会，全力倡导中国新兴木刻运动，培育英才。他先后自费编印木刻画册十余种，印行近万册，供艺术青年借鉴，写了约三十篇木刻集序跋、专论以及写给木刻青年们的二百多封信札，其中包含着他木刻理论的真知灼见和完整体系。在他的辛勤培育下，我国的木刻队伍由最初的几十人很快发展成几百人。与此同时，鲁迅还撰文力倡连环图画和漫画这样一些为人民大众喜闻乐见的画种，使我国艺坛形成了一个以木刻、漫画和连环图画为先锋和主体的革命美术运动。正是在鲁迅所推动的新美术运动中，我国才涌现出像李桦、力群、江丰、黄新波、赖少其、古元、彦涵、王琦、罗工柳、赵延年等一批大师级的美术家。

三

　　鲁迅是一个伟大的爱国主义者。为了唤醒人民大众、改造国民性，实现民族解放，他走上了弃医从文的道路。"我以我血荐轩辕"

是他的誓言，是他心底的呼声。鲁迅这一思想、这一精神，不知感动和鼓舞了多少现代中国的热血青年。吴冠中即是其中一个。

吴冠中和鲁迅一样，热爱祖国，热爱我们的民族，热爱中华民族的文化。他是带着对西洋美术崇拜的观点去法国的，但那种民族的歧视、民族的压抑感，使他产生了无法抗拒的"敌情"观念。民族的命运就是艺术家的命运，在民族危难的惊涛骇浪中，艺术家的航船没有避风港。他在1949年从留学的法国巴黎给吴大羽老师写信，表示要回到新中国、回到中国人民中的决心："我不愿自己的工作与共同生活的人们漠不相关。祖国的苦难憔悴的人面都伸到我的桌前！我的父母、师友、邻居、成千上万的同胞都在睁着眼睛看着我！……踏破铁鞋无觅处，艺术的学习不在欧洲，不在巴黎，不在大师们的画室，在祖国，在故乡，在家园，在自己的心底。赶快回去，从头做起。"他说："无论被驱在祖国的哪一个角落，我将爱惜那卑微的一份，步步真诚地做，不会再憧憬于巴黎的画坛了。暑假后即使国内情况更糟，我仍愿回来。火坑大家一起跳。我似乎尝到了当年鲁迅先生抛弃医学的学习、决心回国从事文艺工作的勇气。"[1]在这封令人荡气回肠的信中，我们看到了一个知识分子自觉地把命运托付祖国的精神境界和心路历程。

他毅然中止了在法国的留学，1950年回到了祖国，回到了自己的乡土，决心深深扎根于苦难的深层，坚信天道酬勤，日后总能开出土生土长的自家花朵。但事情的发展出乎他的意料。他的艺术主张受到批判，他的创作为许多人所不容，实在无法迁就当时对人物画的要求，他便转向不被重视的风景画，藏情于景。他在这块领域里开始自己的艺术创造，但被排斥在画坛主流之外。随着不断发生的政治运动，他历经坎坷，却始终充满着对人民的深厚情意，虽九死而未悔。

---

① 吴冠中：《我负丹青·公费留学到巴黎·梦幻与现实·严峻的抉择》，人民文学出版社2004年版，第19—20页。

正如他的笔名"荼"，"谁谓荼苦，其甘如荠"①。他没有后悔过自己的选择，没有怨天尤人，坚持着两个基本观点：依据生活的源泉进行创作，致力于油画的民族化。这成了支撑他的力量以及他一生的追求。

四

鲁迅小说《故乡》中的风光描写，是吴冠中十分熟悉的江南景象。因此，当他的艺术观和造型追求已不可能在人物中体现时，他在孤独、寂寞、茫然中便想起了《故乡》，认为故乡的风光于他的创作有较大的空间，感情的、思维的及形式的空间。20世纪60年代他不断去绍兴，住在鲁迅故居里，体味那白墙黛瓦、小桥流水、湖泊池塘等。吴冠中说，黑、白、灰是江南主调，也是他作品银灰主调的基石。银灰调多呈现于阴天，他最爱江南的春阴，在他的画面中基本排斥阳光与投影，若表现晴日的光芒，也像是朵云遮日那瞬间。吴冠中从江南故乡的小桥步入自己的造型世界，他一辈子断断续续总在画江南。

吴冠中说："我画过许多江南，大都题名'鲁迅故乡'，因其几乎都孕育于绍兴。"②他曾应北京鲁迅博物馆之约，画了一批鲁迅故乡的作品。他画鲁迅故乡，充满着深深的感情，既是对鲁迅由衷的敬仰，也是对鲁迅所倡导的大胆革新精神的实践。1977年创作的巨幅油画《鲁迅故乡》，为了表现绍兴的全貌和气势，他打破焦点透视的戒律，把俯视、平视、仰视的形象熔为一炉，在貌似俯视的角度中却以明亮的白墙群坐镇画面中央的主要部位，以穿绕其间的河网作为脉

---

① 《诗经·邶风·谷风》。

② 吴冠中：《吴冠中谈美·绍兴闲话》，广东人民出版社2001年版，第87页。

络，巧妙地把远望的气势和近看的实感统一起来，把从各处写生的景色汇拢起来。他还把十几棵分散的近树改为一组搭成"人"字形的大树，不仅大大增强了画面的伟岸气势，使全画有了更丰富的空间感和层次感，而且更好地体现出"树人"——鲁迅精神的博大雄浑和生命力的坚毅旺盛。此画虽是油画，但在绘画观念和技法上成功地进行了中西艺术的融合和交杂。[①]

读吴冠中的江南水乡绘画，我们就不由得联想起鲁迅笔下的绍兴："我仿佛记得曾坐小船经过山阴道，两岸边的乌桕，新禾，野花，鸡，狗，丛树和枯树，茅屋，塔，伽蓝……都倒影在澄碧的小河中，随着每一打桨，各各夹带了闪烁的日光，并水里的萍藻游鱼，一同荡漾。""水中的青天的底子，一切事物统在上面交错，织成一篇，永是生动，永是展开，我看不见这一篇的结束。"[②]

五

鲁迅重视美术，重视中国美术的发展。他认为，中国的艺术，既要有民族的特色，又不应受旧的传统思想和手法的"桎梏"；既要吸收外国艺术的精华，适应时代的潮流，又不能全盘照搬西方的一套。他希望中国的艺术能革新和发展，创造出具有崭新内容和民族风格的艺术作品。绘画中的民族风格，是民族特性的烙印，民族精神和民族生活的标记，是民族个性的显现。鲁迅指出："有地方色彩的，倒容易成为世界的，即为别国所注意。"[③]鲁迅对美术家陶元庆的绘画评价很高，就因为陶元庆很好地表现了鲜明的民族个性。他为《陶元庆

---

① 翟墨：《彩虹人生·吴冠中画传》，广西美术出版社1999年版，第34页。

② 《鲁迅全集》第2卷，《野草·好的故事》，人民文学出版社1981年版，第185页。

③ 《鲁迅全集》第12卷，《书信·340419致陈烟桥》，人民文学出版社1981年版，第391页。

氏西洋绘画展览会目录》作序，指出："在那黯然埋藏着的作品中，却满显出作者个人的主观和情绪，尤可以看见他对于笔触，色彩和趣味，是怎样的尽力与经心，而且，作者是夙擅中国画的，于是固有的东方情调，又自然而然地从作品中渗出，融成特别的丰神了，然而又并不由于故意的。"①后来他又观看了陶元庆的绘画展览，说："他以新的形，尤其是新的色来写出他自己的世界，而其中仍有中国向来的魂灵——要字面免得流于玄虚，则就是：民族性。"陶元庆之所以做到了这一点，是因为打破了旧日的和外国的"两重桎梏"，"和世界的时代思潮合流，而又并未桎亡中国的民族性"②。

吴冠中先生一生致力于油画民族化与中国画现代化，他的努力与探索，他的成就与贡献，也完全适用鲁迅对陶元庆的这个评价。他早年负笈法国，对于西洋绘画的理论与创作有坚实的基础，后来又认真研究中国传统绘画理论，从中汲取丰富的营养。中西融合、古今贯通，使他视野开阔，素养丰厚，努力建造着一座横跨中西的艺术新桥。他说过："在艺术中，我是一个混血儿。"③由于传统的民族心理习惯的熏陶，他爱绘画的意境；由于对西方现代艺术的爱好，他重视形象及形式本身的感染力。鱼和熊掌他都要。他认为，中西艺术本质是一致的，在油画中探索民族化，在水墨中寻求现代化，是一件事物之两面④。传统的形式是多样的，形式本身也是永远在发展的。油画民族化当然不是向传统形式看齐。吴冠中的创作，往往先不考虑形式问题，而只追求意境——东方的情调、民族的气质及与父老兄弟能相通的感受。他说，人们永远不会忘记母亲，人们永远恋念故乡，"喜闻

---

① 《鲁迅全集》第7卷，《集外集拾遗·〈陶元庆氏西洋绘画展览会目录〉序》，人民文学出版社1981年版，第262页。
② 《鲁迅全集》第3卷，《而已集·当陶元庆君的绘画展览时》，人民文学出版社1981年版，第549—550页。
③ 吴冠中：《我负丹青·水墨行程十年》，人民文学出版社2004年版，第273页。
④ 吴冠中：《我负丹青·望尽天涯路》，人民文学出版社2004年版，第154页。

乐见"的基本核心是乡情，是民族的欣赏习惯。①他不满足于印象派式地局限于一定视觉范围内的写生，也不满足于传统山水画中追求可游可居的文学意境。他曾长期采用在一幅画中根据构思到几个不同地点写生的方式组织画面，目的是想凭生动的形象来揭示意境，满足人们的欣赏要求。他这次捐给故宫博物院的《1974长江》即是如此，如他所说："我作长江，整体从意象立意，局部从具象入手，此亦我20世纪70年代创作之基本手法。江流入画图，江流又出画图，是长江流域，是中华大地，不局限一条河流的两岸风物，这样，也发挥了造型艺术中形式构成之基本要素，非沿江地段之拼合而已。"②

吴冠中愈来愈体会到，国画和西画虽工具不同，但在艺术本质上是基本一致的。因此他认为，油画的民族化与国画的现代化其实是孪生兄弟。当他在油画中遇到解决不了的问题时，将它移植到水墨中去，有时倒相对地解决了。同样，在水墨中无法解决时，就用油画来试试。他强调，由于东西方形式美感存在着共同性，在油画民族化问题中，不应只是两个不同素质的对立面的转化，同时也包含着如何发挥其本质一致的因素③。

六

一个大艺术家，不管是否应当被称为灵魂的工程师，但他创造出来的艺术品，实际上在影响着千百万人的灵魂。这就要求艺术家具有高尚的思想人格。鲁迅早在1919年就提出："美术家固然须有精熟的技工，但尤须有进步的思想与高尚的人格。他的制作，表面上是一

---

① 吴冠中：《我负丹青·土土洋洋洋洋土土》，人民文学出版社2004年版，第241页。
② 《吴冠中捐赠作品汇集·旧梦复苏说从头》，紫禁城出版社2006年版，第11页。
③ 吴冠中：《我负丹青·土土洋洋洋洋土土》，人民文学出版社2004年版，第244页。

张画或一个雕像，其实是他的思想与人格的表现。"①鲁迅所要求艺术家的人格，乃是一种严肃的、诚实的、热爱人民的高贵品格，是一种大气魄的无私的决断力和既尊重人民也尊重自己的人生态度。这种高尚人格，反映在吴冠中身上，突出的是与人民群众的感情，他归纳为"风筝不断线"。"风筝"指作品，作品无灵气，像扎了只放不上天空的废物。风筝放得愈高愈有意思，但不能断线。这指千里姻线的另一端联系的是启发作品灵感的母体，亦即对人民大众的情意。②他认为，真正的艺术总诞生于真情实感，诞生于自己最熟悉的社会环境中，鱼离不开水，各具特色的花木品种都离不开自己的土壤。他说："人重人品，首先须真诚。艺术作品的价值寓于真情实感，创作出真正有价值的作品固然须具备才华、功力、经历、素养等等诸多因素，但其出发点，必然是：真情。"③

艺术起源于共鸣。吴冠中说，他探索油画民族化和中国画现代化的初衷，是既追求全世界的共鸣，更重视十几亿中华儿女的共鸣。这是自己至死不改的初衷。他在油画中结合中国情意和人民的审美情趣，便不自觉地吸取了线条造型和人民喜闻乐见的色调。他的油画渐趋向强调黑白，追求单纯的韵，这就更接近水墨画的门庭了。到20世纪80年代，水墨成了创作的主要手段，90年代油画的分量又渐加重，油画水墨又往往交替进行。他说，无论是"搬家写生"，引线条入油画或引块面入水墨，都源于"风筝不断线"的思想感情，其效果也必然是中西融合的面貌。④

吴冠中还有一句名言："群众点头，专家鼓掌。"⑤白居易是通俗的，接受者众；李商隐的艺术境界更迷人，但曲高和寡。能吸取两

---

① 《鲁迅全集》第1卷，《热风·随感录四十三》，人民文学出版社1981年版，第330页。

② 吴冠中：《我负丹青·风筝不断线》，人民文学出版社2004年版，第281页。

③ 吴冠中：《我负丹青·风格》，人民文学出版社2004年版，第308页。

④ 吴冠中：《我负丹青·风筝不断线》，人民文学出版社2004年版，第262页。

⑤ 吴冠中：《我负丹青·故园·炼狱·独木桥》，人民文学出版社2004年版，第38页。

者之优吗？他都想要，都要实践。他在山村的写生中体会到农民们有着朴素的审美力，文盲不一定是美盲。一般来讲，他的画群众是能理解、能看懂的，但他又反对媚俗。这是很可贵的。鲁迅说过："我们所要求的美术家，是能引路的先觉，不是'公民团'的首领。我们所要求的美术品，是表记中国民族知能最高点的标本，不是水平线以下的思想的平均分数。"①因此，使群众能懂的"标准"，"不能俯就低能儿或白痴"，而"应该着眼于一般的大众"②。迎合、媚悦、迁就一些人思想中落后的、不健康的地方，这是一种庸俗化的做法。作为一名真正的艺术家，要有提高群众审美趣味的责任感，特别是当前市场化的情况下，这更是十分必要的。

七

鲁迅作为中国新文化运动的主将，是以勇于打破传统、提倡革新而著称的。他说："不能革新的人种，也不能保古的。"③"没有冲破一切传统思想和手法的闯将，中国是不会有真的新文艺的。"④革新的基础是对遗产的继承。鲁迅说过："新的艺术，没有一种是无根无蒂，突然发生的，总承受着先前的遗产。"⑤艺术上对于前人遗产批判继承、推陈出新的事例，是屡见不鲜的。中国和日本的绘画进入欧洲，被人采取，方有印象派的发生。欧洲创作版画传入中国，酿成了中国新兴木刻运动的勃兴。但凡稍稍熟悉艺术史的，这样的事例是

---

①《鲁迅全集》第1卷，《热风·随感录四十三》，人民文学出版社1981年版，第330页。

②《鲁迅全集》第6卷，《且介亭杂文·连环图画琐谈》，人民文学出版社1981年版，第27页。

③《鲁迅全集》第3卷，《华盖集·忽然想到·六》，人民文学出版社1981年版，第43页。

④《鲁迅全集》第1卷，《坟·论睁了眼看》，人民文学出版社1981年版，第241页。

⑤《鲁迅全集》第12卷，《书信·340409致魏猛克》，人民文学出版社1981年版，第381页。

不胜枚举的。自然，"这些采取，并非断片的古董的杂陈，必须溶化于新作品中，那是不必赘说的事，恰如吃用牛羊，弃去蹄毛，留其精粹，以滋养及发达新的生体，决不因此就会'类乎'牛羊的"①。

艺术贵在创新，对于先前艺术遗产批判地继承和借鉴，也是为了创新。正如鲁迅所说："旧形式是采取，必有所删除，既有删除，必有所增益，这结果是新形式的出现，也就是变革。"②

吴冠中继承了鲁迅的这种大胆叛逆、勇于革新的精神。他认真研究艺术创造中的传统的继承与创造的关系，认为继承不是创造。叛逆未必就是创造，但创造中必包含叛逆，甚至叛逆是创造之始。他强调绘画"变法"的重要性，认为客观世界在变，作者的年龄在变，经历在变，感受、感情也在变，因此不能抱住家传秘方或洋传秘方的"技法"不变。他反对陈陈相因，反对画家自己重复自己，在漫长的创作实践中不断地突破自己，超越自己，由此形成了自己的风格。他特立独行，不怕被人误解，勇于纠正时弊，敢于提出一系列鲜明的艺术观点、艺术主张，例如土洋结合，为人民作画，"群众点头、专家鼓掌"，风筝不断线，"笔墨等于零"，绘画的形式美，等等。他的这些观点和主张经受了考验，为新时期以来中国美术的不断演进提供了思想的动力。

需要指出的是，因为吴冠中提出"笔墨等于零"等观点，加之他又在法国留过学，有些人以为他对中国画传统不熟悉、不了解。其实这是误解。吴冠中在学生时代就临摹过不少中国画，从宋元到明清，从人物、山水到兰竹，从勾勒到泼墨，他特别喜爱陈老莲、石涛和八大山人。他在北京艺术学院教学期间，带油画专业的学生到故宫看国画，用西方的构成法则分析讲解虚谷、八大、金农、石涛、渐江

---

① 《鲁迅全集》第6卷，《且介亭杂文·论"旧形式的采用"》，人民文学出版社1981年版，第23页。

② 《鲁迅全集》第6卷，《且介亭杂文·论"旧形式的采用"》，人民文学出版社1981年版，第24页。

等中国大画家的造型特色。他又从荣宝斋借来周昉的《簪花仕女图》木版水印画，请国画和油画教师从各自的观点来品评、分析作品的优缺点。他认真研究石涛的画论，出版了《我读石涛画语录》一书，颇受读者欢迎。正因为有这个深厚基础，他才能真正融汇中西，有所革新，有所发展。

八

比较一下鲁迅与吴冠中对待现代派绘画艺术的态度，也是很有必要的。

19世纪末，在欧洲美术史上，出现了现代派绘画艺术。在短短的几十年间，流派蜂起，思潮扩散，其影响波及整个世界。这些流派有表现派、未来派、野兽派、立体派、达达派、构成派、抽象派以及超现实主义派等等，其艺术主张不尽相同，有的甚至矛盾，但共同特征是否定传统的表现法则，强调在艺术创作中表现或发泄主观心灵的感受，否定内容对形式的决定作用，不断追求新奇怪诞的艺术形式。这些艺术流派，在美术史上被称为"现代派"或"现代主义"。

鲁迅对现代派绘画给予过很大关注。1927年出版了他翻译的日本板垣鹰穗所著《近代美术史潮论》一书，该书最后一章便是对西方现代派绘画的概括介绍，分别对印象派、立体派、表现派、未来派等做了论述，插图部分则为康定斯基、马蒂斯、法宁该尔、毕加索、勃拉克、佩息斯坦因、马尔克等各派代表人物的作品。当然，板垣鹰穗从民族的地域的角度对现代派绘画所做的分析和介绍，并不代表鲁迅的看法，但鲁迅认为"中国正须有这一类的书"①。鲁迅1930年编选

---

① 《鲁迅全集》第11卷，《书信·271206 致李小峰》，人民文学出版社 1981 年版，第 599 页。

《新俄画选》时，又将构成派画家克林斯基等人的作品介绍给中国青年。鲁迅1932年在上海举办的"法国作家版画展"，其中还展出了法国表现主义画家佩息斯坦因等人的作品。鲁迅说，他们的作品，"是很值得美术学生和爱好美术者的研究的"①。鲁迅还曾购买过许多有关现代派绘画的书籍和画册。对于现代派绘画，鲁迅持一种开放的心态，大胆引进、拿来，同时注重"挑选"。他注意到现代派艺术在其产生的动因上有"破坏旧制"的一面，也赞成借鉴现代派艺术理论和技法上的某些可用之点，但同时指出了其存在的弱点，如其作品不能为人民大众所欣赏、理解和利用，对待传统和遗产的虚无主义态度等②。

吴冠中的三年巴黎留学岁月，接触了不同流派的现代派艺术，使他眼界大开。他虽然感到这些现代绘画和雕塑有的推敲提炼不够，有的奔放坠入狂乱，但也确有不少具有坦露真情和标新立异的创意，很能启发人的思路。他把现代艺术的精髓概括为：视觉经验的新颖性、艺术感觉的敏锐性、表现手法的多样性、抽象形式的共通性。③他也认为，对现代派绘画不能一概而论，"其间鱼龙混杂"④。

在20世纪30年代，现代派绘画艺术虽波及我国，但当时我们既缺乏翻译家来译介现代派的绘画理论，又缺乏美术理论家去认真地研究现代派的艺术实践，所以鲁迅不无感叹地指出："欧洲的文艺史潮"几乎同时"孪生了开张和倒闭"；"在中国毫未开演而又像已经一一演过了"⑤。鲁迅又说过："中国文艺界上可怕的现象，是在尽

---

① 《鲁迅全集》第8卷，《集外集拾遗补编·介绍德国作家版画展》，人民文学出版社1981年版，第323页。

② 李允经：《鲁迅与中外美术·鲁迅和现代派绘画艺术》，书海出版社2005年版。

③ 翟墨：《彩虹人生·吴冠中画传》，广西美术出版社1999年版，第16页。

④ 吴冠中：《我负丹青·是非得失文人画》，人民文学出版社2004年版，第280页。

⑤ 《鲁迅全集》第7卷，《集外集·〈奔流〉编校后记》，人民文学出版社1981年版，第186页。

先输入名词，而并不绍介这名词的涵义。"①所以当时大家对表现主义、未来主义等等，并不知道是怎么一回事。新中国成立以来，对现代派艺术基本上采取关门和抵制的态度。改革开放以来，随着人们思想的解放，现代派艺术也得到引进和传播。吴冠中先生对现代派绘画艺术有着深切的理解与感受，他在中国新的历史时期对现代派艺术的宣传、讲解，弥补了鲁迅先生的遗憾，虽然在时间上已晚了半个世纪。

吴冠中在20世纪80年代就冲破禁区，撰写文章，大讲形式美、抽象美、人体美。他说，抽象美是形式美的核心，人们对形式美和抽象美的喜爱是本能的。②吴冠中的创作历程，大致沿着具象—半具象—抽象这条路走来。进入90年代，吴冠中的画风发生很大变化，突出特点是造型更向抽象方面倾斜，色彩更向艳黑基调转变，其艺术品位离白居易渐行渐远，距李商隐更近更行，如他所说，"青年时代的赤裸与狂妄倒又复苏了"③。从具象到抽象，艺术的形式美在他的作品中占据越来越重要的地位，我们从中可以看到现代派艺术的积极影响。当然，在艺术实践中，他不但已经超越物象，而且也超越一般意义上的形象，他追求的是形象之上的意境——"形而上"的精神境界。

吴冠中多年来努力探索我国古代艺术的巨大价值与当代意义，以及与现代派艺术的关系。他认为，印象主义和立体主义拓展了人们的审美领域，这与中国传统绘画中要求表达意境、技法中讲究虚实、写实中结合写意是相通的。因此，中国绘画需要学习西方现代派艺术；同时，中国传统绘画也有与现代派艺术相通乃至可资吸取的地方。他高度评价石涛的《画语录》，认为他的"一画之法"点出了艺术创

---

① 《鲁迅全集》第4卷，《三闲集·扁》，人民文学出版社1981年版，第87页。
② 吴冠中：《我负丹青·关于抽象美》，人民文学出版社2004年版，第254页。
③ 吴冠中：《我负丹青·三方净土转轮来：黑、白、灰》，人民文学出版社2004年版，第291页。

造的真谛，19世纪后西方表现主义的观点，直觉说、移情说等现代美学上的立论，早已在《画语录》中萌芽。石涛的"无法之法乃为至法""墨海中立定精神""混沌里放出光明"等金玉之言，均可作为西方现代作品的评议参照①。他认为，八大山人是我国传统画家中进入抽象美领域最深远的探索者②。他十分重视中国民间艺术的价值，认为西方现代绘画与中国民间艺术的结合，也是油画民族化的大道之一③。他说，由于中国绘画主流始终要表现对象的美感，我国传统绘画受到现代西方画家重视是必然的。周昉的《簪花仕女图》和波提切利的《春》，尤特利罗的《巴黎雪景》和杨柳青年画的《瑞雪丰年》，马蒂斯和蔚县剪纸，宋徽宗的《祥龙石》与抽象派，等等，其间有着许多共同感受。像哑巴夫妻，即使语言隔阂，却默默地深深地相爱着！④

艺术是创造，要付出艰苦的努力，没有捷径可走。鲁迅说过：那时的一些美术青年，"喜看'未来派''立体派'作品，而不肯作正正经经的画，刻苦用功。人面必歪，脸色多绿，然不能作一不歪之人面……譬之孩子，就是只能翻筋头而不能跨正步"⑤。这个弊端至今仍存在。吴冠中与鲁迅的看法是一致的。他说，现在有些人对现代艺术的流派、主义、作家背得娴熟，以为模仿了抽象等手法便成新派，但基本功太差，力不从心，看其作品，不行。基本功不能保证通进艺术殿堂，但进入艺术殿堂却必经基本功之桥梁⑥。这无疑是警世的忠告。

---

① 吴冠中：《吴冠中谈美·石涛的谜底》，广东人民出版社2001年版，第62页。

② 吴冠中：《我负丹青·关于抽象美》，人民文学出版社2004年版，第255页。

③ 吴冠中：《我负丹青·土土洋洋洋洋土土》，人民文学出版社2004年版，第244页。

④ 吴冠中：《我负丹青·绘画的形式美》，人民文学出版社2004年版，第249页。

⑤ 《鲁迅全集》第12卷，《书信·340412致姚克》，人民文学出版社1981年版，第386页。

⑥ 吴冠中：《吴冠中谈美·油画的联想》，广东人民出版社2001年版，第270页。

九

吴冠中回忆说，中学时代，他爱好文学，当代作家中尤其崇拜鲁迅，着迷于鲁迅的小说和杂文。他想从事文学，追踪鲁迅的人生道路。但为了生计，学了工程，后转为美术。但文学，尤其是鲁迅的作品，影响了他的一生。

他推崇文学的巨大作用。1949年从巴黎给吴大羽的信中说："我绝不是说要用绘画来做文学的注脚、一个事件的图解。但它应该能够真真切切、一针一滴血、一鞭一道痕地深印当时当地人们的心底，令本来想掉眼泪而掉下了眼泪。我总觉得只有鲁迅先生一人是在文字里做到了这功能。颜色和声音的传递感情，是否不及文字的简快易喻？"[1]他说过一句惊世骇俗的话，就社会功能而言，"一百个齐白石，也比不上一个鲁迅"。吴冠中先生虽然常有当年未能从事文学创作的遗憾，但他今天的文学成就却使他声名斐然。而有些人也是因读了他的文章才喜欢上他的画作的。他是一个才情横溢的散文大家，他有很好的文学修养和文言根基，善于表达，又很讲究技巧。他的《我负丹青》，文风朴实，明白如话，把心扉完全敞开，似乎一览无遗，但颇耐咀嚼，越读越有味道。他的《画外文思》，哲理、诗情融合在一起，加上奇特的想象，惊鸿一瞥的灵感，使我们依稀看到了鲁迅《野草》的影子。他用笔回顾自己的一生，记述他的生活情趣，而他的艺术美文则在找寻着自己绘画创作中的心路历程或体悟心得。他总是忠实于自己，他的文章能打动人心，就在于向往真善美，在于蕴含着中国文化的精神。

值得注意的是他的有关绘画的文章。国画上常有题诗。他认为诗

---

[1] 吴冠中：《我负丹青·公费留学到巴黎·梦幻与现实·严峻的抉择》，人民文学出版社2004年版，第19页。

画是一家。诗画若要分家，是因为文字和绘画有着各自的表现特点。他说，绘画之专长是赋予美感，提高人们的审美品位，这是文学所达不到的，任何一个大作家，无法用文字写出凡·高画面的感人之美，语言译不出形象美。而文学的、诗的意境也难于用绘画来转移，比如阿Q和孔乙己的形象，就不宜用造型艺术来固定他，具象了的阿Q或孔乙己大大缩小了阿Q与孔乙己的代表性和涵盖面。[①]从二者之间的联系与独立的关系出发，他便写了不少与自己作品有关的文章。既有抒画笔难抒之情的"画外思"，也有剖析潜伏其间画意的"画中思"，这些文章是画之余、画之补，是画到穷时的美感变种，都以深刻的感触、优美的文字、不受拘束的表达形式而受到读者的欢迎。

十

鲁迅对吴冠中的影响是多方面的。吴冠中熟悉鲁迅的著作，他在文章里经常引用鲁迅的一些话，给自己以启发、联想或鼓舞。这又是不经意的，自然而然的。

他初到北国，冬季的雪极目茫茫，矮小的土屋的门窗处才保住小块的黑，宇宙是一张雪白巨大的宣纸，纸上只撒落有限几点稀疏的墨迹。而且这雪长期不融，整个冬季都是冰雪的天地。那路基本上也铺着厚厚冰雪，只是骡马车碾来碾去划出了污泥痕迹的交通轨道。此情此景，使他想起了鲁迅的话："希望是本无所谓有，无所谓无的。这正如地上的路；其实地上本没有路，走的人多了，也便成了路。"[②]

他终生从事美术教学，时时面临着政治、题材、感情真伪、形式法则、艺术规律、误人子弟等等问题的困扰，他体会到此种状况颇如

---

① 吴冠中：《我负丹青·我负丹青！丹青负我！》，人民文学出版社2004年版，第99页。
② 《鲁迅全集》第1卷，《坟·故乡》，人民文学出版社1981年版，第485页。

鲁迅所说的腹背受敌，只能"横站"①，大有"两间余一卒，荷戟独彷徨"的滋味。

面对如今画展的作品越来越大，往往以几十米、几百米来吓唬观众，以大惊人，祈一鸣惊人的现象。吴冠中认为，艺术品主要是质量，大与小的属性均不能掩盖质量本质。他举例说，鲁迅最长的小说是《阿Q正传》，一集《呐喊》、一集《彷徨》、一集《野草》、一集《故事新编》，还不如有些年轻作者几年之内就出版了几百万字的小说。②

"孩子长大。倘无才能，可寻点小事情过活，千万不可当空头文学家和美术家。"③吴冠中说，他忠实地遵循了鲁迅的这一遗教，不让自己的孩子学画，怕他们当空头美术家。④

画之余写文，情思无法用形象表达时也写文，文章是自流而出的，"写不出的时候不硬写"，吴冠中说自己遵循了鲁迅的教导。⑤

鲁迅说："竭力将可有可无的字、句、段删去，毫不可惜。"马蒂斯说："画面绝不存在可有可无的部分，凡不起积极作用，便必定起破坏作用。"吴冠中认为，马蒂斯与鲁迅的体会真是完全一致。⑥

在吴冠中的文章里，这样的例子俯拾即是。鲁迅的作品融化在他的血液里，鲁迅的精神成为他精神的重要源泉和支柱。

（本文为作者2006年9月6日在"紫禁城里的东西艺术对话会"上的讲演，收入《艺术涅槃——吴冠中向故宫博物院捐赠佳作纪实》，紫禁城出版社2008年版）

---

① 吴冠中：《吴冠中谈美·美育的苏醒》，广东人民出版社 2001 年版，第 48 页。

② 吴冠中：《吴冠中谈美·艺术之婚恋》，广东人民出版社 2001 年版，第 51 页。

③《鲁迅全集》第 6 卷，《且介亭杂文末编·死》，人民文学出版社 1981 年版，第 274 页。

④ 吴冠中：《吴冠中谈美·地狱之门》，广东人民出版社 2001 年版，第 153 页。

⑤ 吴冠中：《吴冠中谈美·心灵独白》，第 170 页。广东人民出版社 2001 年版，

⑥ 吴冠中：《吴冠中谈美·心灵独白》，广东人民出版社 2001 年版，第 176 页。

鲁迅与麦绥莱勒

　　"中国·比利时绘画五百年"展览，是"中比文化之春"活动中的一个重要项目。由比利时国家美术宫筹集的大量绘画作品，较为完整地展现了从法兰德斯时期的凡·爱克、凡·戴克、布吕盖尔、波希、鲁本斯到比利时的麦尼埃、麦绥莱勒等数十位艺术大师的成长历程。其中麦绥莱勒的作品，有《大城市里的酒店》《地主》《英俊小生》《船闸》等。对中国美术界来说，麦氏并不是陌生的人。早在1933年，中国就出版了他的画作。特别是鲁迅先生，对麦氏曾有很高的评价并予以大力介绍，成为中国现代美术史上一件值得纪念的事。这里谈谈鲁迅对麦绥莱勒的论述，以助读者对麦氏的艺术特点及其与中国的缘分的了解。

　　鲁迅对麦绥莱勒等欧洲版画创作大师作品的介绍，与他倡导中国新兴木刻运动有直接关系。需要说明的是，我国版画向来以木版画为主，包括鲁迅倡导的新兴版画，仍以木刻最多见，因此"木刻"和"版画"几乎是等同的两个概念。

　　中国是木版画的故乡和摇篮，所以鲁迅说："镂象于木，印之素纸，以行远而及众，盖实始于中国。"木刻画始于何年，已难稽考。现存最古老的中国木刻画，是清末发现于敦煌的《金刚经》扉页《祇树给孤独园说法图》（原件现藏伦敦大英博物馆）。它是唐咸通九年（868年）木刻本《金刚经》中的画页，比欧洲现存最早的木版画

《普洛塔木版》要早五百多年。降至五代，木版画仍以佛画为主，宋元四百年间，雕版印刷由佛经、佛图渐次扩展到了医典、历书，又渐及经、史、子、集和画谱，几乎无所不雕。"降至明代，为用愈宏，小说传奇，每作出相，或拙如画沙，或细如擘发，亦有画谱，累次套印，文彩绚烂，夺人目睛，是为木刻之盛世。"到了清代，因"清尚朴学，兼斥纷华，而此道于是凌替。光绪初，吴友如据点石斋，为小说作绣像，以西法印行，全像之书，颇复腾踊，然绣梓遂愈少，仅在新年花纸与日用信笺中，保其残喘而已"①。

欧洲的木刻是受了中国木刻的影响才应运而生的。西方古典木刻的奠基者是德国文艺复兴大师丢勒（1471—1528年）和荷尔拜因（1497—1543年）。16世纪中叶以后，欧洲铜版画大盛，木刻艺术尚为英国所保留，欧洲近代创作木刻得以在英国产生。正如鲁迅所说："木版画之用，单幅而外，是作书籍的插图。然则巧致的铜版图书一兴，这就突然中衰，也正是必然之势。惟英国输入铜版术较晚，还在保存旧法，且视此为义务和光荣。1771年，以初用木口雕刻，即所谓'白线雕版法'而出现的，是毕维克（Th. Bewick）。这新法进入欧洲大陆，又成了木刻复兴的动机。"②至20世纪初，欧洲版画一方面呈现了以木版画为主，铜版、石版齐头并进的局面，同时，在艺术观念上屡屡受到现代派艺术思维的冲击。但另一方面，随着无产阶级革命运动的勃兴，版画艺术的功利性获得了前所未有的发挥。鲁迅指出："中国木刻图画，从唐到明，曾经有过很体面的历史。但现在的新的木刻，却和这历史不相干。新的木刻，是受了欧洲的创作木刻的影响的。"③即是说，中国新兴木刻是从欧洲移入的一个

---

① 《鲁迅全集》第7卷，《集外集拾遗·〈北平笺谱〉序》，人民文学出版社1981年版，第405页。

② 《鲁迅全集》第7卷，《集外集拾遗·〈近代木刻选集〉（1）小引》，人民文学出版社1981年版，第319—320页。

③ 《鲁迅全集》第6卷，《且介亭杂文·〈木刻纪程〉小引》，人民文学出版社1981年版，第47页。

画种。

鲁迅之所以于20世纪30年代初倡导新兴木刻运动，是经过对中外美术运动的历史和现状的认真考察，又结合中国革命的需要而做出的决定。他认为，"木刻为近来新兴之艺术，比之油画，更易着手而便于流传"①；因此木刻"实在是正合于现代中国的一种艺术"②；"当革命时，版画之用最广，虽极匆忙，顷刻能办"③。就是说，培植木刻艺术之花是大众的要求，是革命的需要。鲁迅倡导新兴木刻运动的一个重要做法，就是搜集和编印中外木刻画册。他把"绍介欧美的新作"和"复印中国的古刻"，比作"中国新木刻运动的羽翼"。他认为，采用外国的良规，加以发挥，使我们的作品更加丰满是一条路；择取中国的遗产，融合新机，使将来的作品别开生面也是一条路。麦绥莱勒同珂勒惠支、梅斐尔德、法复尔斯基、克拉甫兼科、亚历克舍夫、毕珂夫等欧洲创作版画大师的作品，正是因了这个机缘被鲁迅介绍到了中国，有力地促进了中国新兴版画艺术的诞生。

麦绥莱勒（Frans Masereel）（1889—1972年），通译麦绥莱尔，比利时画家、木刻家。生于比利时勃兰根堡的渔村。他的父亲是根特人，他7岁时全家迁回根特，并在那里度过了小学和中学时期，也显露出他对于绘画的浓厚兴趣和不凡才华。1907年，麦绥莱勒进入根特美术学院深造，次年就漫游德、英、法和瑞士等国写生作画。1918—1920年，他的木刻连环画《一个人的受难》《我的忏悔》《光明的追求》《没有字的故事》相继出版。鲁迅对麦绥莱勒做了较多的介绍，说他最爱的是巴黎，称之为"人生的学校"；在瑞士时，常投画稿于日报上，揭发社会的隐病，罗曼·罗兰比之于法国讽刺画家杜

---

① 《鲁迅全集》第12卷，《书信·340405致张慧》，人民文学出版社1981年版，第373页。

② 《鲁迅全集》第4卷，《南腔北调集·〈木刻创作法〉序》，人民文学出版社1981年版，第609页。

③ 《鲁迅全集》第7卷，《集外集拾遗·〈新俄画选〉小引》，人民文学出版社1981年版，第345页。

米埃与西班牙讽刺画家戈耶，他创作甚多，"但所作最多的是木刻的书籍上的插图，和全用图画来表现的故事。他是酷爱巴黎的，所以作品往往浪漫，奇诡，出于人情，因以收得惊异和滑稽的效果"①。鲁迅对麦绥莱勒的作品很重视，尤其是对《一个人的受难》评价很高。《一个人的受难》为德国慕尼黑沃尔夫出版社于1928年出版，1933年9月，上海良友图书印刷公司影印出版该书，鲁迅为之写序。据当时上海良友图书印刷公司的编辑赵家璧先生回忆说，鲁迅"常常鼓励我们多出一些有益的艺术画册。一九三三年，我在一家德国书店里买到四种麦绥莱勒的木刻连环图画。第二天，我就带了书去见鲁迅先生，告诉他我们准备把它翻印出版。他很高兴我们能这样做，他说，这也可以给苏汶之流看看连环图画是不是艺术"②。鲁迅还当场答应为其中的一种（即《一个人的受难》）写一篇序文，并替每幅画写一个简要的说明。这充分表现出鲁迅提倡新兴的木刻艺术的热情。

在《〈一个人的受难〉序》中，鲁迅略述连环图画的起源、发展及其浅显易解的特点。鲁迅指出，"连环图画"的画法起源很早，"到十九世纪末，西欧的画家，有许多很喜欢作这一类画，立一个题，制成画帖，但并不一定连贯的。用图画来叙事，又比较的后起，所作最多的就是麦绥莱勒"。他又介绍了作者的生平和读书的内容，指出麦绥莱勒的作品"往往浪漫，奇诡，出于人情"，"独有这《一个人的受难》乃是写实之作"。本书共收作品25幅，多揭露资本主义社会的暴力和宗教对被压迫者的奴役，意在唤起人民的觉悟和反抗。这25幅图画，表现了一个完整的故事，但并无一个字的说明。鲁迅应编者要求，为每幅作品写了简短的说明，大概是说一个私生的男孩，因了母亲的另外嫁人而进了野孩子之群；稍大，去学木匠，因年幼免

---

① 《鲁迅全集》第4卷，《南腔北调集·〈一个人的受难〉序》，人民文学出版社1981年版，第558页。

② 《鲁迅年谱》第3卷，人民文学出版社1984年版，第445页。

不了被人踢出；又因饥饿去偷面包而被捕关进监牢；他被释放后做了修路工，受恶友的引诱去会妓女、去玩跳舞，但又悔恨起来，便进工厂做工，并遇到真的相爱的异性；后来工厂发生劳资冲突，他联合工人和资本家做斗争，最后，他被捕了，并被判处死刑。鲁迅为第24幅图画写的说明是："在受难的'神之子'耶稣像前，这'人之子'就受着裁判。"这个故事说明了什么？鲁迅说了一段著名的话："耶稣说过，富翁想进天国，比骆驼走过针孔还要难。但说这话的人，自己当时却受难了。现在是欧美的一切富翁，几乎都是耶稣的信奉者。而受难的就轮到了穷人。"

麦绥莱勒的《一个人的受难》及《光明的追求》（即《太阳》）、《我的忏悔》（即《我的祷告》）、《没有字的故事》四本木刻是1933年9月出版的，出版后不久，即引起读书界的关注。鲁迅在本年11月6日写的《论翻印木刻》一文中指出："麦绥莱勒的连环图画四种出版并不久，日报上已有了种种的批评，这是向来的美术书出版后未能遇到的盛况，可见读书界对于这书，是十分注意的。"当时议论的要点，是感到麦氏作品许多地方不大好懂。鲁迅说，这是因为社会上有种种读者层，出版物自然也就有种种。麦氏的书是从介绍木刻艺术的角度出发，希望于学木刻的青年有所收益，而不是把它看作大众读物的。苏汶借《中国文艺年鉴》编者的名义，攻击文艺大众化和鲁迅，故意把鲁迅在《"连环图画"辩护》中的意见和介绍德国版画的目的混淆起来，讥讽鲁迅把德国版画那类作品搬到中国来，是否能为一般大众所理解。鲁迅对此给予驳斥，说明在《"连环图画"辩护》中"所辩护的只是连环图画可以成为艺术，使青年艺术学徒不被曲说所迷，敢于创作，并且逐渐产生大众化的作品而已"，并非说德国版画就是中国的大众艺术。鲁迅认为，"虽然只对于智识者，我以为绍介了麦绥莱勒的作品也还是不够的"。他希望更多地介绍外国作品，"同是木刻，也有刻法之不同，有思想之不同，有加字的，有无字的，总得翻印好几种，才可以窥见现代外国连环图画的大概"①。

鲁迅对麦绥莱勒的木刻艺术给予很高评价,认为其最大特点是"黑白分明""刀法简略",同时认为麦氏技法甚高,不适宜一般初学者学习。他在1933年的一封信中说:"M．氏(按指麦绥莱勒)的木刻黑白分明,然而最难学,不过可以参考之处很多,我想,于学木刻的学生,一定很有益处。但普通的读者,恐怕是不见得欢迎的。我希望二千部能于一年之内卖完,……这才是木刻万岁也。"②1934年在给木刻家张慧的信中又说:"良友公司所出木刻四种,作者的手腕,是很好的,但我以为学之恐有害,因其作刀法简略,而黑白分明,非基础极好者,不能到此境界,偶一不慎,即流于粗陋也。惟作为参考,则当然无所不可。"③鲁迅对麦氏艺术特点的评价无疑是正确的,也是深刻的。

鲁迅在为连环图画辩护时,更是多次提及麦绥莱勒。

中国左翼作家联盟于1930年成立,不久就提出了"创作革命的大众文艺"的要求。到1932年4月间,冯雪峰、瞿秋白就在《文学》创刊号上分别撰文,提出应当利用连环图画这一形式。连环图画的观者多是识字不多的俗人和儿童,所以它又被称为"小人书",被目为不登大雅之堂的一种文艺形式。但它的启蒙作用很大,有着深厚的群众基础。左翼作家的这一正确主张却受到了"第三种人"苏汶的攻击。他在自编的《现代》杂志七月号上撰文说:"他们鉴于现在劳动者没有东西看,在那里看陈旧的充满了封建气味的(这就是说,有害的)连环图画和唱本。于是他们便要作家们去写一些有利的连环图画和唱

---

① 《鲁迅全集》第4卷,《南腔北调集·论翻印木刻》,人民文学出版社1981年版,第604页。

② 《鲁迅全集》第12卷,《书信·331008 致赵家璧》,人民文学出版社1981年版,第235页。

③ 《鲁迅全集》第12卷,《书信·340405 致张慧》,人民文学出版社1981年版,第374—375页。

本来给劳动者们看。……这样低级的形式还生产得出好的作品吗？确实，连环图画里是产生不出托尔斯泰，产生不出弗罗培尔（按通译福楼拜）来的。这一点难道左翼理论家们会不知道？"[1]

针对苏汶一笔抹杀连环图画的指斥，鲁迅先后写了《论"第三种人"》《"连环图画"辩护》两篇文章予以反驳。在前篇文章中，鲁迅指出："左翼虽然诚如苏汶先生所说，不至于蠢到不知道'连环图画是产生不出托尔斯泰，产生不出弗罗培尔来'，但却以为可以产出密开朗该罗（按通译米开朗琪罗）、达文希（按通译达·芬奇）那样伟大的画手。而且我相信，从唱本说书里是可以产生托尔斯泰，弗罗培尔的。现在提起密开朗该罗们的画来。谁也没有非议了，但实际上，那不是宗教的宣传画，《旧约》的连环图画么？"在后一篇文章中，鲁迅又列举古今中外大量事实，证明了"连环图画不但可以成为艺术，而且已经坐在'艺术之宫'的里面了"。这些事例，就包括19世纪后半叶以来国外创作版画的"连作"（Blattfolge），说明这些也都是出色的连环图画。鲁迅列举出了德国的珂勒惠支、梅斐尔德、比利时的麦绥莱勒、美国的希该尔及英国的吉宾斯等画家的作品。鲁迅列出麦绥莱勒的作品共六种：一是《理想》，木刻83幅；二是《我的祷告》，木刻165幅；三是《没字的故事》，木刻60幅；四是《太阳》，木刻63幅；五是《工作》，木刻，幅数失记；六是《一个人的受难》，木刻25幅。鲁迅还再次号召中国的青年艺术家们，来学习和研究像麦绥莱勒这样的欧洲名家的作品以及"中国旧书上的绣像和画本"，创造出雅俗共赏的连环图画。鲁迅指出，对这样的作品，"大众是要看的，大众是感激的"！

鲁迅的心血没有白费。在他的积极倡导和悉心扶持下，中国的现代木刻运动取得了显著的成绩，一批木刻新人在成长。"仗着作者历来的努力和作品的日见其优良，现在不但已得中国读者的同情，并且

---

[1] 《关于"文新"与胡秋原的文艺论辩》，《现代》第1卷第3期，1932年7月。

也渐渐的到了跨出世界上去的第一步。虽然还未坚实，但总之，是要跨出去了。"①为了对新兴木刻以鼓励和切磋，鲁迅遂于1934年8月编辑了《木刻纪程》一书，以铁木艺术社名义印行，计收木刻24幅，作者为何白涛、李雾城（陈烟桥）、陈铁耕、一工（黄新波）、陈普之、张致平（张望）、刘岘、罗清桢等人，作为"一个木刻的路程碑"，"以为读者的综观，作者的借镜之助"。鲁迅也希望作者不断地奋发，使《木刻纪程》能一程一程地向前走。

1958年10月，麦绥莱勒应中国人民对外友好协会的邀请，来到中国访问并在北京、上海和武汉举办了个人画展，陈毅副总理亲切会见并向他赠送了我国出版的他的《一个人的受难》等四种木刻作品。他无比激动地说："这不仅是四本书，而是全人类四分之一对我的艺术的支持。"他特地到上海虹口公园向鲁迅墓敬献了花圈，在默哀良久之后，十分动情地说："我能够站在伟大的鲁迅墓前，非常感动。"他还表示，要把自己在中国亲眼看到的一切"通过艺术表现出来，告诉欧洲人"。他回国后创作了一套以《回忆中国》为题的绘画和木刻作品，四十余幅，曾先后在欧洲各国巡回展出，并于1960年由法国莱比锡出版社出版。②

（本文为作者2007年6月27日在"中国·比利时绘画五百年"学术报告会上的讲演，收入郑欣淼著《山阴道上》，紫禁城出版社2011年版）

---

① 《鲁迅全集》第6卷，《且介亭杂文·〈木刻纪程〉小引》，人民文学出版社1981年版，第47页。

② 李允经：《鲁迅与中外美术》，书海出版社2005年版，第352—353页。

鲁迅与现代中国文化建设

鲁迅是一位伟大的文学家、思想家、革命家，同时也是中国现代文化事业的建设者，是中国文物博物馆事业的开拓者之一。本文拟就鲁迅对于中国现代文化建设的贡献以及他的文化建设思想理念等做一介绍。

一 社会教育司与文化事业

在鲁迅一生中，教育工作占了他相当长的时间。鲁迅于1902年赴日本留学，1909年8月间离日归国，即投入教育工作。他先在杭州两级师范学堂任初级化学和优级生理学教员。他教学认真，所编油印的生理学讲义《人生象敩》及其附录《生理实验术要略》，曾发表在1914年10月出版的《教育周刊》上，后来收入《鲁迅全集补遗续编》。不久他又到绍兴府中学堂任教。绍兴光复后，他出任绍兴师范学校校长。

1912年1月1日，中华民国诞生，临时政府在南京成立。1月19日，教育部成立。2月，32岁的鲁迅受到时在教育总长蔡元培手下任职的好友许寿裳推荐，进教育部工作。先是在南京任职，南北议和后政府北迁，1912年5月又随之进京。鲁迅从这时一直到1926年8月26

日与许广平同车离开北京,才结束了他的教育部官场生涯。从1909年到1926年,鲁迅先是教书,接着在北洋政府教育部任职,前后共十七年。鲁迅在南京时间很短,到北京后,先任教育部社会教育司第二科科员。1912年8月,先任佥事,接着任第一科科长,一直到他1926年离开教育部。

中华民国教育部为中华民国负责学术、文化及教育行政事务的最高机构,并监督地方政府教育主管机关。中华民国成立后,即将清朝的"学部"改名为"教育部",设立一厅三司:承政厅、普通教育司、专门教育司及社会教育司,从事国内教育兴革相关工作。民初教育部的教育行政体制的主体结构基本沿用了清末学部的框架,但社会教育司的设置,则是一大特色。

世界范围内的现代社会教育是从19世纪逐渐发展起来的,清末以来这一理论传入中国。民国社会教育是家庭教育、学校教育以外一切教育活动的通称。民国元年教育部设立社会教育司,继而社会教育的概念在法规和行政方面普遍使用,这与蔡元培密不可分:"先生在欧洲多年,感于各国社会教育之发达,而我国年长失学之人占全国之大多数,以此立国,危险孰甚!因竭力提倡社会教育,而于草拟教育部官制时,特设社会教育司,与普通教育司、专门教育司并立,此官制后来通过于参议院,至今仍之。"①社会教育确立于民初,是中国近代历史上一项颇为重要的教育活动。

社会教育司设司长一人管理本司事务,开始下设三科:第一科掌宗教、礼俗;第二科掌科学、美术;第三科掌通俗教育。1912年5月,经国务会议决定,将前清钦天监、典礼院事项划归教育部,分属于专门教育司、社会教育司。1912年8月,教育部修正官制,社会教育司把主管礼俗、宗教的原第一科移交给内务部,原来的第二科就成

---

① 蒋维乔:《民国教育部初设时之状况》;舒新城编:《近代中国教育史料四》,上海科学技术文献出版社2015年版,第195页。

为第一科。该司下设机构也由三个科变为两个科。1912年12月，教育部公布分科规程，社会教育司职掌大致仍旧，唯第一科增博物馆、图书馆事项。

据1912年8月4日《大自由报》载《教育部官制案》，规定社会教育司司掌事务如下："一、关于厘正通俗礼仪事项。二、关于博物馆、图书馆事项。三、关于动植物园等学术事项。四、关于美术馆、美术展览会事项。五、关于文艺、音乐、演剧等事项。六、关于调查及搜集古物事项。七、关于通俗教育及讲演会事项。八、关于通俗图书馆及巡行文章事项。九、关于通俗教育之编辑、调查、规划等事项。"[①]

1914年《教育部官制》第六条规定社会教育司职掌："一、关于通俗教育及演讲会事项；二、关于感化事项；三、关于通俗礼仪事项；四、关于文艺、音乐、演剧事项；五、关于美术馆及美术展览会事项；六、关于动植物园等学术事项；七、关于博物馆、图书馆事项；八、关于各种通俗博物馆、通俗图书馆事项；九、关于公众体育及游戏事项。"[②]此后直至1926年，社会教育司的执掌再无大的变更。

与《教育部官制》一样，《教育部分科规程》也经过多次变动修正，于1918年12月公布，其中第四条是关于社会教育司的："社会教育司设置第一科、第二科，分掌各项事务。第一科所掌事务如下：一、博物馆、图书馆事项；二、动植物园等学术事项；三、美术馆、美术展览会事项；四、文艺、音乐等事项；五、调查及搜集古物事项。第二科所掌事务如下：一、厘正通俗礼仪事项；二、通俗教育及讲演会事项；三、通俗图书馆、巡行文库事项；四、通俗戏剧、词

---

① 转引自《鲁迅年谱（增订本）》第1卷，人民文学出版社2000年版，第273页。

② ［日］多贺秋五郎：《近代中国教育史资料（民国编·上）》，台北文海出版社1976年版，第382—383页；转引自熊贤君：《中国教育行政史》，人民教育出版社2014年版，第110页。

曲等事项；五、通俗教育之调查、规划事项；六、感化院及惠济所事项；七、不属于他科所掌事项。"①

1915年颁教育发展纲要，阐明凡学校以外的教育属社会教育的范畴，可分高尚与通俗两类：高尚者有图书馆、博物馆、美术馆等；通俗者有通俗讲演、通俗书报、通俗图书馆等。

经过多年实践，社会教育的具体做法也比较明确了。1919年教育部拟订全国教育计划书，提出社会教育分九项进行："一、图书馆：借此启导学术，其功用等于学校，乃就原有国立图书馆，大加整理扩充。二、建博物馆：以中国文化流传最久，历代留遗之古器，足资学术之参考文化之表征者，不胜缕举。三、扩充及补助通俗讲演所：以输入一般国民之普通知识，收效极宏。四、筹设美术馆：美感教育，极关重要。宜筹款设立，并办理提倡美术事宜。五、筹设教育动植物园：给予国民以直接观察之知识。六、提倡文艺、音乐、演剧：以高尚娱乐增高其思想，陶冶其品性。七、提倡公众体育：体育仅限于学校，未免偏枯，应筹设公众体育场所，以图国民体育之发展。八、制造通俗教育用具：如幻灯活动影片，于倡导社会，有最良之功用。九、译印东西文化书籍：择学术文艺中必要者译印，供校外教育之用。"②

从社会教育司的职能来看，其所掌管的文艺、音乐、演剧、美术馆、博物馆、图书馆、公众体育及游戏等事项，都是今天的文化艺术事业。可见，当时的教育部不仅是全国最高的教育行政机关，也是最高的文化行政机关，教育总长则是全国教育及文化行政最高长官。在这一方面，民初教育部与清末学部也有着一定的渊源关系。

清光绪三十一年（1905年）八月宣布停科举，年底成立学部。学部是新政和社会变化的重要内容，在中国近代教育改革中起过新旧交

---

① 《教育法规汇编》1919年5月，转引自熊贤君：《中国教育行政史》，第112—113页。
② 《教育杂志》第11卷第3号，转引自熊贤君：《中国教育行政史》，第193页。

替、承前启后的重要历史作用。教育与学术文化紧密联系，与新式学堂同时发展起来的近代文化事业，在中央行政改制后主要也由学部负责掌管。学部期间，先后提出过两套官制方案。第一套方案是1906年6月11日"奉旨依议"的《学部奏酌拟学部官制并归并国子监事宜改定缺额折》[①]。学部设有普通司、专门司、实业司、总务司与会计司等五司十二科。其中专门司"掌核办大学堂、高等学堂及凡属文学、政法、学术、技艺、音乐各种专门学堂一切事务"等。专门司下设专门教务和专门庶务两科。教务科主管"大学堂、高等学堂及凡属文学、政法、学术、技艺、音乐各种专门学堂"，庶务科负责考查与奖励各种专门学会、各种学术技艺、留学生派遣与奖励，还办理"关于图书馆、博物馆、天文台、气象台等事"。而实业司下属的建筑科则负责图书馆、博物馆的建造、营缮与考核。与此相应，各省学务官制也将有关事务列入学务公所图书课的职责范围。事实上，近代中国图书馆事业的兴起，很大程度上得益于学部自上而下的倡导推行，此外学部在保护文物古籍、鼓励发明等方面也做过一些努力，为近代文化事业的发展做了奠基性工作。《学部奏酌拟学部官制并归并国子监事宜改定缺额折》正式颁行不到半年，恰逢1906年中央官制全面改革，出台了重加审订的第二套方案，即1906年《学部官制草案》[②]。与前一方案相比，这一方案开宗明义提出"学部管理全国教育学艺"，强调学部的职能不仅限于教育本身，而且包括了文化、技艺、学术思想。

　　民初教育部，在1913年的修正教育部官制中，规定教育部职权为管理教育、学艺及历象事务，不仅承袭了学部关于发展文化事业的职责，而且所涉及的方面更多。社会教育司第一科主要职责是筹建博物馆、图书馆；管理美术馆及美术展览；负责文艺、音乐、演剧事务；

---

　　① 《学部奏酌拟学部官制并归并国子监事宜改定缺额折》，学部总务司编：《学部奏咨辑要》卷一，宣统元年刊本，第47页；转引自熊贤君：《中国教育行政史》，第69页。

　　② 《学部官制草案》，朱有瓛等编：《中国近代教育史资料汇编·教育行政机构及教育团体》，上海教育出版社1993年版，第16—19页。

调查、搜集古物；动植物园建设和学术研究；等等。鲁迅从1912年8月直至1926年离开教育部，长期担任该科科长，负责与文化有关的事务。实际上，鲁迅所在的部门就是国家管理文化艺术事业的最高行政机关。因为当时这些方面处于拓荒期，可以说鲁迅是中国现代文化事业的开拓者之一。

二　鲁迅的文化建设思想

鲁迅在教育部的十四年，总体上从事着文化建设工作。对于中国新文化的建设，鲁迅在日本留学时就进行了认真的探索和思考。认识鲁迅的文化建设思想，有利于了解他在教育部的文化建设的探索与实践。

鲁迅思想的核心是对"人"的关注，对人的精神现象的重视。早年鲁迅通过对竞言武事的洋务派和托言众志、蔑视个性的维新派两种文化思想的批判，认为"是故将生存两间，角逐列国是务，其首在立人，人立而后凡事举，若其道术，乃必尊个性而张精神"[①]。"立人"的实质是重视国民精神的改造和提倡个性解放，即摒弃国民劣根性，重塑新型的民族性格。何以促进人的自觉？鲁迅提出一条正确的途径和规范，这就是"首在审己，亦必知人，比较既周，爰生自觉"。人应在"审己"和"知人"中达到人的自觉，成为能自觉意识到人的独立、自由的具有主体精神的现代人。

鲁迅在1907年的《文化偏至论》中提出了自己的文化建设观："明哲之士，必洞达世界之大势，权衡较量，去其偏颇，得其神明，施之国中，翕合无间，外之既不后于世界之思潮，内之仍弗失固有之血脉，取今复古，别立新宗，人生意义，致之深邃，则国人之自觉

---

① 《鲁迅全集》第1卷，《坟·文化偏至论》，人民文学出版社1981年版，第56页。

至，个性张，沙聚之邦，由是转为人国。"其中"外之既不后于世界之思潮，内之仍弗失固有之血脉"两句话，可以说是鲁迅文化观的高度概括。这两句话的意思是，文化的发展具有时代性，即应跟上世界文化发展的潮流；文化的发展又具有民族性，强调保持中国传统文化的根基。因此他提出要有世界文化的视野，要运用脑髓，放出眼光，弘大"汉唐气魄"，实行"拿来主义"；同时不能妄自菲薄，认为我们什么都不如人，而要维系和发扬中华民族五千年来赖以生存和发展的"固有之血脉"。鲁迅这种对于建设崭新文化的见解，在中国近代启蒙主义运动中是十分杰出的，这对于他在民初教育部的文化建设工作无疑有着重要的指导作用。

鲁迅从小就爱好美术，注重文艺，后来在美术理论研究、中外美术交流、美术人才培养方面着力甚多，贡献巨大。文化与美术、艺术密切联系，他的美术观也成为他的文化建设思想的重要组成部分。鲁迅主管的文化建设多与美术有关，他的美术观有力地促进了他所从事的工作。

蔡元培出任教育总长不久，就发表《对于教育方针的意见》，提出"五育"并举，其中就有"美育"。但当时人们对美育认识水平不高，因此响应者寥寥。鲁迅深知美育的重要，积极赞助蔡先生的美育思想。1912年6月教育部开办"夏期讲演会"，鲁迅担任"美术略论"课程，这里的"美术"相当于现在所说的艺术。不久，因政局变化，蔡总长辞职，"临时教育会议"决议删除美育一项，鲁迅非常愤慨，在《日记》中写道："闻临时教育会议竟删美育，此种豚犬，可怜可怜！"[①]"美术略论"宣讲于新旧总长交替之际，原计划讲五次，第三次未讲。7月17日宣讲结束这一天，"初止一人，终乃得十人，是日讲毕"[②]。

---

① 《鲁迅全集》第14卷，《日记·壬子日记》，人民文学出版社1981年版，第9页。
② 《鲁迅全集》第14卷，《日记·壬子日记》，人民文学出版社1981年版，第9—10页。

鲁迅还把自己对美育的思考写成文章，即1913年2月发表在《教育部编纂处月刊》第一卷第一册上的《拟播布美术意见书》。这是鲁迅在吸取了西方美术发展的经验又结合当时我国美术事业的现状，经过深入思考之后撰写的重要论文，论述了美术的起源、本质、类别、目的、作用以及传播的方法等，并且在文中首次提出了"美术必有利于世的主张"，建议将美育主张与艺术创作结合起来，希望通过艺术推动美育、传播美育。值得注意的是，鲁迅的文章发表在《教育部编纂处月刊》，这是民国初年北京教育部编纂处主编的教育理论刊物，内容包括当时的教育政策、法令，以及国内外教育理论的研究和论述。在这个刊物上发表，说明鲁迅这篇文章的分量，也说明这是当时中国教育事业的一个新探索、新导向。

鲁迅认为，音乐、雕塑、建筑、文章、绘画等都属于"美术"这一范畴。此处的"美术"应属于"大美术"概念，更接近于我们今天所说的"艺术"。

鲁迅指出美术有三种功用：

一是美术可以表见文化："凡有美术，皆足以征表一时及一族之思惟，故亦即国魂之现象；若精神递变，美术辄从之以转移。此诸品物，长留人世，故虽武功文教，与时间同其灰灭，而赖有美术为之保存，俾在方来，有所考见。他若盛典俊事，胜地名人，亦往往以美术之力，得以永住。"[1]在鲁迅看来，凡是美术作品都可以表现一个时代、一个民族的精神面貌，即"国魂"，这是"美术之力"所独有的价值作用。

二是美术可以辅翼道德："美术之目的，虽与道德不尽符，然其力足以渊邃人之性情，崇高人之好尚，亦可辅道德以为治。物质文明，日益曼衍，人情因亦日趋于肤浅；今以此优美而崇大之，则高洁

---

① 《鲁迅全集》第8卷，《集外集拾遗·拟播布美术意见书》，人民文学出版社1981年版，第47页。

之情独存，邪秽之念不作，不待惩劝而国乂安。"①

三是美术可以救援经济："方物见斥，外品流行，中国经济，遂以困匮。然品物材质，诸国所同，其差异者，独在造作。美术弘布，作品自胜，陈诸市肆，足越殊方，尔后金资，不虞外溢。故徒言崇尚国货者末，而发挥美术，实其本根。"②鲁迅强调可以通过美术救援经济，改善积贫积弱的时代，通过美术及美术作品的传播可以改善经济民生，促进社会进步，这是多么卓越的见识。今天我们正在强调文化艺术的经济价值，大力倡导文化创意产业，与鲁迅一百多年前的认识何其相似乃尔，由此可见鲁迅不同凡响的战略眼光。

更重要的是此文第四部分的"播布美术之方"。鲁迅指出，若要使美术充分发挥它的功能，真正实现其价值，就必须进行"播布"。如何播布？鲁迅站在现代美术事业建设的角度上，提出"建设事业"、"保存事业"与"研究事业"三方面任务。在"建设事业"上，指出各地政府应在征求相关专家的基础上在当地建立美术馆、剧场、奏乐堂，举办展览会、文艺会；在"保存事业"上，提出对美术遗产进行妥善保管与整理（包括著名建筑、碑碣、壁画、寺庙造像与古园林公园）等；"研究事业"，成立中国古乐研究会、国民文术研究会，以理各地歌谣、俚谚、传说、童话等。

"播布美术之方"诸项，与鲁迅在教育部的工作职责关系甚大。按照当时的分工，鲁迅任科长的社会教育司第一科主管"关于博物馆、美术展览事项；关于文艺、音乐、演剧等事项；关于调查及搜集古物事项"；等等。关于这些事项如何进行，教育部社会教育司并无明确指示，正是"播布美术之方"才将这些"应行之事"做出了具体的说明，有了明晰的思路，实际上成为社会教育司第一科此后的工作

---

① 《鲁迅全集》第 8 卷，《集外集拾遗·拟播布美术意见书》，人民文学出版社 1981 年版，第 47 页。

② 《鲁迅全集》第 8 卷，《集外集拾遗·拟播布美术意见书》，人民文学出版社 1981 年版，第 47 页。

纲领。

　　"播布美术之方"不仅思考全面，条理清楚，而且有一些真知灼见。例如对著名建筑的保护，就大致包括了我们今天所说的不可移动的文化遗产，也强调了保护的原因："伽蓝宫殿，古者多以宗教或帝王之威力，令国人成之；故时世既迁，不能更见，所当保存，无令毁坏。其他若史上著名之地，或名人故居，祠宇，坟墓等，亦当令地方议定，施以爱护，或加修饰，为国人观瞻游步之所。"

　　鲁迅提出保护"伽蓝"即佛寺的话是有针对性的。清末民初，反迷信的呼声很高，一些人把宗教与民间习俗都统统看作迷信，一些地方把神庙佛寺改作新式学堂。鲁迅早在1908年的《破恶声论》中就批评了那种把宗教当作迷信的错误认识。他认为，宗教产生的重要原因是人的精神需要："此乃向上之民，欲离是有限相对之现世，以趣无限绝对之至上者也。人心必有所冯依，非信无以立，宗教之作，不可已矣。"正是对宗教、迷信、宗教建筑、文化遗产等关系有了清楚的认识，才有了进步的文物保护理念，敢于明确提出保护著名的宗教建筑。鲁迅还从艺术的角度，提出重视保护"梵刹及神祠中"的"壁画及造像"，其中有些作品还是出于名家之手，艺术价值很高，但"近时假破除迷信为名，任意毁坏，当考核作手，指定保存"。

　　鲁迅这里提出的一些设想，有的在他后来的工作中得以实施。例如，在"保存事业"中，他特别提出"碑碣"的保护。碑碣就是刻石，中国古代把长方形的刻石叫碑，把圆首形的或形在方圆之间、上小下大的刻石叫碣。秦始皇刻石记功，大开竖立碑碣的风气。东汉以来，碑碣渐多，碑的形制也有了一定的格式。从碑刻内容上，以颂功、记事和墓碑三类发现最多。碑碣上的文字是研究古代政治、经济、文化的最直接的材料。鲁迅鉴于当时对碑碣重视不够的状况，指出："椎拓既多，日就漫漶，当申禁令，俾得长存。"我国把钟鼎、碑碣等文物的形状及其上面的文字、图案拓下来的纸片，叫金石拓片。金石拓片是研究古代的重要资料。为了丰富京师图书馆的收藏，1916年10月，鲁迅以教育部的名义，咨各省区征求各种著名碑碣石刻等拓本，咨文上说："京师图书馆为我国文艺渊府，吉金乐石，宜广收藏。乃观该馆所储碑碣拓本，寥寥无几，自非更事搜罗，恐无以发皇国华，阐扬学艺。为此咨行贵署，请烦查照转饬所属，凡系当地著名碑碣石刻，各拓一份，径寄本部，转交京师图书馆庋藏。"①教育部的通令征集收到一定成效。至1917年8月，共收到碑碣拓片等929种。其中，有陕西省图书馆馆长高树基呈送所管碑林全部碑碣拓片445种，丰富了京师图书馆金石拓片的收藏。②

三　鲁迅的文化建设实践

鲁迅在教育部的工作，着力最多的是图书馆、博物馆等公共文化建设。特别是京师图书馆，鲁迅更是倾注了大量的心血。

中国的图书馆、博物馆是晚清时期西学东渐、维新自强的产物。至戊戌变法时期，西方图书馆、博物馆及其社会功能进一步被一批维新改良人士所认识，将它们作为一项公共领域制度纳入其所设计的社会变革方略。1905年，清政府为"预备立宪"，派五大臣出洋考察政治。1906年10月考察大臣回国后向清政府连上三道奏折，一奏军政，二奏教育，第三奏即"各国导民善法，拟请次第举办，曰图书馆，曰博物馆，曰万牲园，曰公园"③。光绪帝责成学部承办，命各省兴办图书馆、博物馆、动物园、公园等，中国公共文化事业自此开始兴起。

---

① 参见北京图书馆（今国家图书馆）档案，转引自李希泌、刘明：《鲁迅与京师图书馆》，《昆明师范学院学报》（哲学社会科学版）1980年第3期。

② 《国家图书馆档案》，档采藏2.5、2.6，转引自《中国图书馆馆史》，国家图书馆出版社2009年版，第21页。

③ 《清实录·德宗景皇帝实录》第563卷。

1. 图书馆

鲁迅参与创建了京师图书馆、京师图书馆分馆、京师通俗图书馆。

1909年9月，清政府准学部之奏设立京师图书馆，设馆于什刹海广化寺，但未及开馆而清朝覆亡，馆务因而停顿。民国政府成立，京师图书馆隶属教育部。鲁迅担任社会教育司第一科科长，京师图书馆的筹建工作就成了他的最主要工作。据《鲁迅日记》记载，仅1912年这一年，他就去了广化寺八次。当年8月，京师图书馆正式开馆接待读者。1913年2月社会教育司司长夏曾佑兼任京师图书馆馆长，因不能经常莅馆主持馆务，图书馆的管理之责实际落在鲁迅和沈商耆的身上。此后，鲁迅对该馆之迁移、建设和发展，做过许多努力，花费不少心血。因广化寺过于简陋，加上馆址偏僻，读者寥寥，教育部终在1913年10月下令京师图书馆闭馆，另觅适宜馆址，以改组扩充。1915年，教育部决定迁京师图书馆至方家胡同国子监南学。在图书馆选址和计划布置等工作上，鲁迅都亲自参加，投入了巨大的精力。《鲁迅日记》中多有记载。1917年1月26日农历春节刚过，京师图书馆在方家胡同国子监南学旧址举行开馆仪式，蔡元培、鲁迅和教育部有关官员出席了开馆仪式，并与馆员合影留念。1928年，京师图书馆更名为国立北平图书馆。新中国成立后更名为北京图书馆，现为中国国家图书馆。

为了充实京师图书馆庋藏，鲁迅做了很多工作，采取了多种措施。京师图书馆开办之初，鲁迅就以教育部的名义先后从河北、河南、辽宁、吉林、黑龙江、山西及云南等省调来大批官书。1916年3月8日，教育部向内务部报文，请求将内务部立案之出版图书送交一份给京师图书馆。4月1日，北洋政府国务院批准教育部呈文。京师图书馆作为国家图书馆、国家总书库的地位得以确立。《永乐大典》（残本）与文津阁《四库全书》是我国举世闻名的两部重要典籍，其入藏京师图书馆，鲁迅都做了大量的工作。

地方志是科研工作的重要资料。今天国家图书馆藏有大量的地方志，这应归功于鲁迅。鲁迅于1916年10月，以教育部的名义，咨各省区饬所属征取最新志书。咨文上说："今观该馆所藏各省县图志，寥寥无几，且多百余年前修辑之本，自非更行采集，无以汇志乘之大观，供市民之搜讨。为此咨行贵署，请烦查照转饬所属，征取最新修刊之志书。其未经新修者，取最后修成之本，径行邮送本部，转交京师图书馆庋藏。"[①]据京师图书馆呈送该部报告，自1916年10月起就开始收到各地发交的志书，至1917年8月，共收到各省通志、县志等374部。

与此同时，鲁迅等人也在为开设京师图书馆分馆等事务而忙碌奔波。开设分馆是江瀚任京师图书馆馆长时提出的主张，他认为京师图书馆"属研究图书馆之范围，只足资学问家之便宜"，可设分馆，添购各项杂志及新出图籍，"既以引起国民读书之爱感，并借副大部振兴社会教育之至意"[②]。这一主张得到教育部的同意。江瀚离任后，鲁迅等人继续筹办，在宣武门外前青厂租得民房一座，从京师图书馆调了一批重复的书籍放在这里，又补订了各种杂志及新出书籍充实馆藏，并制定分馆办事规则和阅览规则。1913年6月，京师图书馆青厂分馆正式成立。这是京师图书馆设立分馆之始。由于青厂的房子狭小，做图书馆很不合适，鲁迅便又到"石桥""豫章学堂""筹边学校"等地考察寻找房屋。这些在《鲁迅日记》中也多有记载，如"午后同夏司长、齐寿山、戴芦舲赴前青厂观图书分馆新赁房屋"（1913年4月1日）、"午后同夏司长、戴芦舲往前青厂图书分馆"（1913年5月23日）、"赴夏司长家商图书分馆事"（1913年6月5日）、"教育部欲买石桥别业为图书馆，同司长及同事数人往看之"（1914年1月23日）、"午前同沈商耆往看筹边学校房屋可作图书馆不"（1914年7月21日）等。1914年6月青厂分馆迁至前青厂西口永光寺街，

---

① 参见北京图书馆（今国家图书馆）档案，转引自李希泌、刘明：《鲁迅与京师图书馆》，《昆明师范学院学报》（哲学社会科学版）1980年第3期。

②《北京图书馆馆史资料汇编》（1909—1949），书目文献出版社1993年版，第33—34页。

1916年初又迁至宣武门外香炉营四条胡同。

民国教育部社会教育司的设立，标志着我国社会教育制度化的开始。社会教育面向平民大众，强调的是通俗教育，因而"通俗教育"也成为自民国元年到"五四"运动以前社会教育的中心工作。通俗图书馆就是在大力推行通俗教育的环境下得以产生和发展的。我国最早的通俗图书馆——京师通俗图书馆的诞生，鲁迅是主要筹办者。通俗图书馆行政上并不隶属京师图书馆，但经费则由京师图书馆统拨。可以说是京师图书馆的"准分馆"。与鲁迅一道积极筹办京师通俗图书馆的还有教育部社会教育司二科佥事徐协贞、主事王丕漠，经过他们的通力合作，同年10月21日，京师通俗图书馆在北京宣武门内大街开馆。这一天《鲁迅日记》记载："午后，通俗图书馆开馆，赴之。"、鲁迅一直致力于通俗教育，他深知通俗图书馆对于通俗教育的重要影响，在筹划创办期间经常前往检查指导工作，开办以后也一度由他主管，直至1915年教育部任命王丕漠为主任。

京师通俗图书馆以服务于广大群众为目的，定位于"通俗"，其藏书以通俗易懂为主，分为普通用书和儿童用书两大部分。通俗图书馆的阅读场所也体现出服务普通民众的特征，除免费阅览外，还附设公众体育场、新闻阅览处与儿童阅览室。关于通俗图书馆的开放以及管理章程等问题，鲁迅做了很多思考。他曾谈过自己的一些想法："京师图书分馆等章程，朱孝荃想早寄上。然此并庸妄人……所为，何足依据。而通俗图书馆者尤可笑，几于不通。仆以为有权在手，便当任意作之，何必参考愚说耶？教育博物馆等素未究，必无以奉告。惟于通俗图书馆，则鄙意以为小说大应选择；而科学书等，实以广学会所出者为佳，大可购置，而世多以其教会所开而忽之矣。"[1]在通俗图书馆开设过后，鲁迅先生曾多次去指导工作，还把《绍兴教育会月

---

[1]《鲁迅全集》第11卷，《书信·180820致许寿裳》，人民文学出版社1981年版，第353页。

刊》《炭画》等书报赠送给该馆。此外，在小说股第六次例会上，鲁迅等还讨论了向通俗图书馆借书办法问题。十余年后，鲁迅在《小说旧闻钞》再版前言中曾回顾和追述这所通俗图书馆，还称它为"天堂之所"，可见鲁迅对这所图书馆的热爱和称许。

1916年9月，教育部据该部社会教育司关于通俗图书馆搬迁的建议，经与内务部商洽，以中央公园社稷坛之戟殿为阅览室及书库，并于戟殿东北空地盖北房七间为办公室，建成阅览所。1917年8月21日开始接待读者。鲁迅这一天前往视事，他的日记有"公园内图书阅览所开始，乃往视之"的话。1926年，京师图书馆分馆改为京师第一普通图书馆，京师通俗图书馆更名为京师第二普通图书馆。

教育部在《京师通俗图书馆成立之经过》一文中称："通俗教育以启发一般人民普通必需之知识为主，故通俗图书馆之设，实关紧要。其中采集之图书，以人民所必需且易晓者为宜。……且当时各省对于此项图书馆均未设立。本部因于民国二年创设京师通俗图书馆一所，为各省倡。"[1]1914年12月，教育部提出《整理教育方案草案》，将社会教育分为"学艺的社会教育"和"通俗的社会教育"两类。"学艺的社会教育"以广施教化、增进国民学艺为目的，"通俗的社会教育"以提高民众道德及常识为目的，通俗图书馆即其中的重要设施。京师通俗图书馆从1913年10月开馆，到1926年5月改称为京师第二普通图书馆，前后存在了约13年的时间。它是我国最早实施免费服务的公共图书馆，其开放促成了《通俗图书馆规程》的颁布，并为民国初年通俗图书馆事业的兴起和发展发挥了重要的示范和指导作用。据1916年教育部的统计，当时分布在全国21个省的通俗图书馆已有237所，最多的湖北省有44所。[2]

---

[1] 李希泌、张淑华：《中国古代藏书与近代图书馆史料》，中华书局1982年版，第266页。

[2] 李希泌、张淑华：《中国古代藏书与近代图书馆史料》，中华书局1982年版，第256—257页。

2. 博物馆

鲁迅参与了历史博物馆的筹设。

1912年7月9日，教育部决定在北京清代国子监筹设历史博物馆，并于"明伦堂"内设筹备处。由于该馆筹建工作由社会教育司第一科负责，在此半个月前，为了选觅馆址，鲁迅就去国子监做了认真考察，《鲁迅日记》6月25日载："午后视察国子监及学宫，见古铜器十事及石鼓。"1918年，历史博物馆筹备处从国子监迁到天安门内午门外的地方，1926年10月正式开放。1959年建新馆于天安门广场东侧，现为中国国家博物馆。

从1912年至1926年的15年间，鲁迅经常到历史博物馆检查工作进展情况。《鲁迅日记》中多有记录，"午后同戴芦舲、许季上游雍和宫，次至历史博物馆"（1913年8月12日）、"上午往长巷二条来远公司访蒋抑卮，见蒋孟平、蔡国青，往福全馆午饭后同游历史博物馆"（1914年4月1日）、"下午往午门"（1918年9月9日）、"下午往历史博物馆"（1919年11月24日）、"午后往历史博物馆"（1920年1月8日）、"午后往留黎厂……又为历史博物馆买瓦当二个三元"（1921年3月23日）、"午后往历史博物馆"（1924年10月9日）、"午后往女师校讲，并领学生参观历史博物馆"（1925年4月20日）等等。鲁迅1920年4月17日—5月12日，其中有十四个下午去往午门。"一战"以后，教育部把上海德侨俱乐部的藏书没收，运到北京，放在午门西雁翅楼，由部选派八位专家分别整理。八人中有鲁迅先生，每天下午3—5时，八人到午门楼上工作两小时，把各种图书清理登记，编制草目。鲁迅先生和齐宗颐任俄、德文书，其他六人任法文、英文、日文书，大约有一个多月的时间才告结束。①

历史博物馆草创时期，藏品不足，只有国子监的一些旧陈设。这时清政府刚被推翻，"奉天行宫"即沈阳故宫保存了大量有价值的

---

① 转引自史树青：《鲁迅先生和北京历史博物馆》，《文物参考资料》1956 年第 10 期。

文物。鲁迅认为这应由历史博物馆接收保管，当时由教育部部员数人前往沈阳调核清宫古物。《鲁迅日记》载："上午许季上、戴芦舲、齐寿山自奉天调核清宫古物归，携来目录十余册，皆磁、铜及书画之属，又摄景十二枚。内有李成《仙山楼阁图》，极工致。又有崔白刻丝《一路荣华图》，为鹭鸶及夫容，底本似佳，而写片不善。"（1912年12月12日）这些"奉天行宫"文物后来虽因多种原因未能拨归历史博物馆保存，但历史博物馆在1926—1927年出版的《国立历史博物馆丛刊》中，连续刊载了"盛京清宫藏品录"，文中的"小引"，说明了这件事情的前后经过。鲁迅还把自己买的一些文物捐献给历史博物馆，不乏精品。例如，"上午以大镜一枚赠历史博物馆"[①]。他赠给历史博物馆的明代"福禄寿喜"大铜镜，径41.8厘米、边厚0.3厘米，镜背有篆文"福禄寿喜"四字，镜纽有"寿晋侯造"四字，是造镜人的姓名。此镜曾于1950年参加苏联中国艺术展览会。

　　3. 美术展览会

　　鲁迅在《拟播布美术意见书》列出的"建设事业"中，有一项是"美术展览会"。鲁迅当时的"美术"概念，即我们现在所谓的"艺术""文艺"，因此，美术展览会就包括了雕塑、绘画、文章、建筑、音乐等可以美化天物的展览会。鲁迅对美术展览也进行了阐述："美术展览会，建筑之法如上。以陈列私人所藏，或美术家新造之品。"这里提到两点：一是美术展览会建筑之法"如上"，即像美术馆一样建设，"宜广征专家意见，会集图案，择其善者，或即以旧有著名之建筑充之。"这也是我们现在所采取的方法。二是美术展览会的作品来源，鲁迅认为可以陈列私人收藏品，也可以是当代美术品。但应区别于文中提到的"美术馆"的作品即"中国旧时国有之美术品"。非常明显，鲁迅所谓的美术展览会是不同于我们现在举办的文物这种"旧时""国有"的艺术品展览会的，它是"当代""私人"

　　[①]《鲁迅全集》第14卷，《日记·日记十二》，人民文学出版社1981年版，第460页。

的艺术作品展览会。

鲁迅如此重视美术展览会，与他所具有的国外先进思想、艺术理论、艺术活动和艺术展示形式分不开。1906年，鲁迅亲自参观日本上野的"东京博览会"，并购得日本七宝烧花瓶一件。1910年，学习国外大型展览会的经验，中国政府在南京举办了"南洋劝业会"，主要陈列各地的手工业特产、古物及名胜古迹的模型，传播广泛，影响范围大。当时回国后执教于绍兴府中学堂的鲁迅，认为通过参观，可以扩大学生眼界，增加新知识，因此建议学校把这一年的秋季旅行改为参观南洋劝业会。鲁迅便率领绍兴府中学堂学生，赴南京参观南洋劝业会，行程一周左右。①

鲁迅不仅提出美术展览会的思路，而且在工作岗位上积极参与实践。这就是全国儿童艺术展览会的举办。这是他参与筹办的一个大型展览。1912年9月，教育部决定于次年夏季在京举办此次展览。此事由社会教育司司长夏曾佑主持，但具体工作则由该司分管博物馆、展览会的第一科负责，并协同普通教育司有关人员经办。《鲁迅日记》中记载了鲁迅与同事选择会场（1913年3月21日）及展品的布置（1913年11月6日）等工作。后展览延期到1914年4月21日才正式开幕。展览会历时一个月，共征集展品数十万件，分文章、字、画、手工、编织、针黹六类，依出品省份罗列十一室。每日参观者约数百人，多至千余人，参观者总计数万人。在此期间，鲁迅经常到会场值班，甚至连星期天都不休息。《鲁迅日记》5月20日记载："儿童艺术展览会闭会，会员合摄一影。"1915年3月，教育部社会教育司编辑印行《全国儿童艺术展览会纪要》。

儿童艺术展览会结束后，教育部召开了一次儿童艺术展品审查会，确定由鲁迅、陈师曾等人挑选部分展品送巴拿马万国博览会参展。美国政府为了庆祝巴拿马运河落成，在旧金山市举办"巴拿马太

① 《鲁迅年谱（增订本）》第1卷，人民文学出版社2000年版，第182、229页。

平洋万国博览会"，邀请各国参加。《鲁迅日记》1914年6月2日记载："与陈师曾就展览会诸品物选出可赴巴那马者饰之，尽一日。"鲁迅等评出甲等奖151人，乙等奖423人，并从展品中选出104种共125件，交中国筹备巴拿马赛会事务局运往展出。巴拿马万国博览会于1915年2月30日开幕，3月9日中国馆开馆。

从当时的报刊中可以看到，自这次全国儿童艺术展览会始，全国不少省市也纷纷组织举办各类艺术展览会，全国许多大学、艺术学校、中小学等都热衷于收集学生作品举办短期的展览，甚至各行各业也都将自己行业的成就、产品等进行展示，展览会也大量出现了。

此外，鲁迅还以"全国专门以上学校成绩展览会干事"的身份，参与该展览会的筹办。1916年3月15日展览开幕，全国共68所学校参加展出，展品分为"实物"（布帛菽粟、飞潜动植等）、"模型"（机关校舍、虫骨物形等）、"图画"（地理、油漆、铝炭投影等）、"卷册"（表簿讲义、试卷余抄等）等部分，还有显微镜标本、发动之模型等。因展览会成功，鲁迅获得教育部颁发的三等奖章。

4. 提倡新剧

教育部社会教育司第一科的司掌范围有"关于文艺、音乐、演剧等事项"，鲁迅很重视新剧，在《拟播布美术意见书·播布美术之方》中，特把"剧场"列为"建设事业"，这个"剧场"是专为演出中外"新剧"而用。他说："剧场建筑之法如上。其所演宜用中国新剧，或翻译外国著名新剧，更不参用古法；复以图书陈说大略，使观者咸喻其意。若中国旧剧，宜别有剧场，不与新剧混淆。"所谓"建筑之法如上"，就是如同美术馆、美术展览会的建筑之法。"新剧"一词在1914年前既指改良戏曲，又指早期话剧。①中国把以古希腊悲

---

① 参见袁国兴：《晚清戏剧变革与外来影响——兼谈近代戏剧变革模式的演变和早期话剧与改良戏曲的关系》，《文艺研究》2002年第3期。

剧和喜剧为开端，在欧洲各国开展起来继而在世界广泛流行的舞台演出形式称为"话剧"。"话剧"当时称为"新剧"或"文明戏"。1909年天津南开学校剧团等所演的"新剧"，被认为是中国话剧发端的标志。"新剧"又指改良戏曲。戏曲改良运动从20世纪初年开始酝酿，到1916年基本结束。戏曲改良运动的倡导者主张新剧要密切贴近时事，开展政治宣传和思想动员。戏曲改良运动虽然也包括形式的改进（如唱腔、做功等）、剧场的改造和演出体制的演变，但以戏曲内容的改良为重点。出现了一批呼吁社会改良、宣传爱国思想、抨击时弊、鼓动革命等为内容的戏曲，充满时代气息。这些戏曲在演出时，又往往加入即兴演说，以增强感染力和宣传效果。戏曲舞台在一定程度上变成宣讲台，成为思想教育和政治动员的基地。这种情况在辛亥革命前达到高潮。①鲁迅这里的"新剧"，应该是两者兼有。

鲁迅还考察过演剧。1912年6月10日、11日，他与社会教育司同事在天津广和楼考察新剧，上演剧目多为旧剧，新剧仅一出《江北水灾记》。本年长江以北大片地区发生水灾，天津一带尤为严重，该剧即据此而作。鲁迅看后，认为"勇可嘉而识与技均不足"②。

鲁迅为什么要到天津观剧？这是因为，天津是个较少保守思想和传统偏见的城市，在南北社会文化交流的过程当中，不仅有着热情、开朗、富于感情、精于鉴赏的大量平民观众，而且还能兼收并蓄，汇纳南北各派不同的艺术风格，极少门户之见。③身为通衢大邑，又毗邻北京，百年来一直是戏曲名家南来北往的必演之地。历史上许多具有开创性的艺术家都习惯把新的创作拿到天津，经受观众的检验。④天津

---

① 参见邵璐璐：《戏曲改良运动与清末民初的社会变迁——以天津为中心的考察》，《福建论坛》（人文社会科学版）2010 年第 3 期。

② 《鲁迅全集》第 14 卷，《日记·壬子日记》，人民文学出版社 1981 年版，第 5 页。

③ 来新夏主编：《天津近代史》，南开大学出版社 1987 年版，第 308 页。

④ 天津市政协文史资料委员会编：《京剧艺术在天津》，天津人民出版社 1995 年版，第 94 页。

的戏曲改良运动很活跃，还出现了专门的戏曲改良组织，包括从事新剧创作的团体，以及力图培养新型艺人的戏曲学校。天津存在时间最长、影响最大的戏曲改良组织就是1906年成立的移风乐会。移风乐会组织编写了《潘公投海》《破迷信》《悔前非》等剧目，曾在大观茶园演出。[①]辛亥革命以后也出现了众多戏曲改良团体，活动频繁的有振俗正乐会、中华新剧社、新剧改良社、醒俗新剧促进会等。1913年在天津行政公署立案的戏曲改良团体有五六处之多。[②]

此外，鲁迅还在通俗教育研究会主持过小说股的工作。1915年7月16日，时任教育总长的汤化龙呈文，拟设通俗教育研究会，两日后大总统袁世凯即批复"准如所拟办理"，并拨出15400元作为开办和活动经费。同年9月6日，教育部通俗教育研究会成立，以"研究通俗教育事项，改良社会普及教育"为宗旨，下设戏曲、小说和讲演三股。1915年9月1日，鲁迅被教育部指派为通俗教育研究会小说股主任。晚清以来，小说、戏曲等传统民间文学样式的重要作用逐渐得到舆论认同，在士人"观风俗"与民众"听故事"的交集下，催生了大量通俗作品。按照规定，小说股的职责是对新旧小说进行调查、审核、编译。除设一名主任主持股内事务外，又设调查、审核、编译干事各三人分工负责。鲁迅于次年2月底辞去主任职务，改任审核干事。

自1915年9月15日至次年1月19日，鲁迅主持召开小说股会议十余次。在鲁迅主持小说股期间，讨论通过了小说股进行办法、办事细则以及审核小说标准、编译小说标准、奖励小说章程、查禁小说议案等。根据小说股第一次会议所记载，小说分教育、政事、哲学与宗教、历史地理、实质科学、社会情况、寓言及谐语、杂记八类，按一定的标准分三等。"上等之小说宜设法提倡；中等者宜听任；下等者

---

①《新戏出现》，《大公报》1906年10月15日。

②《改良社会之进步》，《大公报》1913年3月23日。

宜设法限制或禁止之。"区分的标准是"宗旨纯正，有益于国家社会者；思想优美，有益于世道人心者；灌输科学知识，有益于文化发达者；文辞优美，宗旨平正者"为上等，宜提倡、奖励；"宗旨乖谬，妨碍公共秩序者；词意淫邪，违反良风善俗者；思想偏激，危害国家安全者"为下等，宜限制、禁止。①鲁迅一方面以大量时间讨论各种条例、规则，没有进行多少通俗教育研究会所规定的实际工作，抵制了袁世凯妄图利用该会为其复辟帝制服务的阴谋；另一方面，在制定查禁及改良小说的条例中，打击了当时风靡一时的鸳鸯蝴蝶派小说，对普及科学知识的读物则加以提倡。由于鲁迅提出"列入下等之小说既设法限制或禁止之，则上等之小说亦应设法提倡"的意见。通俗教育研究会小说股于1916年2月2日用部令163号发出《公布良好小说目录议案》。1916年7月5日通俗教育研究会小说股的第二十一次会议，讨论应禁各小说杂志。鲁迅在会上主张，凡应禁止的坏小说，不论停版与否，都应宣布禁止。但鉴于各人见解不同，对于同一小说，有人认为应禁，有人认为不应禁，甚至有人认为应该受奖。所以应当通过讨论慎重处理，不能匆忙。

关于鲁迅在通俗教育研究会工作的意义，人们的阐释主要着眼于政治层面，肯定了鲁迅坚持民主革命的基本方向，直接抵制了那些妄图利用小说股为帝制复辟服务的图谋。也有人认为，通俗教育研究会之于鲁迅的意义，更多地体现在其对现代小说的孕育和生成上，即鲁迅在通俗教育研究会的工作，对其小说创作从传统小说《怀旧》到现代小说《狂人日记》的转变而言是一个极其重要的节点；通俗教育研究会小说股主任这一角色，还为鲁迅从政府官员的身份向现代小说作者的身份转变提供了可能性。②

---

① 《通俗教育研究会审核小说杂志条例、标准与奖励章程》，中国第二历史档案馆编：《中华民国史档案资料汇编》第3辑，江苏古籍出版社1991年版，第152页。

② 李宗刚：《通俗教育研究会与鲁迅现代小说的生成》，《文学评论》2016年第2期。

鲁迅还曾考察天坛和先农坛，参与过公园、动植物园的建设，参加读音统一会、参与设计国徽、审查国歌、设计北京大学校徽等等。

四 鲁迅文化建设工作评价

以上关于鲁迅在文化建设方面的活动与成绩，时间大致集中在1912—1917年，即"五四"运动之前，主要来源于鲁迅的日记、书信及其他有关资料。应当说明的是，鲁迅既参加了教育部直接管理的图书馆、博物馆的筹建工作，这些工作多数也是他与同事甚至是上司一起奔波进行的，这在以上所引用的他的日记可以看到。但是鲁迅作为这方面业务的主管，自然负有更为直接与重要的责任。

以上主要是说鲁迅个人所参与的筹建工作，这只是一个方面，同时他所在的第一科又是全国图书馆、博物馆的行业主管，即全国图书馆、博物馆事业的发展也与他有关，是他的职责。以图书馆为例，1915年教育部公布《图书馆规程》，规定教育部为全国各省图书馆的主管单位，"各省、各特别区域应设图书馆，储集各种图书，供公众之阅览。各县得视地方情形设置之""公立、私立各学校、公共团体或私人，依本规程所规定，得设立图书馆"①。这个主管具体来说就是社会教育司第一科。教育部为了规范图书馆事业，需要根据图书馆发展状况，制定规程，发布通令，协调解决有关问题。作为科长的鲁迅，自然是第一责任人。当时好多事是开创性的，更要认真探索研究。例如，1915年颁布的《通俗图书馆规程》，就是通过总结京师通俗图书馆的实践同时借鉴国外的经验而做出的，这是民国最早的图书馆规程。又如，为了充实京师图书馆藏书，教育部1916年3月通令，

---

① 中国第二历史档案馆编：《中华民国史档案资料汇编》第3辑，江苏古籍出版社1991年版，第105—106页。

"凡国内出版书籍，均应依据出版法，报部立案，而立案之图书，均应以一部送京师图书馆庋藏，以重典策，而光文治"。同年11月，教育部通知各省，通饬各省县图书馆除搜藏中外图籍之外，尤宜注意本地人士著述，以保存乡土艺文。[①]1915年教育部颁布《通俗图书馆规程》《图书馆规程》后，大多数省市按照规程建立起公共图书馆和通俗图书馆。1916年教育部对此做过调查，奉天、湖北两省通俗图书馆数较多，分别为35所、40所，有14省每省不足10所。[②]这些成就的取得当与鲁迅有关。

伟大的辛亥革命曾给中国带来了进步与希望，这也充分反映在民国初年的教育界。蔡元培到北京政府出任教育总长，范源濂为次长。中华民国成立后的首次全国临时教育会议于1912年7月10日到8月10日召开。蔡元培在会议开幕时发表讲演："惟教育事业为国家强盛之根本，中国前此教育无系统，无方针，直言之，可以谓之无教育。教育不振，则政治无方。民国肇兴，莫此为亟。"[③]此次会议历时一个月，其间开会19次，提出议案92件，讨论了许多重要的教育政策与措施，如学校系统、教育宗旨、各级各类学校的法令、小学教员薪俸规程、采用注音字母等，做了许多重大的教育改革。特别是通过的"注重道德教育，以实利教育、军国民教育辅之，更以美感教育完成其道德"的教育宗旨，否定了清末"忠君，尊孔"教育宗旨中封建君权的绝对权威与儒家思想的独尊地位，体现了新兴资产阶级关于人的德、智、体、美全面发展的教育思想。在中国教育史上具有划时代的进步意义。虽然蔡元培在会议召开后就辞去教育总长之职，由范源濂继任，但会议实际上仍是在蔡元培的思想影响下进行的，蔡元培的进步教育

① 教育部教育年鉴编纂委员会：《第一次中国教育年鉴》丙编"教育概况"，上海开明书店1934年版，第789页。

② 李希泌、张淑华：《中国古代藏书与近代图书馆史料》，中华书局1982年版，第256—257页。

③ 《鲁迅年谱（增订本）》第1卷，人民文学出版社2000年版，第268页。

主张基本上都通过会议得到实现。在民国初年教育改革的推动下，全国教育界一度出现了蓬勃发展的新气象，鲁迅后来曾回忆道："说起民元的事来，那时确是光明得多，当时我也在南京教育部，觉得中国将来很有希望。"[①]虽然由于时局的动荡，以及后来北洋政府的封建复古逆流，但是民国初期教育事业发展迅速，无论是学校数量还是教师、学生的数量和质量，均十分显著，其中有多种原因，但与教育部的努力是分不开的。这是应该充分肯定的。同样，作为教育部工作的重要组成部分，鲁迅他们在文化建设方面的努力和成果也是有目共睹，值得称许的。

鲁迅说"我身做十多年官僚，目睹一打以上总长"[②]，这是事实。民国初年由于政局不稳定，教育总长变化频繁。相对来说，教育次长的变动还是比较平稳的。由于受近代文官制度的影响，各执政机关内的部员不随总长的变动而进退，所以三个司司长的任职一直较为稳定。特别是社会教育司，第一任司长是夏曾佑，从1912年5月任至1915年8月，改任京师图书馆馆长，1918年1月重回教育部，在编纂处任编审员；继任者为高步瀛，鲁迅离开教育部时他还在任上。应该说这个相对稳定的环境有助于鲁迅的工作，人际间的关系也还不那么紧张。在以上所引用鲁迅的日记中，多有他随司长夏曾佑活动的记载。夏曾佑（1863—1924年），字穗卿，是中国近现代史上一位重要的学者、诗人、政论家、思想家。梁启超在得知其去世后，撰写《亡友夏穗卿先生》一文，高度评价其历史贡献，称他是"晚清思想界革命的先驱者"。鲁迅与他的这位顶头上司私交不错，来往甚多，对夏也是推崇的，在《谈所谓"大内档案"》中曾评夏："我们不必看他另外的论文。只要看他所编的两本《中国历史教科书》，就知道他看中国人有怎样地清楚。"在鲁迅传世的手迹中有一幅写的是夏曾佑的两

① 《鲁迅全集》第11卷，《两地书·第一集北京》，人民文学出版社1981年版，第31页。
② 《鲁迅全集》第3卷，《而已集·反"漫谈"》，人民文学出版社1981年版，第464页。

句诗: "帝杀黑龙才士隐,书飞赤鸟太平迟。此夏穗卿先生诗也。故用僻典令人难解,可恶之至。"[1]这是夏曾佑赠梁启超一首七绝中的两句,梁在《饮冰室诗话》中讲述过。鲁迅说"可恶之至",实有戏谑的意味。1925年,北洋政府教育部非法免去鲁迅的职务,顿时在部内引起了很大的骚动。虽然也有极少数人为当局辩护,但很大部分人是拥护鲁迅的。一些和鲁迅并不属同一司的人也参加了反对当局非法免去鲁迅职务的活动。社会教育司司长高步瀛亦加入了这一斗争,都提出辞职来抗议当局的无理举动。这说明鲁迅当时是受到多数人拥护的。这里为什么要较多地谈鲁迅在教育部的人际关系呢?因为在许多人的印象里,鲁迅耿介、倔强,既不宽容,又从不妥协,与人的关系是相当紧张的。事实并非如此,这也是鲁迅与人合作相处、共同搞好工作的基础。

在《鲁迅日记》中,我们还看到他初到教育部上班时"枯坐终日,极无聊赖"(1912年5月10日),也有"大风,懒不赴部"(1913年3月24日),以及许多"无事"等记载。但这只是一个方面。鲁迅始终是一个认真的人。在民初教育部,他工作负责,一直在努力做一个恪尽职守的公务员。他不仅坚持完成日常工作,做好该干的事,还有时加班加点。比如1913年10月29日《日记》载,他受命编造社会教育司的年度预算,同日还要拟写改组京师图书馆的建议,在办公室里忙了一天,不禁"头脑岑岑然"。德国拟于1914年在莱比锡举办"万国书业及他种专艺赛会",因我国雕刻、印刷历史悠久,德方派员联系,要求向历史博物馆借取有关展品。历史博物馆将十三种藏品送至教育部,将由德方来人带走。鲁迅1913年11月20日《日记》载: "历史博物馆送藏品十三种至部,借德人米和伯持至利俾瑟雕刻展暨会者也,以其珍重,当守护,回寓取毡二枚,宿于部中,夜许季上来谈,九时去,不眠至晓。"为了临时保管十三件历史博物馆藏

---

① 《鲁迅诗稿》,文物出版社1976年版,第89页。

品，不仅于寒冬之夜亲自守护，且通宵达旦，"不眠至晓"，其工作责任心、热爱和保护文物的精神，感人至深。

五　鲁迅文化建设工作的意义

1. 影响深远，垂范后世

鲁迅当年所从事的文化建设工作，主要是文物博物馆事业。中国的文物博物馆事业发展至今，无论规模、格局、气象，都远非当年可比。鲁迅关于美育、文物保护的思想、文化建设的构想，以及筚路蓝缕的开创精神，是宝贵的精神遗产，值得今天的文化工作者认真学习。

特别值得提及的是，也许是巧合，在新中国成立后的四十多年间，主持中国文物博物馆事业的郑振铎、王冶秋，都曾深受鲁迅的教诲与影响，他们继承了鲁迅的精神血脉，继续着鲁迅的事业，也像鲁迅一样为文博事业尽职尽责，贡献良多。这也是中国文博事业之幸。

郑振铎（1898—1958年），1919年参加"五四"运动并开始发表作品，在文学评论、中国文学史、文献学和考古学的研究方面都有独到的成就。他不仅是现代杰出的作家和著名学者，而且还是一位富有开拓精神的事业家和社会活动家，对中国的文化学术事业做出了多方面的重大贡献。他是中央人民政府文化部文物事业管理局的首任局长，同时兼任中国科学院考古研究所所长。正是在郑振铎的精心筹划下，文物局很快建立起来并开展了各项工作。1954年，他兼任文化部副部长，并继续主管全国的文物、博物馆、图书馆工作。直至1958年10月因飞机失事而不幸遇难。在他负责新中国最初近十年的文物保护和考古发掘研究工作中，对制定和宣传文物政策，保护古代文物，推动博物馆、图书馆以及文物考古事业的发展，竭尽全力。郑振铎是新中国文物博物馆事业的主要奠基人和开拓者之一，功德永垂。

郑振铎与鲁迅有过长期的交往并深受鲁迅的影响。从《鲁迅日记》来看，他们在学术上的交流始于1924年。他们合作编辑出版的《北平笺谱》《十竹斋笺谱》等，产生了巨大的影响。郑振铎后来成为一个研究领域广阔、学问渊博的著名学者，无疑得益于鲁迅的教诲与帮助。鲁迅说过："郑振铎先生是我的很熟识的人（1936年9月28日致普实克信）。"在1935年1月9日致许寿裳的信中，鲁迅热忱地推荐郑振铎，为他介绍工作，并称赞他"热心好学，世所闻知，尚其投闲，至为可惜"。在同年6月10日致日本友人增田涉的信中，鲁迅又说"郑振铎君是中国教授中努力学习和工作的人"。郑振铎与鲁迅还相同的是，都有热爱祖国历史文化的深厚情怀，重视文化遗产的保护与研究。郑振铎在20世纪20年代就开始注意和重视田野考古学，1928年他编撰了《近百年古城古墓发掘史》，后由商务印书馆出版，这是据知最早向中国学术界介绍埃及、巴比伦、亚述、希腊考古发掘情况的著述。郑振铎等5人于1940年在孤岛上海成立了秘密组织"文献保存同志会"，在日伪的威胁恐怖中抢救出来中华民族善本古籍达3800余种，其中宋元刊本300余种。他自己也节衣缩食甚至举债，购买了一批可能流失海外的精美陶俑。新中国成立后，故宫博物院悉数接收了他个人收藏的全部陶俑657件。

王冶秋（1909—1987年），1925年加入中国共产党，后来奉命长期从事党的隐蔽战线工作。1948年底，新中国成立前夕，他以北平军管会文教部负责人的身份着手接收和管理北平文物工作，从此他与新中国文物事业结下了不解之缘。在郑振铎担任文化部文物局局长时，王冶秋是副局长；郑振铎去世后，他继任局长，1973年起任国家文物局局长，在文物工作岗位上服务了四十余年。他是中华人民共和国文物博物馆事业的主要开拓者和奠基人之一，主持研究和选定了第一批全国重点文物保护单位，筹建中国历史博物馆和中国革命博物馆，创办文物出版社，注重文物博物馆研究和人才培养，为建立新中国文物保护工作完整的科学体系，奠定了坚实基础。王冶秋1926年就与朋友一起拜访过鲁迅，后来参加了鲁迅领导的"左联"。据《鲁迅日记》所载，从1934年11月17日至1935年11月23日，王冶秋给鲁迅写信十一通；《鲁迅书信》收录鲁迅给他的复信九通。他所编的《鲁迅序跋集》得到鲁迅的积极支持，并答应探问印行处及写序，还随信寄去有关照片，后因鲁迅的去世而未能出版。鲁迅生前，王冶秋曾有所请益，是鲁迅晚年的挚友；鲁迅逝世后，他又为"鲁师身后的事业"，多所效力。北京鲁迅博物馆的筹建，就有着他的辛勤操劳。

2. 继往开来，一代大师

鲁迅在教育部，一边进行着中国新文化的建设工作，一边开展着中国古代文化的学术研究。这两个方面，在鲁迅是相辅相成的。他认真地考察中国历史、研究中国传统文化，在历史、宗教、哲学、文学、艺术等各方面都有深入的思考，特别是在古典文献整理研究方面下了极大的功夫，取得了丰硕的成果，而这些多是在北京绍兴会馆的藤花别馆与补树书屋完成的。鲁迅在这期间对中国古代文化的态度和保护、整理的业绩，足以说明他是中国文化继往开来的大师。

鲁迅1913年开始校勘《嵇康集》，"不知道校过多少遍，参照诸本，不厌精详，所以成为校勘最善之书"[1]，这个持续不断的过程，其实就是鲁迅对嵇康精神的认同和超越的过程。他的《古小说钩沉》，从类书笔记、典章文物、石窟遗简、前人辑本中，锐意穷搜，将散佚的主要的古小说网罗无遗，使古小说的生命得以绝而复续。他孜孜于地方文献《会稽郡故书杂集》辑录整理，"叙述名德，著其贤能，记注陵泉，传其典实，使后人穆然有思故之情"[2]。也是在绍兴会馆时，鲁迅开始大量搜集两汉至隋唐的石刻拓片、汉画像砖、佛教造像以及小品实物如瓦当、土偶、铜镜、钱币、弩机等等，至今保存下来的就

---

① 许寿裳：《亡友鲁迅印象记》，人民文学出版社1953年版，第39页。

② 《鲁迅全集》第10卷，《古籍序跋集·〈会稽郡故书杂集〉序》，人民文学出版社1981年版，第32页。

有4100多种；他在收集的同时还进行整理研究，现存的有关鲁迅整理石刻手稿就有30余种，计有3700多页。鲁迅如此重视中国传统艺术遗产，就是由于他始终重视美术、美育的力量，坚持"用思理以美化天物"的主张，关注并探索着艺术的民族化与艺术的创新，致力于传统与现代的衔接、本土与世界的交融。

蔡元培在1938年出版的《鲁迅先生全集》的序文中说："鲁迅先生本受清代学者的濡染，所以他杂集会稽郡故书，校《嵇康集》，辑谢承《后汉书》，编汉碑帖，六朝墓志目录，六朝造像目录等，完全用清儒家法。惟彼又深研科学，酷爱美术，故不为清儒所囿，而又有他方面的发展，例如科学小说的翻译，中国小说史略，小说旧闻钞，唐宋传奇集等，已打破清儒轻视小说之习惯；又金石学为自宋以来较发展之学，而未有注意于汉碑之图案者，鲁迅先生独注意于此项材料之搜罗；推而至于引玉集，木刻纪程，北平笺谱等等，均为旧时代的考据家赏鉴家所未曾着手。"①这段话将鲁迅的文献学研究方法总结为"用清儒家法"，又"不为清儒所囿"，既指出鲁迅的国学根底，又揭示其西学背景及研究的现代意义。

根植于传统文化中的鲁迅，在对古典文献的辑佚整理中，以世界性的宏阔视野对中国古典文学乃至文化进行了深层次的反思、批判与革新，力图挖掘我们民族固有的民魂，发掘中华民族传统文化中富有创造性的精神特质，探索中国社会文化发展的方向。这种探索，使鲁迅的精神与新文化运动所倡导的"科学"与"民主"观念相贯通。

3. 十年沉寂，一朝呐喊

鲁迅一生中有一个十年沉寂期，多年来颇引起学界的兴趣。这段时间指的是他从日本留学归国到1918年发表《狂人日记》，前三年在杭州、绍兴任教，后来在教育部工作。这个时期特别是教育部期间，对他的人生观、文化观，对他的创作产生了巨大的影响。似乎"沉

---

① 蔡元培：《〈鲁迅先生全集〉序》，上海复社1938年版。

寂", 其实是一个沉思、沉淀、积累的过程。鲁迅一方面是"沉入于国民中", 即进一步认识中国社会, 探索国民性的弱点, 这个"社会"当然包括他所在的教育部, 革命后令人失望的局面, 险恶的政治环境, 官场的黑暗, "祭孔读经"的逆流, 反对改革的守旧势力, 旧的风俗习惯, 等等; 另一方面是"回到古代去", 抄古书, 读佛经, 考察研究中国历史文化, 诊察封建社会的痼疾, 寻找针砭国民性的药方。对于日后成为著名小说家、文学家的他, 这个时期不但对古代的小说有系统地进行搜集整理, 而且因为工作的关系, 关注当前小说创作, 更关注西方小说的翻译和批评。没有这些工作经验, 没有认真乃至痛切的思考, 就没有后来对中国文化的深刻反思和精辟论述。就是说, 有了十年的深厚积累, 才有了打破"铁屋子"的声声呐喊, 也才有了"鲁迅"这个如雷贯耳的名字。

（2007年12月4日, 作者在陕西师范大学做了题为"鲁迅与中国现代文化建设"的演讲, 此文系2017年依据演讲记录的修改整理稿）

认识鲁迅　学习鲁迅

　　文化部人事司安排我在"青年干部培训班"上为大家讲讲鲁迅，我感到很高兴。在座的各位或多或少都知道一点鲁迅，起码在中学语文课本里读过鲁迅的作品。这些年，围绕中学教材中鲁迅作品的调整引起热议，也有一些非议鲁迅的声音。今天还要不要读鲁迅的书，鲁迅对我们还有什么意义？这是一个需要弄清楚的很重要的问题，因为关系到我们今天的文化建设，关系到中华文化精神的塑造与传承。我今天就此谈谈自己的一些认识，并愿意与大家交流。

一　鲁迅的生平与时代

　　首先我介绍鲁迅的生平，了解他的生平经历，对他有个整体的印象很必要。鲁迅的一生大致可分为四个阶段：

　　1. 鲁迅的家庭与国内受教育时期（1881年9月—1902年1月）

　　鲁迅1881年9月25日出生于浙江绍兴县城，时当清光绪七年。他的姓名叫周树人，字豫才，鲁迅是1918年发表第一篇白话短篇小说《狂人日记》时用的笔名，后来用鲁迅这一笔名发表的译作约五百篇。鲁迅之名就广泛流传，有些人只知道鲁迅而不知道周树人是谁。

　　鲁迅生在一个聚族而居的逐渐破落的封建士大夫家庭。他十二岁时祖父因"科场案"被捕下狱，家道中落，父亲不久身患重病，在他十五岁时病死。世态炎凉的辛酸，使年轻的鲁迅受到深刻的刺激，他曾愤然地说："有谁从小康人家而坠入困顿的么，我以为在这途路中，大概可以看见世人的真面目。"鲁迅的母家在农村，农村生活既给鲁迅留下了田园诗般的记忆，让他感受到善良人性的光辉，又使他形成了对农民的亲近和同情。两方面交织起来，使他变得敏锐而清醒，构成了后来着眼考察"国民性"等问题的重要因素。故乡岁月是鲁迅认识中国社会的开始与基础，故乡也成为他创作的一个重要源泉并萦绕他一生。

鲁迅七岁上家塾，十二岁入三味书屋读书。鲁迅从小阅读兴趣广泛，看过很多野史、杂记，对民间艺术也有深切的爱好，这些都为他日后的文学创作提供了素材。

1898年，十八岁的鲁迅考入南京的江南水师学堂，不到半年改入矿路学堂。矿路学堂功课以矿务为主，有矿学、地质学、化学、熔炼学、格致学、测算学、绘图学等，采用的是德国体制，学的是德语。鲁迅学习很认真，现在还保存着他手抄的四本数学手抄本。他在学堂中学习的自然科学知识，给他打下了唯物主义思想的基础。经过三年的学习，鲁迅以一等第三名的优秀成绩从矿路学堂毕业，获得文凭。这一时期鲁迅接触了《译学汇编》等西欧的近代科学、社会科学和文学译著，其中对他影响最大的是以严复译述的英国赫胥黎的《天演论》为代表的达尔文学说和社会达尔文主义。严复宣传社会必然进化和号召人们必须发愤自强的观点，成为鲁迅最早接受并长期坚持的基本思想和信念。

2. 日本留学时期（1902年3月—1909年7月）

1902年3月，二十二岁的鲁迅由两江总督批准赴日本留学。开始进入宏文学院，这是日本明治年代（清末）专为中国留学生兴办的一所属于速成教育的学校，该校以教授普通科为主，学习日语和普通科学知识，为升入高等专门学校打基础。

　　1903年，鲁迅在东京剪去了他深恶痛绝的辫子。在赠给许寿裳的照片后面题了一首诗："灵台无计逃神矢，风雨如磐暗故园。寄意寒星荃不察，我以我血荐轩辕。"这是他在异国对灾难深重的祖国的怀念，感叹同胞尚未觉醒，发出了决心为祖国贡献一切的誓言。"我以我血荐轩辕"成为他毕生实践的誓言。他在宏文学院时，经常参加留学生中的反清集会，并阅读了大量近代科学、哲学和文学的文献。这期间，他发表了根据外国作品改写的小说《斯巴达之魂》，论文《中国地质略论》等，还翻译了科学幻想小说《月界旅行》《地底旅行》，体现了达尔文主义和反帝爱国论对早期鲁迅的影响。

　　鲁迅1904年4月从宏文学院毕业，这一年二十四岁。按规定，他应升入东京帝国大学工科所属的采矿冶金科学习，但却决定改学医学。为什么要学医？主要原因是他"确知道了新的医学对日本的维新有很大的助力"，因此希望用新的医学"促进国人对于维新的信仰"。1904年9月，鲁迅进入仙台医专学习。仙台医专远离东京，地处东北的偏僻小城镇。鲁迅是这个学校仅有的一名外国留学生。医专的学制为四年，前两年学习基本医学，后两年学习应用医学，鲁迅在此校整整学习了一年半。学校的各种课程没有教科书，专靠听讲记笔记，所以鲁迅拼命用功学习和记笔记。也是在这个过程中，鲁迅与他的老师藤野建立了深厚的感情。在第二学年第二学期，新增了细菌学。细菌的形状是用幻灯片来显示。一次插播了一段日俄战争的时事片，里边有一个给俄国做侦探的中国人要被枪毙了，旁观的一群中国人都拍掌欢呼。画面上麻木的中国人的形象和课堂上日本同学的拍掌欢呼声，强烈地刺激着鲁迅，使他"觉得医学并非一件紧要事，凡是愚弱的国民，即使体格如何健全、如何茁壮，也只能做毫无意义的材料和看客，病死多少是不必以为不幸的。所以我们的第一要著，是要改变他们的精神，而善于改变精神的是，我那时以为当然要推文艺"。于是鲁迅决定弃医从文。鲁迅做出这一决定，如他所说，是幻灯片事件的刺激，但也应看到，他对文艺的爱好也是重要的基础。

1906年春天鲁迅返回东京，将学籍列入东京独逸语学会所设的德语学校，继续学习德语。他在东京期间师事革命派领袖章太炎，并成为反清组织光复会的成员。他大量搜集和阅读外国进步文学作品，以便有选择地进行翻译和介绍。鲁迅在日本时期拟购的德文书目，其中包括各国的文学和自然科学书籍共127种。可以说他以全部精力投入到文艺运动的准备工作。这期间，他发表了《人之历史》《科学史教篇》，介绍达尔文的生物进化学说和西方科学思潮的演变；还发表了《文化偏至论》《摩罗诗力说》，分析了西方资本主义文化的发展及其存在的偏颇，提出"别求新声于异邦"，提倡"立意在反抗，指归在动作"的战斗精神。鲁迅还与周作人共同翻译出版了《域外小说集》，介绍东欧和俄国的短篇小说。

3. 教育工作及在民国政府教育部（1909年9月—1926年8月）

1909年8月，二十九岁的鲁迅从日本回国，即投入教育工作，先后在杭州两级师范学堂和绍兴府中学堂任教。绍兴光复后，他出任绍兴师范学校校长。1911年冬，创作文言短篇小说《怀旧》，开始辑录唐以前的小说佚文和越中史地书，后来分别汇成《古小说钩沉》和《会稽郡故书杂集》。

1912年1月，中华民国临时政府在南京成立。这年2月，三十二岁的鲁迅受到好友许寿裳推荐（许当时在教育总长蔡元培手下任职），进教育部工作。先是赴南京任职，南北议和后政府北迁，1912年5月又随之进京。从这时一直到1926年8月26日与许广平同车离开北京，才结束了他的官场生涯。由于鲁迅没有明确辞职，直到三个月后，教育总长何可澄才签发了"周树人毋庸暂属佥事"的部令。

鲁迅到北京后，先任社会教育司第二科科员，后任佥事，接着任第一科科长。社会教育司第一科的主要职责是筹建博物馆、图书馆，管理美术馆及美术展览，负责文艺、音乐、演剧事务，调查、搜集古物，动植物园建设和学术研究，等等。实际上，这个部门就是国家管理文化艺术事业的最高机关。因为当时这些方面处于拓荒期，可以说鲁迅是中国现代文化事业的开拓者之一。

鲁迅在民国政府教育部十余年，曾参与京师图书馆、通俗图书馆的建设，筹建历史博物馆，1925年11月还被教育部加派为清室善后委员会助理员。就是说，今天的国家图书馆、国家博物馆、故宫博物院的筹建，都与鲁迅有关。特别是国家图书馆，当时叫京师图书馆，在新馆址的选定、《四库全书》《古今图书集成》接收的斡旋及操办，鲁迅都付出了很大的努力。他又到天津考察过新剧（即话剧，文明戏），筹办全国儿童艺术展览会，参加读音统一会，任通俗教育研究会小说股主任，参与设计国徽、审查国歌、设计北京大学校徽等。有时工作加班，忙得不亦乐乎。比如1913年10月29日，鲁迅受命编造社会教育司的年度预算，同日还要拟写改组京师图书馆的建议，他在办公室里忙了一天，不禁"头脑岑岑然"。当时民国初建，工作多是开创性的，在前期教育部内部人际关系也还不那么紧张，鲁迅的工作是认真的，应该说是试图扮演好恪尽职守的公务员角色；同时鲁迅对文化建设、文博事业有着自己的认识与主张，时代给予了他一个实践的机会。因为政局不稳，教育部经常更换总长。据统计，鲁迅在部的14年间，总长更换了37次，次长更换了24次，最短的任期只有十几天。这对政务工作当然造成影响，工作之艰难可想而知。但鲁迅以积极负责的态度，排除困难，做了不少建设性工作。鲁迅关于美育、文物保护的思想在今天也有着重要的意义。

在此期间，鲁迅还有一些兼职：1920年兼任北京大学、北京高等师范学校讲师，1923年起又兼任北京师范大学、北京女子高等师范学校、世界语专门学校讲师，1925年还兼任了中国大学、黎明中学教职。鲁迅为什么只是讲师而不是教授？这是因为他是教育部官员，按照规定，他在外兼任教职，只能是讲师的身份，不能做教授。

在1925年的女师大风潮中，鲁迅因抗议教育总长章士钊非法解散北京女子师范大学而被章士钊违法免职，于是依法上诉。1926年3月，平政院取消了对鲁迅的处分，鲁迅获胜。1926年"三一八"惨案发生，军阀政府对革命群众施行大杀戮的消息使鲁迅极为愤怒，他在这一天写的《无花的蔷薇之二》中特意写明："三月十八日，民国以来最黑暗的一天。"又传言执政府将鲁迅列入缉捕的黑名单，一时风声鹤唳，鲁迅曾四处避难。政府越来越不讲理了，与许广平的爱情进展也要求鲁迅换个环境。恰好林语堂先行到厦大任教，邀请鲁迅南下。鲁迅8月26日偕许广平同车离开北京，开始新的生活。

"五四"运动之后，中国进入了新民主主义革命时期。除过官场的身份与工作外，鲁迅在经过"十年"沉寂期后，怀着唤醒国人的热望，投身于"五四"新文化运动并成为新文学运动的领袖之一。1918年初，他参加了陈独秀主编的《新青年》的编辑工作。致力于反对旧礼教和旧科学，大力提倡民主和科学。1918年《新青年》四卷五号刊登了鲁迅的《狂人日记》，这是中国现代文学史上第一篇用现代体式创作的白话短篇小说。它以"表现的深切和格式的特别"——内容与形式上的现代化特征成为中国现代小说的伟大开端，继《狂人日记》之后，鲁迅在1918—1922年连续写了十五篇小说，于1923年编为短篇小说集《呐喊》出版。1924—1925年所作小说十一篇，则收入1926年出版的短篇小说集《彷徨》。《呐喊》和《彷徨》是中国现代小说的成熟之作，显示了文学革命的实绩。中国现代小说在鲁迅手中开始，又在鲁迅手中获得了成熟。

1925年前后，鲁迅参加了语丝社，组织和领导了莽原社、未名社，编辑了《莽原》周刊等，他提出并实践了"文明批评"和"社会批评"，来作为唤醒国民的主要武器。这一时期，他创作了《论费厄泼赖应该缓行》等一批战斗性的杂文作品。鲁迅这一时期还创作了大量的散文作品，后结集为《野草》和《朝花夕拾》。

4. 最后十年（1926 年 8 月—1936 年 10 月）

从1926年8月至1936年10月，是鲁迅先生离开北京之后的最后十年，这十年，先后在厦门、广州待了一年多，1927年10月抵达上海，在上海生活工作直至逝世。

　　鲁迅于1926年9月4日抵达厦门，即移住厦门大学。厦门大学是华侨陈嘉庚1921年出资创办的。当时正逢"三一八"惨案后不久，北京政治环境恶劣，教授们经常拿不到工资，而厦门大学又决定筹建国学院，发展文科，用高薪聘请教授，鲁迅、林语堂、顾颉刚、沈兼士、孙伏园等二十多位著名学者来到厦门，这就等于"半个北大"来到了厦大。鲁迅在厦大开设中国文学史和中国小说史课，还兼任国学院的研究教授。在厦大四个月，鲁迅还写了大量作品，完成了好几部书的编辑、校订工作，《从百草园到三味书屋》《藤野先生》两篇文章就写于此时。由于受到一些人的排挤及与校长的矛盾，鲁迅于1926年底辞去厦大一切职务，1927年1月15日离开厦门。

　　经中国共产党的推荐，鲁迅1927年1月到达广州，任中山大学教授和教务主任。与共产党员的来往，使鲁迅加深了对中国共产党的认识，也继续思考着中国革命的道路问题。国民党继"四一二"反革命政变后，又策划了广州"四一五"大屠杀，鲁迅提出营救被捕学生无效，于4月21日愤然辞去中山大学一切职务，这时距离他到中山大学任职才三个月零三天，实际教学才一个月。

　　鲁迅1927年10月抵达上海，寓居闸北景云里，与许广平女士结合，从此定居上海，开始了新的生活。这一年他四十七岁，接编了《语丝》周刊，与郁达夫合编《奔流》月刊。还参加了革命共济会，与中国共产党取得了联系。1928年与创造社、太阳社进行了一场关于无产阶级革命文学的论争，对创造社等的"左"倾错误提出批评。在翻译和学习苏联文艺理论的同时，鲁迅意识到"唯新兴的无产者才有将来"。1930年1月起，鲁迅主编《萌芽》月刊（后为左联机关刊物）。2月，他参加并发起共产党领导的"中国自由运动大同盟"，旋即遭到国民党当局的通缉。3月，中国左翼作家联盟成立，鲁迅是发起人之一，并参加了领导工作。他在左联成立大会上发表的题为《对于左翼作家联盟的意见》的演说，成为中国革命文艺运动的指导性文献，他也成为左联的主将和旗手。鲁迅在这十年间，勤于著译，发表了大量如匕首投枪般的杂文，出版了《而已集》《三闲集》《二心集》《伪自由书》《南腔北调集》《准风月谈》《花边文学》，还有论文集《坟》、回忆文集《朝花夕拾》、历史小说《故事新编》以及《两地书》等，并且翻译了大量外国文艺理论与文学作品。

1936年10月19日，鲁迅病逝，移灵万国殡仪馆，22日安葬于虹桥万国公墓。

鲁迅的一生，为中国文学和革命事业做出了不可估量的贡献，他以在文学方面的理论倡导和创作实践奠定了中国现代文学的基石。同时鲁迅具有伟大的品格，"鲁迅的骨头是最硬的，他没有丝毫的奴颜和媚骨。"他以其永不屈服的战斗精神塑造了中华民族的民族魂。

二　鲁迅的成就与影响

1. 鲁迅的文学遗产

鲁迅首先是一位伟大的文学家。他为后世留下了丰富的精神遗产。他共有小说集3部，杂文集17部，散文诗集1部，回忆散文1部，还有书信、日记以及《中国小说史略》《汉文学史纲要》等学术著作，总共400余万字。此外，还有33部共250万字的译著以及18种共100余万字的古籍辑录、校勘。这些著作曾以各种不同的版本在世界各国各地出版。

鲁迅的成就和贡献，充分反映在一次次编辑的《鲁迅全集》中。《鲁迅全集》最早出版于1938年，收入作者的著作、译文、部分辑录的古籍，共20卷；新中国成立以来，人民文学出版社于1956年、1973年、1981年、2005年四次编辑出版《鲁迅全集》，2005年出版的《鲁迅全集》18卷，吸纳了迄今鲁迅研究的新成果，是目前最为完备的《鲁迅全集》新版本。此外，鲁迅翻译的外国作品校辑与中国文史古籍，分别编为《鲁迅译文集》（10卷）、《鲁迅辑录古籍丛编》

（4卷），鲁迅早期编著的《中国矿产志》等编为《鲁迅自然科学论著》（1卷）。

鲁迅的著作是经过时间检验、时代筛选的经典，是民族文化的瑰宝：

鲁迅可以说是中国新文学之父。他的小说《狂人日记》是新文学的第一声春雷，由它呼唤和开创了中国文学一个全新的时代。鲁迅的小说数量不多，但在中国乃至整个世界小说史上占有光辉的地位，这不仅是因为他的作品都有异常深刻的思想内容，赋予小说表现深切的特点，而且也因为他的作品在艺术上进行了独特的创新，打破了中国传统小说的格局，开辟了中国文学发展的另一个时代。

杂文在鲁迅全部创作中占据着首要的位置，也是鲁迅思想的主要载体。鲁迅的杂文创作贯穿其文学生涯之始终。鲁迅非常看重自己的杂文。他一再说，我的杂文"当然不敢说是诗史，其中却有着时代的眉目"。他还说，"中国大众的灵魂，现在是反映在我的杂文里了"。鲁迅在纷乱、复杂的时代背景下，选择了杂文来对中国的历史和现实进行广泛的社会批评和文明批评，汇成"现代中国的百科全书"。鲁迅的杂文是文学，属于散文的一种，有其独具的艺术价值。鲁迅杂文在中国现代散文的发展中产生了深远的影响，这就是"鲁迅风"。鲁迅杂文对人性与现实的批判传统影响了一代又一代的散文家。

鲁迅的《中国小说史略》为中国古典小说研究的经典之作，问世以来影响巨大。《中国小说史略》以其精审的论断，严密的逻辑体系，打破中国自来小说无史的局面，展示小说入史的学术自觉，助推小说史书写及其研究成为当下的一门显学，引领20世纪蔚为风潮的小说史学建构。

《野草》和《朝花夕拾》是鲁迅的散文作品。《野草》开创了一种"独语体"的散文风格，具有自我审视的性质；语言风格集华丽与艰涩于一身，运用了联想、象征、变形等多种艺术手法，明显地体现了散文的诗化、小说化和戏剧化倾向。《朝花夕拾》开创了一种"闲话风"的散文风格，以亲切平和的语调记述了作者从童年到青年时代的片断经历，是"听闲谈而去其散漫"语言主张的成功实践，体现了一种从容的风姿。

鲁迅创作的旧体诗数量虽然不多，但在他生前和身后都产生了复杂和深远的影响。特别是在新中国成立以后，鲁迅的旧体诗一直在被出版、抄录、诵读、注解、阐释和研究。

鲁迅对我国古典文学和历史著作做过很多整理研究工作，这大抵是在辛亥革命前后数年之间，是他早期学术活动的一个重要方面。从这些著作中可以看出鲁迅对整理我国古代文化遗产的重视和所取得的成绩；它们本身，也是有关中国文学和历史的重要典籍。

鲁迅是一位伟大的文学家，也是一位伟大的翻译家，他直到逝世还在翻译果戈理的《死魂灵》。在长达33年的时间里，他译介了14个国家近百位作家的二百多种作品。正如有的研究者指出的，鲁迅是中国现代译介外国文学的开拓者，他在译介弱小民族文学和俄罗斯文学方面，在介绍欧洲新文艺方面，在建立翻译文学与中国新文学的有机联系方面，在继承我国翻译传统和理论方面，在培养和组织翻译人才方面，都是一位突出的先驱者。

2. 鲁迅的评价

鲁迅的地位是历史形成的。有些人特别是年轻人不了解，以为今天对鲁迅的高度评价是有意拔高的，当然不是。我这里从鲁迅逝世时的社会反应、20世纪30年代对鲁迅的评论以及今天海外鲁迅的影响与研究状况做一介绍，使大家对鲁迅的价值与意义有更深入的认识。

据当时的报纸报道：鲁迅10月19日逝世，20日便开始瞻仰遗容，当天签名瞻仰遗容的4462人，外省46个团体。21日继续瞻仰遗容，下午3时入殓，棺木为宋庆龄所赠。22日上午继续瞻仰遗容，下午1时50分举行起灵祭，2时30分起灵。送葬行列以"鲁迅先生丧仪"特大横幅为前导，接着是挽联队、花圈队、挽歌队、遗像、灵车、家属车、执绋者、徒步送殡者和送殡汽车。行列两旁,在租界区有骑马的印度巡捕和徒步的巡捕,中国界有中国警察,全部武装戒备。送葬行列在低哑和阴沉的送葬歌声中安宁地行进。4时30分左右抵达墓地,举行葬仪。蔡元培、沈钧儒、宋庆龄、内山完造、章乃器、邹韬奋发表了演说。萧军代表"治丧办事处"和《译文》《作家》《中流》《文季》四个杂志社致辞,上海民众代表献"民族魂"白地黑字旗一面,覆于棺上,"在一片沉重广茫练似的哀悼的歌声底缠裹里,先生的灵柩,便轻轻地垂落进穴中"。中国伟大的文学家、伟大的思想家和伟大的革命家鲁迅安息在万国公墓。如此隆重、庄严的仪式与场面,是鲁迅崇高地位的有力见证,说明鲁迅永远活在人们心里。

对鲁迅的评价,在鲁迅逝世第三天,中国共产党中央委员会和苏维埃中央政府所发出的三份电报就称鲁迅是"中国文学革命的导师、思想界的权威、文坛上最伟大的巨星"。毛泽东主席在《新民主主义论》里对鲁迅更有过经典性的论述:"鲁迅是中国文化革命的主将,他不但是伟大的文学家,而且是伟大的思想家和伟大的革命家。鲁迅的骨头是最硬的,他没有丝毫的奴颜和媚骨,这是殖民地半殖民地人民最可宝贵的性格。鲁迅是在文化战线上,代表全民族的大多数,向着敌人冲锋陷阵的最正确、最勇敢、最坚决、最忠实、最热忱的空前的民族英雄。鲁迅的方向,就是中华民族新文化的方向。"这个我们都知道,下面我再介绍三个人对鲁迅的评价。

第一个是傅斯年,他是"五四"运动学生领袖之一,著名历史学家,也是第一个评论鲁迅作品的人。傅斯年在1919年2月1日出版的《新潮》上介绍《狂人日记》,认为它是"用写实笔法,达寄托的(svmbolism)旨趣,诚然是中国第一篇好小说"。过了两个月,傅斯年又在《新潮》上谈了读《狂人日记》的感想:"鲁迅先生所作《狂人日记》的狂人,对于人世的见解,真个透彻极了;但是世人总不能不说他是狂人。……文化的进步,都由于有若干狂人,不问能不能,不管大家愿不愿,一个人去辟不经人迹的路。最初大家笑他,厌他，恨他，一会儿便要惊怪他，佩服他，终结还是爱他，像神明一般的待他。所以我敢决然断定，疯子是乌托邦的发明家，未来社会的制造者。"这可以说是对《狂人日记》思想内涵的最早理解，应该说是相当深刻的。

第二位是郁达夫，1937年他在日本《改造》杂志上发表《鲁迅的伟大》一文，他说："如问中国自有新文学运动以来，谁最伟大？谁最能代表这个时代？我将毫不踌躇地回答：是鲁迅。鲁迅的小说，比之中国几千年来所有这方面的杰作，更高一筹。至于他的随笔杂感，更提供了前不见古人，而后人又绝不能追随的风格，首先其特色为观察之深刻，谈锋之犀利，文笔之简洁，比喻之巧妙，又因其飘溢几分幽默的气氛，就难怪读者会感到一种即使喝毒酒也不怕死似的凄厉的风味。当我们见到局部时，他见到的却是全面；当我们热衷去掌握现实时，他已把握了古今与未来。要了解中国的全面民族精神，除了读《鲁迅全集》以外，别无捷径。"

第三位是蔡元培，1938年他在《鲁迅先生全集》序中说："鲁迅先生的创作，除《坟》《呐喊》《野草》数种外，均成于一九二五至一九三六年中，其文体除小说三种，散文诗一种，书信一种外，均为杂文与短评，以12年光阴成此多许的作品，他的感想之丰富，观察之深刻，意境之隽永，字句之正确，他人所苦思力索而不易得当的。他就很自然的写出来，这是何等天才！又是何等学力！"蔡元培先生认为，鲁迅所从事方面较多，蹊径独辟，为后学开示无数法门，所以"敢以新文学开山目之！"

重温这些20世纪二三十年代应是盖棺论定的论述，我们对鲁迅会有更为全面、深刻的认识。

3. 鲁迅的世界性

文化巨人所以被称为文化巨人，除了他自身的因素之外，影响是一个重要方面。影响体现在两个方面：一个是时间的，鲁迅不仅在当时有影响，还影响到今天，影响到明天，作为民族文化精神财富，会长期传承下去；另一个是空间的，这种影响不仅在中国，而且是世界性的。时间影响与空间影响又是结合在一起的。

鲁迅1918年开始发表小说，1920年就被介绍到了国外，就是说，鲁迅在国外的传播与研究已经有八十多年的历史了，而且越来越受到重视。国外的鲁迅传播与研究活动主要集中在鲁迅作品的译介、鲁迅作品文本的研究、鲁迅启蒙思想、革命精神、现代性价值的研究以及鲁迅研究的研究等等，取得了丰硕的成果。鲁迅的世界性不仅体现在其作品产生的世界共识，还体现在其精神产生的普遍心理认知，体现在其人格力量对在世界范围内思考"理想的人性"所带来的启发。

这里，我想给大家介绍有关鲁迅在国外的影响及国外鲁迅研究的状况，从这个视角，对于鲁迅的世界影响、鲁迅对人类文化的贡献，更有所体会。

首先介绍日本的鲁迅传播与研究。日本的丸山昏迷于1924年翻译了鲁迅的《中国小说史略》，是日译鲁迅著作的第一人，也是世界译介鲁迅著作的第一人。鲁迅在日本形成规模性的影响，得力于增田涉、佐藤春夫和山本实彦三人。1931年3月，增田涉到上海游学，经内山完造介绍认识了鲁迅，跟鲁迅学习中国小说史，在先生指导和帮助下将《中国小说史略》译成日本语，同时写了日文《鲁迅传》初稿，经鲁迅先生亲自改阅。1935年与佐藤合译《鲁迅选集》。鲁迅身后参加了日本改造社版《大鲁迅全集》的翻译工作。这是世界上第一个《鲁迅传》，后在日本著名杂志《改造》上发表。鲁迅逝世不久，身为改造社社长的山本实彦立即决定出版全七卷的《大鲁迅全集》，1937年刊行，比中国《鲁迅全集》的出版约早一年。当然日本的《大鲁迅全集》实际上还不够全，且有许多误译，但在理解鲁迅方面却未有纰漏。这也是世界上的第一部鲁迅全集。第一部《鲁迅传》和第一部鲁迅全集，并不是出自鲁迅的故国，而是出自日本。日本鲁迅研究在20世纪30年代的势头可见一斑。日本鲁迅研究的辉煌时期出现在战后，最著名的鲁迅研究专家是竹内好，他从20世纪40年代中期至50年代初，出版了《鲁迅》、《鲁迅杂记》和《鲁迅入门》三本论文集，奠定了他在日本鲁迅研究界的权威地位。他的《鲁迅》是一本对后来的鲁迅研究起了决定性影响的书，他的研究因而有"竹内鲁迅"之称。竹内好之后，日本的鲁迅研究，无论在学者方面，还是在学术成果方面，都形成了宏大规模。20世纪90年代以后，日本较有影响的鲁迅研究著作，有藤井省三的《鲁迅——〈故乡〉的风景》《鲁迅〈故乡〉阅读史》，丸尾常喜的《"人"与"鬼"的纠葛——鲁迅小说论析》等。

韩国的鲁迅研究和鲁迅介绍，是东亚的鲁迅介绍中，日本之外的另一个大支系。韩国学界早在日据时期的1920年已把鲁迅介绍进来，到2005年，研究论著目录起码有440条以上。1927年《狂人日记》已译成韩文。鲁迅的全部小说、散文诗、几本杂文集、《中国小说史略》《汉文学史纲要》等已全部译成韩文。《韩国鲁迅研究论文集》已于2005年由河南文艺出版社出版。韩国鲁迅研究专家朴宰雨在序言中说："鲁迅是20世纪东亚历史上非常重要的、思想的、文化的、人物的资源。他虽然首先是属于中国的知识分子，但又是属于东亚的知识分子。他在现代东亚知识界里一直是受瞩目的文学家兼思想家，是一位很难再有的历史文化向导。为东亚文学、东亚文化的未来，在东亚知识分子互相进行对话的时候，鲁迅是一个非常重要的环节。"

鲁迅与俄罗斯文学关系密切，他很留意并翻译过俄国的文学作品。由于汉学历史悠久而发达，与中国的文化交流密切，俄罗斯也是鲁迅研究的重镇。鲁迅是最早被译介到俄罗斯的中国现代文学家之一。1925年瓦西里耶夫（中文名王希礼）第一个将《阿Q正传》译为俄文。王希礼曾就翻译问题与鲁迅通信往来，并向鲁迅索序、自传和照片。鲁迅写了《俄文译本〈阿Q正传〉序及著作者自叙传略》，并附照片寄给王希礼。至1971年，鲁迅的小说全部译为俄文。鲁迅作品在苏联出版有三个高峰期：一是在20世纪50年代出版发行了约83万册，二是在70年代苏联有重大出版项目的时期出版发行了约30万册，三是在80年代出版发行了约27.5万册。这三个十年的发行量约140万册。从20世纪20年代开始，苏联的鲁迅研究队伍逐步成长起来，陆续发表了一系列的研究论著，在鲁迅小说研究方面取得了各具特色的研究成果。苏联几位著名的鲁迅研究专家，都是以鲁迅研究获得博士学位的：费德林1939年以《论鲁迅的创作》获得副博士学位；波兹德涅耶娃1956年以《鲁迅的创作历程》获得博士学位；索罗金1958年以《鲁迅创作道路的开始和小说集〈呐喊〉》获得副博士学位；谢曼诺夫研究中国近代文学，也是鲁迅研究专家，他的《鲁迅及其前驱》产生了重大影响。俄罗斯的鲁迅研究在20世纪五六十年代达到鼎盛时期，这十余年共出版了五部鲁迅研究专著，这也得益于当时汉学学科的繁荣发展。2012年俄罗斯当代汉学家谢列布里亚科夫和罗季奥诺夫合作发表了题为《俄罗斯对鲁迅精神世界和文学世界的解读》的论文，梳理了鲁迅作品在俄罗斯的译介出版概况以及俄罗斯学者对鲁迅的世界观、创作方法及其与俄罗斯文学的关系等方面的研究成果。

鲁迅与法国文学颇有渊源，他译介的第一部外文小说就是法国大文豪雨果的小说《哀尘》，这是通过日文译本转译的，刊载于1903年第5期《浙江潮》。鲁迅作品最早传到法国，是经中国留法学生的译介。1926年中国留法学生敬隐渔将《阿Q正传》译为法文，刊载在巴黎权威杂志《欧罗巴》上。经过第二次世界大战期间法国、比利时等国在华传教士的鲁迅译研活动以及新中国成立后的鲁迅作品在法国的传播与接受，鲁迅研究在法国已有了相当的基础。随着中国的对外开放，鲁迅研究也在法国得到进一步发展。1981年成立了"法国巴黎第八大学鲁迅翻译研究小组"，系统地、全面地翻译《鲁迅全集》，为鲁迅在法语世界的流传做出了杰出贡献。不少著名大学纷纷举办汉学讲座，开设"鲁迅研究"的专题课，鲁迅成为年轻的法国学子们的硕博论文研究对象。鲁迅研究专家队伍初具规模，每年都有一定量的鲁迅研究论著出版。而今，鲁迅成了法国译介的中国现当代作家作品中数量最多的一位，成为法语读者最熟悉的中国作家之一。21世纪以来鲁迅的生平和主要作品还被拍成影视搬上了法国银屏，鲁迅形象不仅在法国学术界得到了肯定，也渗透到法国社会和人民的日常生活中，越来越被法语读者所了解和接受。

美国的鲁迅研究也颇有影响。美国的鲁迅研究可以上溯到著名的美国记者埃德加·斯诺与鲁迅的交往。1935年他就发表了论文《鲁迅——白话大师》。斯诺之后美国鲁迅研究的第一代，均为华裔学者，有王际真、夏济安、夏志清、陈珍珠等人。王际真为英译本鲁迅作品《阿Q及其他》所写的《导言》，不仅被日本学者视为出色的"鲁迅论"，更具有美国鲁迅研究的开创作用。中美关系正常化以后，美国人才济济、学术交流广泛和学术思想活跃等条件在鲁迅研究领域得到发挥。出版和发表的作品有舒尔茨的《鲁迅创作的年代》、莱尔的《鲁迅的现实观》、李欧梵的《铁屋中的呐喊》等专著以及哈南的鲁迅小说技巧的系列论文、艾伯的研究之研究等，使美国的鲁迅研究显示出良好的态势。

除上述国家外，越南、马来西亚、澳大利亚、英国、德国、意大利、荷兰、捷克、加拿大等国，都有相当数量的学者从事鲁迅研究。这正如以色列学者谈到鲁迅时所说的，"鲁迅的被接受，已经成为国际性的文化现象"。

三 鲁迅在今天的意义

1. 关于鲁迅的议论

我们说鲁迅的地位是历史形成的，是自身的作品与贡献决定的。但是，从我国进入改革开放的新时期以来，围绕鲁迅的争论多次发生，出现了质疑、非议，甚至是贬损鲁迅的言论。如何看待这个问题呢？我想大概一个重要原因是，长期以来，我们主要从政治革命的立场去评价鲁迅，阐述鲁迅，把鲁迅演绎为中国政治革命的预言家、理论家，似乎是神圣的真理的化身，任何人都不能对他有所非议。正因为鲁迅有了这样的地位，过去多年时间里文化艺术界要整倒某个人时，就有人搬出鲁迅，从鲁迅著作中找到一些鲁迅对此人的有关指责和批评，或寻出一些材料证明他和鲁迅曾闹过意见，有过争辩，这个人肯定就完了。茅盾与鲁迅有过密切的交往，是深刻了解鲁迅的人，他对鲁迅也做过充分的为人们所认可的评价，他在1979年《答〈鲁迅研究年刊〉记者的访问》中就明确指出："鲁迅研究中有不少形而上学，把鲁迅神化了，把真正的鲁迅歪曲了。鲁迅最反对别人神化他。鲁迅也想不到他死了以后，人家把他歪曲成这个样子。"他认为："鲁迅研究中也有'两个凡是'的问题。比如说有人认为凡是鲁迅骂过的人就一定糟糕，凡是鲁迅赏识的人就好到底。我看并非如此。这类事情要实事求是。"

鲁迅说过："孔子这人，其实是自从死了以后，也总是当着'敲门砖'的差使的。"在十年"文革"动乱中，"四人帮"及其御用写作班子，就是把鲁迅当着"敲门砖"使用的。他们对鲁迅的文章断章取义，扭曲、误读，进一步把鲁迅"偶像化""庸俗化"，使鲁迅沦为政治斗争的工具。"文革"初期，他们把20世纪30年代"国防文学"口号与鲁迅提出的"民族革命战争的大众文学"口号对立起来，歪曲两个口号之争，鲁迅就被利用成了打倒周扬的一根棍子；接着号召"学习鲁迅批判孔家店的彻底革命精神"，打倒所谓刘少奇的"资产阶级司令部"：他们歪曲鲁迅思想，又把鲁迅卷入所谓"批林批孔"运动；毛主席发表对《水浒》的评论后，"四人帮"借鲁迅关于《水浒》的评述，将评论引入"批投降主义"的歧途；1975年在全国掀起针对邓小平的所谓"反击右倾翻案风"的逆流时，鲁迅又成了所谓"反复辟"的英雄，当时还有一篇题为《由赵七爷的辫子想到阿Q和小D的小辫子兼论党内不肯改悔的走资派的大辫子》的奇文，等等。像我们这些经过"文革"的人，对此都记忆犹新。我想，由于这些原因，也使得一些人对鲁迅产生误解甚至采取拒斥的态度，有些情绪化，有的话就不免偏激、过分、无理。但是应该明确，出现这些问题，不是鲁迅自身的原因，责任不在鲁迅，而是"四人帮"别有用心的歪曲、误导。

2. 从鲁迅的作品中汲取智慧和力量

鲁迅的意义和价值已有历史的定论。他的作品经历了历史的考验、时代的挑战、文化的选择，成为中国的和世界的文学经典、文化经典。经典就要认真阅读，认真学习。

今天读鲁迅的书，我认为不必对每个人都提出同样的要求，可以是严肃的态度，也可以是轻松的心情。我相信，只要读他的作品，并且读进去了，都会有收获的，或者是思想的启迪，或者是人生的感悟，或者是知识的积累。总之，都会收获到智慧，感受到力量。

我想结合我的认识谈谈鲁迅在今天的意义。我是业余从事鲁迅研究的，我从中学时代接触鲁迅的作品，特别是"文化大革命"中，可读的书不多，鲁迅作品是当时可以公开读到的，他的著作很多，我越读越喜欢，越读越生发由衷的敬意。20世纪70年代，我也试着写点小文章。我最早发表在报纸上的学习鲁迅的署名文章是1975年，当然文章内容带有那个时代的特点。我的第一篇研究鲁迅的学术论文发表在1981年的《人文杂志》上。后来我出版了两本研究鲁迅的著作。从2001年到现在，我担任中国鲁迅研究学会的会长。鲁迅的著作丰富，他的小说、散文、杂文、诗歌，他的身世、经历等，都有人做专门的研究，我着重研究的是他的思想，是从他的国民性思想改造开始的。1988年出版的《文化批判与国民性改造》，是我的第一本鲁迅研究著作，也是学术界关于鲁迅国民性思想的第一本专著。

鲁迅思想的核心是对"人"的关注，对人的精神现象的重视。早年鲁迅通过对竞言武事的洋务派和托言众志、藐视个性的维新派两种文化思想的批判，认为"是故将生存两间，角逐列国是务，其首在立人，人立而后凡事举，若其道术，乃必尊个性而张精神"。"立人"的实质是重视国民精神的改造和提倡个性解放，即摒弃国民劣根性，重塑新型的民族性格。国民性改造是鲁迅思想中贯穿始终的一个基本问题。他早期从事于文学事业的动机和目的，就在于暴露和改造我国国民的劣根性。鲁迅在其一生中，操起了从精神上对中国人进行思想文化启蒙的武器，用以唤醒昏睡的中国人，使其觉醒、觉悟起来，看清自身劣根性，达到根治的目的。

我认为，在今天，鲁迅的改造国民性思想仍然有着现实意义，它有助于我们对当代中国人的精神面貌、心理素质、风俗习惯的认识和分析；在正确分析的基础上，摒弃落后愚昧的精神负累，继承传统的美好品德，以促进人的现代化，而人的现代化是实现四个现代化的关键。

我的《文化批判与国民性改造》一书最后一节题目是《反思与启迪：着力于人的现代化》，我从我国当时改革开放的现代化建设实际出发，提出鲁迅对我们的几点启发，虽然过去20年了，我觉得基本精神仍然没有过时，今天把它重新提出来，与大家交流：

一是打破封闭状态，坚持自信，勇于吸收外来文化。鲁迅留学日本时在谈及如何促进中国文化发展时曾经讲过一句话："外之既不后于世界之思潮，内之仍弗失固有之血脉。"这句话有两层意思：首先，文化的发展具有时代性，即应跟上世界文化发展的潮流；其次，文化的发展要具有民族性，强调保持中国传统文化的根基。

文明是在交流互鉴中丰富发展的。鲁迅在《看镜有感》一文中对此有精辟的论述。有感于一面刻有外来动植物的汉代"海马葡萄镜"，他说："遥想汉人多少闳放，新来的动植物，即毫不拘忌，来充装饰的花纹。唐人也还不算弱，例如汉人的墓前石兽，多是羊，虎，天禄，辟邪，而长安的昭陵上，却刻着带箭的骏马，还有一匹鸵鸟，则办法简直前无古人。"鲁迅誉之为"汉唐气魄"，这种魄力，是一个民族、一个国家有实力、有自信的体现，汉唐"人民具有不至于为异族奴隶的自信心，或者竟毫未想到，凡取用外来事物的时候，就如将彼俘来一样，自由驱使，绝不介怀。一到衰弊陵夷之际，神经可就衰弱过敏了，每遇外国东西，便觉得仿佛彼来俘我一样，推拒，惶恐，退缩，逃避，抖成一团，又必想一篇道理来掩饰，而国粹遂成为孱王和孱奴的宝贝"。鲁迅提出我们要运用脑髓，放出眼光，弘大"汉唐气魄"，实行"拿来主义"。

中国由于长期以自然经济为基础，特别是清代后期奉行闭关锁国政策，与世隔绝，视中国为"天朝"，把外国一概看作"蛮夷"，形成了一种盲目自大的心理，又由于外来新事物总是与外国侵略连在一起，因此，在人们心中形成了对外来事物的固有的排斥态度。这种盲目自大，盲目排外的心理，严重地阻碍了中国社会的发展。鲁迅批判了这种传统心理，要求从封闭状态中走出来，放开眼界，虚心学习外国的好东西，为我所用。同时要注意继承和弘扬中华民族优秀的传统文化，维系和发扬中华民族五千年来赖以生存和发展的"固有之血脉"。

党的十一届三中全会以来，党中央坚定不移地实行对外开放政策，打破自我封闭，加强对外交流，认真学习外来的东西，以天下之长，补一国之短，吸纳人类创造的一切文明成果，与时俱进，令中华民族称雄于世界民族之林。同时又防止和克服各种消极现象，坚持社会主义的原则和共产主义方向，促进了现代化建设事业的发展。新的国民性，也将在改革和开放中，在吸收外国文化精华的过程中逐步形成。

二是打破安分守己，提倡竞争，敢为人先。这一点不细说了。

三是打破保守思想，大胆改革，坚持改革。鲁迅的一生，热烈地支持和主张一切推动中国社会前进的改革。但他又深刻地认识到改革的艰巨性，这不仅由于反动统治者千方百计反对改革，压迫屠杀改革者，更重要的是求稳怕乱、安于现状的保守思想在广大群众中有着广泛的影响，什么"祖宗之法"，什么"国粹""老例"，都在堵塞着前进的道路，压抑着改革的生机。鲁迅认为，改革是中国社会的唯一出路，关系国家和民族的生死存亡，"即使艰难，也还要做；愈艰难，就愈要做"。

鲁迅还接受了列宁关于风俗习惯都包括在文化之内，都需要改革并且认为改革这些很为困难的思想。他专门写了《习惯与改革》一文，认为"现在已不是在书斋中，捧书本高谈宗教，法律，文艺，美术……的时候了，即使要谈论这些，也必须先知道习惯和风俗，而且有正视这些的黑暗面的勇猛和毅力。因为倘不看清，就无从改革，仅大叫未来的光明，其实是欺骗怠慢的自己和怠慢的听众"。他提出要把文化改革的基础"深入民众的大层"，十分慎重地"研究"和"分别"他们的风俗习惯的"存废的标准"。这正是鲁迅的异常清醒与深刻之处，如果不是这样"慎选施行的方法"，长期加以贯彻的话，那就无法保证新文化建设的成功，不管有多么宏伟和高谈阔论的改革计划，也会被落后的风俗习惯的"岩石所压碎"，或者流于表面的文章，毫无实际的效果。

近多年来，我国的改革已取得了伟大的成绩。实践说明，中国的问题只有通过改革去解决，舍改革而别无出路，不管在改革的路上会遇到多少艰难险阻，改革的步子不能停止，改革的潮流也不可遏止。当然，我们今天的改革与鲁迅当年所讨论的改革有着不同的内容，但他关于改革的一些基本思想对我们仍是有启发的。

四是反对瞒和骗，正视现实，打破"面子"思想。鲁迅说过，"面子"思想"是中国精神的纲领"。注重"面子"，既是中国封建士大夫盲目、愚昧的自大狂的表现，也是不敢正视现实、自欺欺人的精神胜利法的反映。"面子"思想的主要表现是盲目自大，讳言缺点。比如，近代以来，一些"爱国自大家"看到中国落后了，却不肯正视现实。他们采取的手法，先是"外国的东西，中国都有过；某种科学，即某子所说的云云"，中国是西学的老祖宗，中国人向西方人学习，是"礼失求诸野"；再是"外国也有"，即凡是中国的落后现象，外国也有，彼此彼此。这样，就维护了国家的面子，个人也当然觉得有了面子。正是由于不敢正视现实、承认现实，就只好瞒和骗，这就造成了中国人一种很特别的心理，即喜欢"大团圆"。这不仅反映在文艺作品中，而且体现在现实生活中。中国人在这方面突出的表现，就是"不以坏事为坏"，并善于把坏事变成好事。鲁迅大声疾呼中国人民从"瞒和骗的大泽中"走出来，取下假面，正视人生。

当然，为世所诟病的面子文化的影响绝不只是消极的。作为民族文化心理结构部分的面子，也是推动人们积极向上、产生"挣面子"的"成就感"的动力，中华民族崇操守、尚气节、重人格尊严，提倡委曲求全、忍辱负重、顾全大局，以及蕴含在人生哲学中的强烈的责任感、使命感，都与面子文化的长期浸润有关。面子文化的积极作用，在鲁迅身上也有明显的体现。他的"我以我血荐轩辕"的爱国主义激情，强烈的社会责任感，反对"无特操者"的斗争精神，淡泊自守、安于清苦的崇高情操，以及无情面地解剖自己的大无畏气概，无不闪烁着优秀的传统文化精神的光彩。今天，重温鲁迅关于面子文化的论述，对于我们克服和摒弃重名轻实、弄虚作假、形式主义的做法，坚持严肃的科学态度和认真求实的作风，推进社会主义现代化建设事业，是有积极的作用的。

最后需要说明的是，由于当时所处的社会环境，鲁迅是以主要的力量暴露国民性中的弱点，但他也一贯注意弘扬国民性中的优点。早期就揄扬汉唐气魄，后期赞美中国的脊梁，直至逝世前不久，还说"我们生于大陆，早营农业，遂历受游牧民族之害，历史上满是血痕，却竟支撑以至今日，其实是伟大的"。而鲁迅毕生奋斗所形成的硬骨头精神，是"民族魂"，是对新的国民性的最好的建树。

（2010年3月11日，作者在中央文化管理干部学院为"文化部第四期青年干部培训班"所做的讲座。现为整理稿）

第二编

讲话、访谈

鲁迅研究二十年

今天，由青岛大学和北京鲁迅博物馆联合举办的"鲁迅研究二十年"国际学术讨论会开幕了，我谨代表文化部向大会的召开表示热烈的祝贺！

前年，青岛大学实施重点学科发展战略，确定以鲁迅研究为人文学科发展的龙头，同北京鲁迅博物馆联合成立了鲁迅研究中心，联合招收了鲁迅研究方向的硕士研究生，并积极申报博士学位授权点。一年多来，已经编写了两卷并出版了一卷《鲁迅研究年鉴》，为弘扬鲁迅精神，提高鲁迅作品教学水平做了许多扎实的工作。

今天，全国各地和外国的鲁迅研究者来到青岛，总结以往鲁迅研究取得的成绩，为更进一步发展这个有着光荣传统和丰富成果的学科发表意见。这次会议的中心议题是"近二十年来的鲁迅研究"，是一个很有意义、很需要认真讨论的题目。

过去的二十年，也就是改革开放的二十年，中国发生了巨大变化。近几年，国家举行了一系列活动，纪念党的十一届三中全会在改革开放宏伟事业中所起的决定性作用。20世纪70年代末开始的改革开放是一场伟大的思想解放运动。我们恢复了实事求是、尊重实践、尊重科学、破除迷信的优良传统，使国家走上了正确的道路。这二十年在鲁迅研究史上也极为重要。改革开放，拨乱反正，使鲁迅研究焕发了生机，充满了活力。这一点，在座的许多专家都是亲历者。我们纠正了以往对鲁迅的过于政治化的解读，纠正了对鲁迅的故意曲解和拔高，打破了框框和程式，摆脱了僵化思想的束缚，开阔了眼界。研究者冲破一个又一个禁区，取得一项又一项新成果，论文和专著像雨后春笋般地涌现；出现了敢于创新的群体，出现了许多富有创见的学者，至今仍然活跃在学术界。这个过程既是艰难的，又是激动人心、令人难忘的。

进入20世纪90年代以后，随着改革开放的深入，社会转型的加剧，鲁迅研究也更加活跃，而且具有了新的特点，在许多方面有了突破。例如，对鲁迅早期思想尤其是"立人"思想的研究，对鲁迅思想来源的探索，对鲁迅有关国民性论述的研究，对鲁迅启蒙思想的研究，对鲁迅晚年与外国思潮关系的研究，对鲁迅小说叙事学的研究，对鲁迅杂文的研究，对鲁迅思想的当代意义及其对当代文学的影响研究等方面，都做了积极的探索，出现了一批有分量的著作和许多有锐气、知识面广、勤于思索的鲁迅研究专家。

可以说，鲁迅研究的进步是与我们国家的进步同步的。改革开放到现在的二十多年将作为一个极为重要的时期彪炳史册。在国家的发展进步上如此，对鲁迅研究而言也如此。

二十年来，我们不断拓展着研究领域，我们对鲁迅的认识更加深入、全面。我们运用多学科的知识，运用多种研究方法对鲁迅的思想和作品进行了深入的开掘。不但如此，我们还从鲁迅延伸开去，对鲁迅所生活的时代和同时代人，对作家、流派、社团、思潮等等进行了深入的研究，也从比较文学的角度对外国文学对鲁迅的影响、鲁迅在世界文学中的地位和影响等课题进行了研究。这使我们能从世界文学的范围，在整个中国文学史、思想史的进程中衡量鲁迅，研究鲁迅的现代意识和科学精神，我们得出的结论就更全面和准确。

很多卓有成就的鲁迅研究专家扩宽了研究范围，在中国文化史、近代文学等领域中也取得了令人瞩目的成就，这反过来又有助于对鲁迅做出更科学的评价，有助于加深对鲁迅的认识，加深对鲁迅所处时代的认识。研究者们还开拓一些以前不曾被触及的新领域，例如在鲁迅藏书研究中取得了不小的收获，这都有助于我们理解鲁迅博大的精神世界和广泛的知识来源。

我们在资料整理和研究方面也取得了丰富的成果。自1981年人民文学出版社编辑出版了《鲁迅全集》以后，陆续发现了很多鲁迅的佚文佚信，勤奋而又细心的研究者们对很多注释进行了补充和更正。前不久《人民日报》报道，人民文学出版社不久将推出新版的全集。虽然只有部分专家参加了修订工作，但这无疑是全国鲁迅研究者研究成果的总结，是集体智慧的结晶。

二十年来，鲁迅研究是在各种思潮的交锋中度过的。鲁迅研究经常面临着这样那样的挑战。国际形势的变化和国内市场经济的发展影响着我们的学科发展。经济全球化、文化全球化引发了许多新的社会问题，青年人中产生了信仰危机，社会上出现了否定鲁迅的言论。我们应该积极应对挑战，用扎实的研究成果，摆事实，讲道理，认真回答问题，做好解释和教育工作，消除人们的怀疑情绪。对于鲁迅这些年的被攻击和被污蔑，应该对有关现象进行认真的研究，从心理、社会和历史等多个层面探讨其发生的原因。鲁迅也正是在不断的斗争中成为第一流的文学家、思想家和革命家的，我们研究者同样也要在思想的交流甚至交锋中学习和进步。

总之，二十年来的鲁迅研究丰富多彩，令人瞩目。总结二十年来的得失，对学术的进步，对文化建设有参考价值。总结这部历史已经成为研究者们的一个重大课题。实际上，近几年，我们已经看到有多种此类著作问世。这次学术讨论会又为我们提供了一个很好的机会。我们期待着各位专家在自己的研究成果的基础上，对鲁迅研究学术史的总结工作发表看法，提出意见。我们召开这次讨论会的目的就是总结过去的研究成果，规划当前的研究工作，更着眼于未来鲁迅研究的深入发展。

虽然在二十多年中，我们取得了很大的成就，但我们不能满足。

鲁迅思想的许多意义还没有得到阐发，在传统文化的创造性转化，在研究方法的创新，在鲁迅的当代意义等不少方面都还有很多工作要做。我们的资料也还不十分完备，例如新时期的研究成果还没有进行全面的整理，还没有一个较为完整的索引。有些基础性的工作还有待于进一步加强，例如年谱的编纂和修订，北京鲁迅博物馆正在着手编写《鲁迅年谱长编》，吸收二十多年来的研究成果，这是一项很有意义的工作，应该给予大力支持。

在鲁迅思想和著作的普及方面我们也大有可为。这些年，我们在鲁迅著作的普及方面取得了显著成绩，出版了适合各个层次读者阅读的鲁迅读本，有多部以鲁迅著作改编的影视作品上演，但普及工作是无止境的。我们还要运用教学、展览、朗诵、研讨、戏剧、影视等多种形式向广大读者宣讲鲁迅的精神。社会上出现的对鲁迅的冷漠、轻视和否定，大部分起因于对鲁迅缺乏正确的了解，有众多的青年学生在等待我们去做详细的通俗易懂的解说。让高深的思想学说被普通群众掌握，本身就是一门高深的学问，一项繁难的工作，它需要深入浅出，耐心细致。文化普及工作符合党的要求：先进的文化一定要去贴近群众，争取群众；也符合鲁迅精神：鲁迅一生是为人民的。他逝世前不久说过："无穷的远方，无数的人们，都和我有关。"我们要学习鲁迅这种关怀大众的精神，为广大群众提供更多优秀的文化食粮。

回顾二十多年的道路，我们都感到从事鲁迅研究工作的艰辛和幸运。学习鲁迅、研究鲁迅，使我们终身受益。鲁迅研究是同现实紧密联系在一起的。鲁迅是中国现代文化史上一个具有代表性的人物，一个立体的百科全书式的值得全面深入研究的人物。目前，全国的鲁迅研究者已经组成了一支精干的队伍，具有多学科相互配合的集体优势，正符合从多侧面研究这位百科全书式的人物的要求。

各位老师，各位专家，同志们：我们因为崇敬鲁迅和爱好鲁迅的作品走到一起来了。在学习鲁迅的道路上，我们有着相同或相似的经历。我们都曾受到鲁迅思想的哺育，我们都曾受他的伟大人格的感召，我们都曾醉心于他那富有韵味的深刻的笔法和洗练的文字。他的强烈的爱国精神，他的疾恶如仇的性格，他的勇往直前的奋斗不息的意志，他的刚直不阿的硬骨头精神深深地感动了我们。我们每个人走上鲁迅研究的道路，都起源于这种崇敬和感动。对鲁迅先生的景仰，对鲁迅作品的爱好，是把我们联系在一起、让我们团结起来的基础和动力。每当我们读到"我以我血荐轩辕"的诗句，就会产生慷慨报国的激情；每当读到他那猛烈抨击落后观念和丑恶现象的文字，就会产生对他的正直品格的敬仰；他有关社会、历史、文化方面的深刻论述，使我们钦佩他博大的心胸和见识。

我们在学术道路上每前进一步，不但要感谢鲁迅先生给予我们的激励，也要归功于同行给予我们的鼓舞和启发。鲁迅研究有今天的成果，我们要感激党和国家对这项事业的巨大支持，也要感激那些已经逝去的尊敬的师长。我们传承了前辈学者的优秀成果，同行们的切磋琢磨，相互激发，也是我们不断进步的动力。在讨论和合作中我们共同支撑起了鲁迅研究的大厦。

前年，青岛大学鲁迅研究中心成立和鲁迅塑像揭幕，我有幸躬逢盛事。当时，我瞻仰了青岛大学院内的孔子塑像，想起了毛泽东曾经把鲁迅称为现代中国的圣人。中华民族几千年生生不息，中华文化几千年绵延不绝，像孔子和鲁迅这样的为民族文化做出巨大贡献的思想家们，将永远彪炳史册。这些年来，我们更多地思考着中国文化传统怎样保持和发展的问题。全球化的大潮汹涌而至，民族文化面临消解的挑战和新生的机遇。怎样创造性地改造传统，怎样建设有中国特色的文化，是摆在我们面前的十分迫切的问题。作为先进文化杰出代表的鲁迅，在这方面做了很多探索，为我们留下了宝贵的遗产。整理这份遗产，阐明其现代意义，发扬光大鲁迅精神，对我们今天的文化建设将会产生积极的影响。

这是鲁迅研究者义不容辞的责任。

回顾过去，我们感到自豪；展望未来，我们充满信心。我们是一

支有着悠久历史和优良传统的研究队伍，我们有理由相信，鲁迅研究
事业一定会有更加蓬勃的生机和光明的前景。

　　（本文为作者2004年8月16日在青岛大学和北京鲁迅博物馆联合
举办的"鲁迅研究二十年"国际学术讨论会上的开幕词）

鲁迅的起点

热烈祝贺"鲁迅的起点：仙台的记忆"国际学术研讨会的召开，并向与会代表致以亲切的慰问和崇高的敬意。

作为一名鲁迅作品的爱好者，我要感谢日本东北大学等机构与鲁迅博物馆合作举办这次学术研讨会。研讨会的主题很有意义。鲁迅在仙台医专学习虽然只有短短一年多，对他却有着十分丰富的含义。如果把仙台留学作为鲁迅的一个起点，那么这不但是鲁迅个人的，也可以扩大地说是中国现代文学的起点。正是在这里，鲁迅开始了他的现代化探索。他对学科的选择是独特、有个性的。他的离开看似突然，但也同样富有个性，与他的性格发展、与他当时的思想有着密切的关系。在仙台期间，鲁迅感受了亲切的关怀，受到耐心细致的教诲，留下了难忘的记忆。他回国后将这些见闻和感受写成脍炙人口的作品，成为了中国广大读者喜爱的经典作品。从这个意义上说，仙台经验在为他提供医学基本知识外，更为他储备了文学创作的素材。

鲁迅的仙台经历给我们很多启示。鲁迅从藤野先生身上感受到一种超越国界的对人的关心和对学术研究的执着精神，让他一生受益。鲁迅的仙台经历，已经成为我们学术研究、文化建设、文化交流的精神源泉和良好的借鉴。

中日两国的友好有着悠久的历史和深厚的民众基础。藤野先生之所以悉心关照中国留学生，除了他为人宽厚，还因为他喜爱中国文化。在长期的交往中，两国人民知道了互相学习的重要性。藤野先生是带着对中国文明的感恩之情来关心鲁迅的，鲁迅也以感恩的心情来书写他的仙台经历。因此，他们师生的友情在中日近代交流史上具有象征意义。藤野先生和鲁迅走出了一条正确的道路，一条应该也可以长久走下去的道路。

我因此想到，中日之间文化学术的交流应该是在互相尊重、增进了解的基础上的交流。互相学习可以使彼此消除隔阂，达到亲近和关心的目的。而深入的学术讨论，有助于阐发历史人物和事件的丰富内涵，更有助于现实问题的解决。愿这样的学术讨论及两国学者对共同关心的问题的合作研究项目越来越多。

鲁迅对日本经历的怀念不仅表现在《藤野先生》等文章中，作为杰出诗人的鲁迅，在晚年，常以优美的诗篇题赠日本友人。他深情地追怀留日时代的生活："翘首东云惹梦思""心随东棹忆华年"；他更殷切期望中日两国立即停止战争，成为平等相待、共同进步的友好邻邦："度尽劫波兄弟在，相逢一笑泯恩仇。"

各位专家、朋友们，谱写新时代中日友好的灿烂诗篇，是在座每一位朋友的美好心愿和艰巨任务。让我们沿着先驱者开辟的平正的道路，努力工作，为文化和学术的深入交流，为建立美好和谐的世界，做出更大的贡献！

（本文为作者2005年9月27日在北京鲁迅博物馆举办的"鲁迅的起点：仙台的记忆"国际学术研讨会上的致辞）

鲁迅的方向仍然是先进文化的前进方向

文艺报：鲁迅研究是一门显学。特别是中国改革开放以来，随着思想的解放，一些新的材料的陆续发现，一些新的理论和方法的应用，鲁迅研究进入了一个崭新的阶段。请您谈谈近二十多年来我国鲁迅研究的状况和特点。

郑欣淼：新时期的鲁迅研究走过了坚实的历程，是鲁迅研究史上极为重要的阶段。改革开放，思想解放，使鲁迅研究焕发了生机。我们纠正了以往对鲁迅的有些"左"的解读，纠正了对鲁迅的曲解和拔高，冲破了许多禁区，取得了丰硕的成果。目前全国的鲁迅研究者已经组成了一支精干的队伍，具有多学科相互配合的集体优势，正符合从多侧面研究这位百科全书式的伟人的要求。

近二十多年的鲁迅研究，大致有这么四个特点：一是侧重挖掘和把握鲁迅的精神特征。人们先后从反封建、个性解放主义、精神哲学等角度，对鲁迅文本进行了"重读""深读""细读"和对鲁迅进行了"重估""重构""重塑"。这些研究大大地丰富了研究课题。还有关于鲁迅与日本的研究、关于鲁迅生命哲学的思考、关于苏俄文学与鲁迅的探索、关于鲁迅史料的梳理、关于鲁迅"立人"思想阐释以及鲁迅研究史的爬梳等，都有不少创见，使这个学科不断丰富并壮大起来。二是研究越来越细化，学院派的体系建立起来了，"鲁迅学"正成为公认的存在。一些史学界、哲学界的人加入了队伍，研究者在不断扩大。思想研究、文化研究、创作研究、方法论、文献学等的多方位拓展，走近了鲁迅。三是跨国间的交流增多，美国、俄国、日本、韩国、新加坡、意大利等国，都举办过和鲁迅相关的国际性学术会议。鲁迅作为亚洲20世纪文学的代表性人物，开始得到广泛的认同。有的学者甚至把他比成基督式人物，认为其原创性和神圣性以及丰富性，已超过了前人。四是民间解读鲁迅一直是一个热点。关于鲁迅的网站、学术期刊十分活跃，民间的解读五花八门，观点不一。但作为一个存在，人们一直认为鲁迅是绕不过去的。这是没有争议的。鲁迅在中国经久不息地被讨论，被言说，恰恰证明了他的价值所在。

值得一提的是中国台湾地区的鲁迅研究。早在1925年，台湾地区的报纸就刊登了鲁迅的作品。1989年以前，鲁迅作品在台湾被列为禁书。1989年台湾当局宣布解禁，鲁迅作品也得以大量出版。目前鲁迅作品的出版已非常普遍，甚至将其列为高中和大学课程的教材。在解禁前与解禁后，台湾研究鲁迅及其作品者大有人在，尤其是解禁后，逐渐有更多的人士参与研究，从心理学、民族学、美学、社会学、教育学、文化批评、比较学、象征诗学等不同面向去诠释，呈现多样化的观点，出版了一批论文和专著。台湾学者一直把鲁迅当作一个作家来对待，正如台湾有的研究者所说，结果越研究越发现他的伟大。近年来，台湾地区在以鲁迅研究为学位论文的人中，已有二人获得博士学位，十二人获硕士学位。

文艺报：国外鲁迅研究也是很活跃的。"他山之石，可以攻玉"，请介绍一下这方面的情况。

郑欣淼：在冷战时期，国内鲁迅研究中的泛政治化倾向，在国外鲁迅研究中同样存在。20世纪60年代初，美国学者夏志清与捷克学者普实克之间关于中国现代文学研究和鲁迅研究的著名论争，就十分典型地反映了当时国外鲁迅研究中完全对立的意识形态特征。

冷战结束后，国外鲁迅研究也翻开了新的一页。英语世界有澳大利亚的寇志明关于"从旧体诗看鲁迅生平"的研究，他把每首诗都译成英文，然后详加注释。张钊贻的"知识传"（所受知识与学术的影响）研究，他的《鲁迅：中国"温和"的尼采》一书，着眼于鲁迅对尼采美学的中心主题的吸收方面，以及鲁迅与尼采哲学的政治因素方面。另外，美国李欧梵的心理学研究，也有很大影响。

鲁迅思想是东亚共有的文化遗产。在日本、韩国、新加坡，鲁迅文学作品被广泛而持续地阅读着。近来"竹内好与鲁迅""韩国学者论鲁迅""日本的鲁迅研究传统"等话题，很引人注意。仅1997—2003年，韩国的鲁迅研究就有3种专著与100篇以上的论文问世，博士论文5篇以上，硕士论文24篇以上，另有海外学者鲁迅专著韩译本4种以上。在日本，关于鲁迅的史料实证研究堪称独步。北冈正子与阿部兼对鲁迅的留日经历进行了严谨、精细的考评，贡献很大。丸尾常喜《"人"与"鬼"的纠葛——鲁迅小说论析》一书，从鲁迅生活的思想文化背景，到他的精神产品的创造，再直逼他的精神世界的结构和系统，可以代表日本鲁迅研究的高度和深度。藤井省三的《鲁迅〈故乡〉阅读史》，开创了一个接受研究的先例，是独辟蹊径、别开生面的。现在，全译本的日文版《鲁迅全集》已经出版，鲁迅的作品也被日本的中学国语教科书收录。可以说，日本人几乎是把鲁迅作为"国民作家"来接受的。

文艺报：20世纪70年代末期以来，围绕鲁迅曾发生过多次争论。当前，我们如何站在时代高度理解和把握鲁迅？

郑欣淼：新时期以来，围绕鲁迅问题展开过多次论争，从重评中国左翼文艺运动的历史功过，到所谓"神化鲁迅"，再到鲁迅"被专制利用"的问题，乃至"断裂""哀悼"事件，一些更年轻的作家对鲁迅的贬损等，这一方面反映了鲁迅思想的丰富性、复杂性，也从另一个方面说明了鲁迅、鲁迅的作品、鲁迅研究均没有过时。当下的价值观念出现了多元化趋势，人文环境也宽松化了。比起刻板的思想禁锢年代，百家争鸣的局面毕竟是令人欢欣鼓舞的。这些争鸣无疑从正反两方面一次次地验证着鲁迅的永恒性和无限阐释的可能性。

当然，有些观点有市场炒作和情绪化痕迹，这是不好的，争鸣应该限制在学理的范围内，要从中国历史的过程中把握鲁迅，不能把今天的一些尺度都强加到前人身上。鲁迅主张斗争，是不错的。人被压迫了，怎么不反抗呢？有人批评鲁迅"痛打落水狗"的主张，其实不痛打，也是有个前提的，就是狗上岸后不再咬人才可。我们分析鲁迅的言语，不可断章取义，要把问题放在历史的语境里才能显示出历史的原色。研究鲁迅尤其不能离开鲁迅的文本。其实，上述论争中有的观点是想当然的，漏洞很多。可以看出，关于鲁迅，在论者心中还有很多盲点，在还没有完全搞清楚研究对象历史的情况下，就其一点就大声喧哗，这是拿鲁迅说事儿，抢夺话语权，不是真正的挑战和创新。针对这样的不良倾向，鲁迅本身的做法就很有教育意义。鲁迅善于用发展的、辩证的眼光看人，看作品，比如研究一个人要弄清他的生存环境，了解他的经历，熟悉他所有的作品，否则就会发生偏差；对于人的复杂性、多面性，要进行充分的了解，不能只看某个侧面。如果不考虑当时的环境，一味苛责，则很容易导致新的偏激或错误。坚持全面的、历史的观点，坚持实事求是，这应该成为每一个鲁迅研究者的基本素质。

文艺报：鲁迅主张积极大胆地吸收域外文化。他是怎样吸收和融会的？这对我们今天的文化建设有什么启示？

郑欣淼：鲁迅一生有多半精力是用来译介域外艺术的。其翻译的作品近三百万字，比他文学创作的字数还多。最早是译介科幻小说，希望把科学幻想与文学结合起来。后来关注反抗者的文学，对尼采、拜伦、裴多菲等颇有热情。留日时期还译了东欧与日本的小说，旨在从反抗压迫者的文字里，寻找中国人新生的道路。后来对苏联的文学发生兴趣，借着域外思想思考中国新文艺的途径，其中对普列汉诺夫、卢那察尔斯基的译介，丰富了他的思想。晚年又广泛接触外国版画，推动新生的木刻运动。他对外来文化的选择是有鉴别的，不是无条件地引进，其中也有扬弃的过程。比如早期重视尼采，后来就与这个德国哲学家很有距离。鲁迅不喜欢欧美的贵族文学，看重的是平民的、知识分子自我审视的作品。对他而言，关心平民，不断向小布尔乔亚的习气挑战，是殊为重要的。他借助一些翻译，也是为了引进先进的思想，以及驱赶自己身上的"鬼气"和"毒气"。另外，他希望以"硬译"的方式改变书写习惯的努力，对汉语的改造意义很大，这种语言学上的努力，现在还没有引起世人的广泛注意。

鲁迅推崇汉唐气魄，就是汉唐时候国力强盛，魄力雄大，人民具有不至于为异族奴隶的自信心，因此，毫不拘忌地取用外来事物，绝不介怀。他指出，要进步或不退步，总须时时自出心裁，至少也必取材异域，倘若各种顾忌，各种小心，各种唠叨，这么做即违了祖宗，那么做又像了夷狄，终生惴惴如在薄冰上，发抖尚且来不及，怎么会做出好东西来？因此一定要有自信心，要放开度量大胆地、无畏地吸取域外有用的事物，做到"外之既不后于世界之思潮，内之仍弗失固有之血脉"。鲁迅的这种气魄和态度，对今人的启示是巨大的。改革开放为我们提供了全球多元文化的参照系，我们应该在深入研究和不断探索的基础上，创造出一种全新的、有个性的文化。这种文化不是简单地追随西方，而是带有东方人的色调，同时又汇入了现代意识。在封闭的意识里产生不了鲁迅这样的思想者，在洋奴、"西崽"的环境里也诞生不了自由的民族新文化。鲁迅是在一种悖反的价值冲突与文明冲突里，找到了东方现代的精神表达式的。今天，面临着转型和复兴的中国文化，需要有鲁迅这样既有深厚中国文化根基，又吸收了丰富的外国文化营养的先哲为榜样。

文艺报：人类传统文化对于一个文化研究者和一个文化创造者是不同的：一个文化研究者根据一些文化创造者接受文化传统的不同，

可以区别精华和糟粕；而一个文化创造者对任何文化传统都是一视同仁的。鲁迅既是一个文化研究者，更是一个文化创造者，我们如何看待鲁迅对中国古代传统文化的态度？

郑欣淼：鲁迅与传统文化的关系，是个很复杂的问题。"五四"运动中，鲁迅是以彻底地"反传统"的面目出现，这与《新青年》同人是一致的。从近代以来中国文化的衰落，西学东渐，以及民族危亡的背景来看，《新青年》的这种"反传统"，实则反映出他们变革中国社会和思想文化的急迫心情和激愤情绪。对鲁迅的反传统，还有几点应该注意：其一，鲁迅较之同时代许多人，对中国传统的积弊的感受更为深切。在他看来，历史转折期的传统积弊凭借强大的社会力量和根深蒂固的习惯势力而存在，使中国社会和中国文化变革尤为艰难。他并不把民族文化作为一个纯粹的文化问题来考虑，而是将此与人的解放和社会的改造与进步相联系。他的思想逻辑起点是人的自由，人性的正常发展。中国之所以难以改革，原因之一也在这里。其二，鲁迅的反传统不是笼统的，而是从改造国民性主旨出发，对长期桎梏、影响国民精神的封建专制主义进行了猛烈的批判，特别是维护封建秩序的等级制度，鲁迅斥之为"吃人"的制度。鲁迅还对社会上各种反映旧思想、旧道德、旧文化的光怪陆离的现象进行了坚决的揭露和剖析。这种深刻的"社会批评"与"文明批评"已成为鲁迅思想遗产的重要部分留给了我们。其三，鲁迅曾反复申明"我来自旧营垒"，并且对瞿秋白评价他为"逆子贰臣"深以为然，他文化批判的最终指向是在传统文化的"染缸"中浸润出来的种种国民劣根性，而首先面对的是自己灵魂中的"鬼气"和"毒气"，毫不留情面地剖析自己。其四，鲁迅对传统的认识也有一个转变的过程。他后期对于文化的新与旧、现代与传统的关系有了更为科学的说明："新的阶级及其文化，并非突然从天而降，大抵是发达于对于旧支配者及其文化的反抗中，亦即发达于和旧者的对立中，所以新文化仍然有所承传于旧，文化也仍然有所择取。"显然鲁迅的"反传统"，同时又是对传统的一种继承，是在批判中继承，是"弃去蹄毛，留其精粹。以滋养及发达新的生体"。

一直以来，大家似乎公认鲁迅在文化上的贡献是"破"大于"立"，解构大于建构。其实，鲁迅看似偏激的反传统姿态，是一种文化策略上的选择，不是最终目的。实际上，鲁迅是传统文化的集大成者，他有着深厚的传统文化根底，不但文学作品的用语深得中国古典文学美的神韵，更著有《中国小说史略》《汉文学史纲要》等研究传统文化的学术专著。鲁迅在日常生活中的处世行为也与传统文化并不相悖。鲁迅不是一个民族虚无主义者，而是中国传统文化所具有生命活力的因素的拯救者和阐扬者。可以说，鲁迅的破传统，是破除传统文化几千年的流弊，是反对"奴才式"的破坏和"盗寇式"的破坏的，他力主要做"革新的破坏者"，对待传统文化遗产主张采取"拿来主义"的态度，以"沉着，勇猛，有辨别，不自私"的精神，"或使用，或存放，或毁灭"，分别做出不同的处理。

文艺报：过去，我们在人的发展上犯过片面的错误。今天重温鲁迅提出的"立人""致人性于全"的思想，我们仍然感到鲁迅的思想是深刻而超前的。鲁迅的这些思想没有过时。

郑欣淼：鲁迅早期提出的"立人"思想，现在引起人们的广泛重视。鲁迅考察了当时欧美的强盛，认为"根柢在人"。一个国家要在列国中站住脚，最重要的是"立人"，"人立而后凡事举"，也才能建立"人国"。"立人"就是让人懂得个性之尊严，人类之价值，也就是民族精神的建设，人的素质的现代化。因此，鲁迅与同时代许多知识分子，以民主和科学为武器，对国民进行深刻的思想启蒙，反对旧道德、旧思想、旧文化，以新的理性精神去开启中国的心智，以现代健全的人格向民族"硬化"了的精神展开强有力的挑战，以达到"国人之自觉至，个性张"。鲁迅始终关注的是人，是以人为本的，对于个人乃至人群的重视与肯定构成了他人文价值关怀的中心。

　　"致人性于全"，是鲁迅1907年在《科学史教篇》中提出的一个十分深刻的思想，对于"立人"有着特殊的意义。鲁迅十分重视科学技术，认为它是"神圣之光，照世界者也"，社会的进步、国家的强盛都离不开科学技术。但对一个社会来说，则需要全面发展，不能走极端，不仅要有物质文明、科学技术，还要有精神文明、人文素养。他说了这么一段有名的话："盖使举世惟知识之崇，人生必大归于枯寂，如是既久，则美上之感情漓，明敏之思想失，所谓科学，亦同趣于无有矣。"鲁迅认为，片面追求科学和物质文化，可能给人生带来负面影响；不能把知识、科学当成人生的目的，否则会丢掉人性健全发展这一根本。精神的力量影响长远。他提醒人们，要防止社会发展的偏颇，不能"日趋而之一极"，如果逐渐失去了精神，"则破灭亦随之"。这是不可忽视的大问题。因此，人们所需要的不仅是科学家牛顿，也呼唤莎士比亚这样的诗人和剧作家；不仅要有拉斐尔这样的艺术巨匠，也要有物理学家、化学家波义耳这样的科学大师。"凡此者，皆所以致人性于全，不使之偏倚，因以见今日之文明者也。"鲁迅的论述在当时很有针对性。从欧洲来说，进入19世纪后出现了"重物质而轻精神"的偏向，"诸凡事物，无不质化，灵明日以亏蚀，旨趣流于平庸"，人们精神的光辉愈是黯淡；从国内来说，以康有为的《物质救国论》为代表，兴业振兵之说日腾于口，"仅眩于当前之物，而未得其真谛"。当然，鲁迅并不是要抵制物质文明，不是反对科学进步，他认为中国要向西方学习科学和物质文明，但是应注意吸取西方的教训，不能以为"科学万能"，还应警惕从西方可能传过来的"新疫"。在近一个世纪之后来看鲁迅的这一观点，对我们仍有深刻的启示。在我国经济快速发展的同时，物欲横流、人文亏蚀、道德滑坡等问题日益引起人们的重视。今天提倡科学发展观，就是要使社会全面、协调、可持续地发展，物质文明与精神文明一起抓，科技与人文相融合。这也是"致人性于全"的发展观。要建设一个伟大的强国，要使中国实现现代化，当然需要坚实的物质基础，需要科学技术和生产力的现代化，但如果没有精神力量的支撑，没有人的素质的现代化，现代化就不会真正实现，暂时实现了也不会长久。可见，鲁迅的"立人""致人性于全"思想是深刻而超前的。

文艺报：鲁迅是伟大的文学家，他的创作和理论奠定了中国新文学的坚实基础，他的作品充满着恒久的魅力。请谈谈鲁迅的文学创作主张对我们今天的启示。

郑欣淼：鲁迅弃医从文，走上文学道路，是出于改变国民精神的启蒙主义。鲁迅认为改变国家面貌，"第一要著"是改变人们的精神，而文艺则能很好地起到这个作用。他说过："文艺是国民精神所发的火光，同时也是引导国民精神的前途的灯火。"他的目的很明确，是"为人生"，而且要改良这人生。正是从对文艺的社会功能的认识出发，鲁迅的创作态度十分严肃，有着强烈的责任感，总是考虑作品的社会效果。有一次一个青年买他的书，从衣袋里掏出的钱还带着体温，这体温烙印在鲁迅的心上，他说至今要写文字时，还常使他怕毒害了这类的青年，迟疑不敢下笔。从改造国民性的宗旨出发，鲁迅的创作始终与现实人生紧密相抱，关注着下层人民的生活、命运，大胆地承认和揭露矛盾，体现了清醒的现实主义精神。但是，中国人向来缺乏正视人生的勇气，害怕直面现实，便只好瞒和骗。鲁迅坚决反对任何形式的瞒和骗，强调真实和真诚的文学，要求作家敢于正视人生，毫无粉饰地反映令人战栗的现实生活，用"为人生"的文学来克服国民精神的危机。要大胆暴露社会人生，但这种暴露又不是光怪陆离、纷然杂陈的社会现象的罗列，也不是为暴露而暴露，而要顾及作品的社会效果。怎么做到这一点呢？鲁迅认为，重要的是作者要有"理想之光"。鲁迅指出世间有两种毁坏：一种是"奴才式"的破坏和"盗寇式"的破坏，即志在掠夺或单是破坏；一种是革新者志在扫除的破坏。二者的区别在于后者内心有"理想之光"。这个理想是对美好未来的殷切希望，是建立在真实基础上的理想。对于一个革命的、进步的作家来说，首先必须有理想，有追求，紧跟时代步伐，执着地向往美好的未来，这样写出来的作品才会显出"亮色"，在促人猛醒的同时，还能够激励和鼓舞大众同一切不合理的现象进行斗争，满怀信心地争取美好的未来。

在文艺与人民的关系上，鲁迅坚持既要为人民大众欢迎，又要提高大众的审美趣味。他认为，要发挥启蒙的作用，就要把作品交给大众，让大众能看懂、能接受，坚决反对那种"作品愈高，知音愈少"的偏见。但鲁迅又认为，大众化并不是"迎合大众"。那种"主张什么都要配大众的胃口，甚至于说要'迎合大众'，故意多骂几句，以博大众的欢心"的论调和做法，是不会于大众有益的，甚至"可要成为大众的新帮闲的"。媚悦、迁就一些人思想中落后的、不健康的地方，这是一种庸俗化的做法。进步的、革命的文艺作品，必须符合美的要求，通过它去提高群众的审美趣味和思想水平。

鲁迅关于文艺的社会功能、作家与人民群众的关系、作家与社会现实的关系、作品的社会效果等方面的论述与实践，今天仍然有着重要的启示。在当前社会主义先进文化建设时期，文艺更应该发挥引导国民精神前途灯火的作用。当前有人慨叹文艺日渐边缘化，这种状况的产生不是文艺在社会生活中不重要了，或者位置发生了变化。无论在革命时代，还是在建设时代，文艺的地位和作用都是一样的。现在文艺之所以边缘化，是因为有些作家自我放逐和自我边缘化了。因此，我们仍然需要向鲁迅学习。

文艺报：鲁迅文艺批评思想和实践是丰富的，这对于我们今天开展积极的健康的文艺批评有什么作用？

郑欣淼：文艺批评对于读者、创作者，以及文艺本身的发展，都是很重要的。鲁迅十分重视文艺批评，他一再说，"文艺必须有批评""必须更有真切的批评"，这样才能使文艺和批评一同前进，才有真的新文艺和新批评产生的希望。文艺批评要担负起引导读者、为创作者提供借鉴、促进文艺健康发展的任务。好的文艺批评，对于端正读者的欣赏态度，培养读者健康的欣赏趣味和鉴别香花毒草的能力，会起到积极的作用。文艺作品内容的好坏，也需要有正确的、真切的批评来加以匡正、提倡和引导。批评家通过揭示文艺作品的美点和缺点，使佳花得以更好地生长，使美得到张扬。创作者如果拒绝一切批评，批评家也"一律掩住嘴"，这看似"文坛已经干净"，然而文艺的发展，所得的结果倒是相反的。

　　鲁迅提出要科学地把握批评家的主观作用与批评对象的辩证关系。文学批评既可以只说"是"，也可以只说"不"。这不取决于批评家自身，而取决于批评家所把握的对象。文艺批评如果没有正确地把握所是和所非这种客观对象，而是盲人摸象或睁眼说瞎话，那么，无论是鲜明的"是"与"非"，还是热烈的"好"与"恶"，都可能陷入捧杀与棒杀的尴尬境地。因此批评要有对批评对象的真切了解，要有正确的标准，"必须用存在于现今想要参与世界上的事业的中国人的心里的尺来量"。在此基础上，好就是好，不好就是不好，不能"彼亦一是非，此亦一是非"，一律拱手抵眉，不敢说或不屑说，或者发一通不偏不倚的公论。鲁迅反对"骂杀"或"捧杀"，他说："批评的失了威力，由于'乱'，甚而至于'乱'到和事实相反，这底细一被大家看出，那效果有时也就相反了。所以现在被骂杀的少，被捧杀的却多。"鲁迅认为，批评家的职务不但是剪除恶草，还得灌溉佳花——佳花的苗。他满腔热忱地扶持青年人，反对在嫩苗的地上驰马的恶意的批评家。作品起初幼稚，不算耻辱，"因为倘不遭了戕贼，他就会生长，成熟，老成"。

　　现在市场经济发展了，文艺界也出现了一些不太好的风气。有些评论家受商业利益驱动，炒作宣传，这是对社会、对读者不负责的态度。而有些创作者对外界批评反应过激，也没有体现出应有的学养。文艺界要讲和谐，不是说不要争论和交锋，大家一团和气，而是要在批评与创作之间建立健康和谐的互动互补关系，营造良好的文艺批评生态环境，这需要文艺家与批评家之间互相尊重，善意沟通，对话式地平等交换意见，以促进文艺园地的繁荣。

文艺报：什么是鲁迅的方向？今天为什么还要提出坚持鲁迅方向的问题？鲁迅思想是中国重要的文化遗产，今天应该如何对待这个遗产？

郑欣淼：毛泽东同志在20世纪40年代提出，鲁迅的方向，就是中华民族新文化的方向。这种看法在现在仍是正确的。鲁迅的方向就是建立一种健全的现代人文理性和科学理性的"人的文化"。汲取传统有意义的因子，用"拿来精神"摄取域外文明，创造一种平等、自由、富有创造性的开放的东方文化。

现在纠缠人们的仍然是如何看待传统，如何面对外来文化，以及如何认识现实公平发展的问题。鲁迅在这些方面的思考都很有建设性。他否定了旧文明中"主奴"的逻辑方式，也否定了狭隘的民族主义意识，主张在人类共有的文明里建立普世的、合理的文化，倡导真的、无伪的价值。一方面直面现实，另一方面又要怀抱着美好的梦想。在困境里有一种不屈的韧的精神，尤其是那种在没有路的地方走路的勇气，仍是感人的。鲁迅的方向不但是中华民族新文化的方向，而且是当代中国先进文化的前进方向。

鲁迅以其博大、深刻及由此形成的巨大的精神内涵和人格魅力，已成为现代理性和民族良心的卓越体现者，成为民族文化精神的杰出代表者，并成为对民族的后来历史产生深远影响的思想文化遗产。在当今社会急剧变化的时代，在中华文化转型与重构的过程中，继承、弘扬鲁迅的遗产有着重要的意义。

鲁迅遗产的特点在于，它是精神的一种开始，永远在进行中。他的思想建立在一种人的潜能的调动的基点上，不会让人停在一个框子里。鲁迅让人从"铁屋子"里走出，到旷野里去，有一种阳刚的、朗然的状态。"人各有己""自他两利"，是他的价值态度。"人各有己"就是应有独特的自我；"自他两利"就是要彼此处于和谐的状态，是非暴力的对立。这种既强调个性意识，又关注社会良知、道德的心绪，是十分可取的。

鲁迅是具有殉道感和斗士气的人。他思想的核心就是向一切奴役之路开战，反对对人的压迫和奴役。鲁迅的反压迫的方式，搏击的方式，呈现出了他的思想底色，这种硬骨头精神是十分可贵的品格。鲁迅的硬骨头精神，就是在半殖民地半封建社会中斗争的那种不屈不挠的精神，对增强我们民族的凝聚力，提高我们的民族自信心，都起到了重要的作用。这个精神是我们民族精神的具体体现。在我们争取民族独立的过程中，这种精神发挥了重要的作用。我认为在建设中国特色社会主义事业中，这种精神也是不过时的。

今天，我们要珍爱鲁迅的宝贵文化遗产，但不能把他象牙塔化、学究化，这是十分重要的。鲁迅有学术上的价值，但他反对八股和一切形式主义的东西。学习鲁迅，首先不要忘记的是现实情怀，但不能把鲁迅实用化，正像不能把马克思主义庸俗化一样。鲁迅的伟大在于立足于现在时，直面身边的问题，反对一切超时空的"永恒"和"纯粹"：既不逃遁于过去，也不沉醉在未来的梦幻里。现实的考问与选择，构成了他思想灵动的一面。如果放弃鲁迅清醒的现实主义精神，就离他的世界很远了。

二十多年的鲁迅研究虽然取得了很大成就，但我们不能满足。鲁迅的价值与意义还需要进一步阐发，新时期的研究成果还需要全面地整理，有些基础性的工作还有待进一步加强，特别是在鲁迅思想和著作的普及方面还大有可为。这些年，我们在鲁迅著作的普及方面有了显著成绩，出版了适合各个层次读者阅读的鲁迅读本，有多部以鲁迅著作改编的影视作品上演。但普及的路必须继续走下去，社会上出现的对鲁迅的冷漠、轻视乃至否定，大部分起因于对鲁迅缺乏正确的了解。我们还要运用教学、展览、朗诵、研讨、戏剧、影视等多种形式向广大读者宣传鲁迅的精神。让高深的思想为普通群众所了解，本身就是一门高深的学问，一项繁难的工作。鲁迅逝世前不久说过："无穷的远方，无数的人们，都和我有关。"我们要学习鲁迅这种关怀大众的精神，为广大群众提供更多优秀的文化食粮。

（2006年为鲁迅诞辰125周年，逝世70周年，作者时任中国鲁迅研究学会会长，接受《文艺报》记者熊元义访谈。本文原载《文艺报》2006年8月1日）

跨文化对话中的鲁迅

为纪念鲁迅先生诞辰125周年、逝世70周年，"鲁迅：跨文化对话"国际学术讨论会今天在鲁迅先生的故乡绍兴召开了。

五年前，我有幸参加了在绍兴举办的纪念鲁迅诞辰120周年国际学术研讨会，拜读了国内外很多学者的论文，深受启发。五年来，鲁迅研究取得了丰硕成果，出版了更多专著和论文，鲁迅著作有了更完善的版本，许多高校重新开设了鲁迅研究课程，这一切都有力地说明，鲁迅的著作是中华民族高度智慧的结晶，鲁迅的思想已经长在民族的血脉里，鲁迅的心灵与广大读者的心灵是相通的。五年来，鲁迅研究学科的发展也回答了一些对鲁迅思想的现实意义和长远价值持悲观和否定态度的论调。各位代表一直在鲁迅研究园地里辛勤耕耘，对此当有更深的体会。

这是我参加2001年绍兴国际学术研讨会到现在的一点感想。

同时，我也觉得，我们要充分认识到，建设先进文化、探索真知，是一项艰巨的任务，需要我们做出长期不懈的努力。文化建设需要积累和沉淀，不能回避讨论和争论。文化学术不是象牙塔里的观赏物，而是与社会现实紧密联系在一起。文化学术的目的是有益于人民生活的提高、文明的进步、国家的发展和世界的和平。我们建设中国文化，必须吸收人类社会的一切文明成果。鲁迅先生一生致力于国民性的改造，寻求中国的富强之路，他走过了一条艰苦卓绝的道路，用引来的火"煮自己的肉",绝不是夸张之言。他的创作中蕴含了巨大的痛苦和欢乐。从鲁迅身上我们看到,中华民族优秀文化传统的每一部分,都是先贤用血汗乃至生命换来的。当代人应当百倍珍惜,努力研习,使之发扬光大,传之永久。

鲁迅逝世70年来,中国文化学术界在传承鲁迅优秀遗产方面取得了巨大的成就,鲁迅研究已经成为一门综合性学科。它伴随着中国社会的发展生长,并且必将在今后的社会主义文化事业中发挥巨大作用。今天开幕的"鲁迅:跨文化对话"国际学术研讨会有一个视野开阔而且极具现实意义的主题。各国学者会聚一堂,从不同角度阐释鲁迅思想,为中国文化学术的发展贡献智慧,为不同文化之间的深层交流开辟新的渠道。

在具有悠久历史文化传统的绍兴,近现代涌现了以鲁迅为代表的一大批杰出人物。这是一笔丰厚的文化遗产,是绍兴的骄傲,是中国的光荣。改革开放以来,绍兴不但在经济建设方面取得了令人瞩目的成就,在文化建设、文化遗产保护方面也制定了长远发展战略,投入了巨大的精力,取得了宝贵的经验。其中,鲁迅文化遗产的保护和鲁迅研究的成绩尤为突出。我注意到,近年来,围绕普及和深入研究鲁迅,绍兴举办了一系列活动,吸引了国内外众多专家学者和普通观众。我每次来绍兴,都感到一种亲切的氛围,一种浓厚的人文气息。我知道,这是因为鲁迅。我不讳言,因为敬仰鲁迅,偏爱鲁迅的著作,我愿意常来绍兴。我衷心祝愿绍兴的经济、文化全面、快速、协调地发展,祝愿本次学术研讨会圆满成功!

（本文为作者2006年10月17日在浙江绍兴举办的"鲁迅:跨文化对话"国际学术研讨会开幕式上的讲话）

鲁迅是一种力量

搞鲁迅研究并不寂寞，
它已经成为一种心灵的需求

解放周末：2001年您当选为中国鲁迅研究学会会长，此前曾出版了研究鲁迅国民性思想的第一部专著《文化批判与国民性改造》，以及研究鲁迅宗教思想的《鲁迅与宗教文化》。研究鲁迅多年，鲁迅对您产生了哪些影响？

郑欣淼：其实我研究鲁迅只能算业余，但喜欢鲁迅已经四十多年了，他深深地影响着我。最初喜欢鲁迅，是喜欢他的诗歌。我记得在"文化大革命"时期，有一位下放干部住得离我家不远，他有一本鲁迅诗歌集，我就借过来，把书抄了一遍。

阅读鲁迅的文字，可以了解他的思想。他的文章耐读，不是让人一眼就能看穿的，而是需要你去琢磨，而且越琢磨越觉得他的话有意思。当然，他的话并非故弄玄虚，而是总能给人一种思辨的力量，很有智慧，也很幽默，常让人会心一笑。鲁迅的人格魅力也感染、激励着我，他为人坦荡，坚决反对任何形式的"瞒"和"骗"，强调真实和真诚，充盈着"理想之光"，是一个原则性很强、认真而又诚实的人。

解放周末：有人认为鲁迅已离我们越来越远了，在这样的背景下研究鲁迅是否有孤独和寂寞之感？

郑欣淼：鲁迅并没有远离我们。最近我接触到的两位大家，让我更清晰地感受到鲁迅的力量。一位是著名画家吴冠中先生，他不久前给故宫捐赠了三幅画。此前我也曾读过他的文章，感到他的文章短小精悍，有锋芒，也充满哲理。我对他讲，他的文章有鲁迅的味道。吴先生一听就笑了，特别高兴地说他最喜欢的就是鲁迅，鲁迅是他精神上的导师。围绕鲁迅我们谈了不少，越谈越投机。当晚，吴冠中先生的儿子打来电话说，本来吴先生只想捐两幅，但现在决定，再增加一幅。

解放周末：知音难得，这应归功于鲁迅的魅力。

郑欣淼：没错。还有一位就是诺贝尔文学奖获得者日本作家大江健三郎，他前不久到中国访问，参观了故宫。我与他会见时，不知怎么又说到了鲁迅。他对鲁迅相当佩服。在赠送我的一本书的扉页上，他写道："一个怀着无限敬意与感谢之情，五十九年来，一直作为鲁迅先生的忠实读者的日本人。"那次他在中国社科院做了题为"始自于绝望的希望"的演讲，就专门谈鲁迅对他的影响。

孟子说："颂其诗，读其书，不知其人，可乎？"鲁迅的文章，让我感受到他人格的魅力和思想穿透力，这也引起了我研究他的兴趣。搞鲁迅研究，对我和很多研究者来说，并不寂寞，它已经成为一种心灵的需求。我很庆幸自己从小就喜欢上鲁迅。鲁迅作品绝不是一览无余的，而是常读常新。现在每隔一段时间，我就要重读一遍《鲁迅全集》，特别是他的重要的文章。当然通读一遍并不容易。大江健三郎追随鲁迅已经59年了，我现在读鲁迅也有40多年了，鲁迅已经成为我人生的精神推动力。

鲁迅的精神和思想所蕴含的真理性光芒，

仍然照耀现世

解放周末：毛主席当年说："鲁迅的方向，就是中华民族新文化的方向。"这句话把对鲁迅的评价推向了最高峰。那么，鲁迅的方向具体来讲是一种什么方向？

郑欣淼：20世纪40年代初，在《新民主主义论》中毛主席对新民主主义的文化做了一番概括，指出新民主主义文化就是民族的、科学的、大众的文化。他说鲁迅是中华民族的脊梁，是伟大的文学家、思想家和革命家。"鲁迅的骨头是最硬的，他没有丝毫的奴颜和媚骨，这是殖民地半殖民地人民最可宝贵的性格。""鲁迅是在文化战线上，代表全民族的大多数，向着敌人冲锋陷阵的最正确、最勇敢、最坚决、最忠实、最热忱的空前的民族英雄。鲁迅的方向，就是中华民族新文化的方向。"

解放周末：当时间、条件、环境都发生变化时，鲁迅的方向是否还能担当起旗帜的作用？今天，我们应该站在怎样的历史高度去理解鲁迅的方向？

郑欣淼：毛主席是在抗战时期对鲁迅做以上评价的，虽然已经过去60多年了，但是鲁迅的精神和思想仍具有恒常的价值，它本身所蕴含的真理性光芒，仍然可以照耀现世。鲁迅的精神仍不失其当下意义和现代价值。就像你说的，很多外界因素都改变了，但是当年鲁迅直面和批判的一些问题，我们依然要去面对，比如自欺与欺人、"无特操"、阿Q相、西崽相、"围观"、"十景病"……这些国民性的问题，今天仍然存在。鲁迅一生做的就是使人争得一种价值，正直地做人，而不是猥琐度日。鲁迅的方向，就是要把人从各种桎梏中解放出来。他的刚正不阿，"横眉冷对千夫指，俯首甘为孺子牛"的精神，是我们最为宝贵的精神财富之一。鲁迅不仅对过去的时代有意义，在今天依然充满魅力。他的价值不朽。

解放周末：旗帜鲜明地坚持鲁迅的方向，对中华文化的转型和重构有着什么样的时代意义？

郑欣淼：从毛主席20世纪40年代初对鲁迅进行评价到现在，我们文化建设的根本问题就是要培育、振奋民族精神。在不同时期，培育、振奋民族精神，这个主要任务是没有改变的。而鲁迅以其博大、深刻及由此形成的巨大的精神内涵和人格魅力，已成为现代理性和民族良心的卓越体现者，成为民族文化精神的杰出代表者，并成为对民族的后续历史产生深远影响的思想文化遗产。在当今社会急剧变化的时代，在中华文化转型与重构的过程中，继承、弘扬鲁迅的遗产有着重要的意义。他的为人和作品是耐得起我们的"折腾"（即反复检验）的。

解放周末："折腾"得多了，更证明鲁迅精神是一直有价值的，是绕不过去的。

郑欣淼：对，绕不过去，谁也不能无视它的存在。鲁迅精神的核心是爱国主义。鲁迅的爱国主义不是狭隘的民族主义，而是具有世界眼光和人类意识的爱国主义。他提倡"拿来主义"，大胆、主动地摄取域外文化的滋养。他"立人"思想的精髓也不仅仅是"个体尊严"和"个体生命"，而是"个体尊严"和"民族尊严"的一致，"个体生命"与"群体生命"的融合——即做大众的一员，"随时为大家想想"。鲁迅敢于斗争，直面现实，在黎明前的黑暗中仍然充满着希望，始终是向前、向前、向前。江泽民同志在鲁迅诞辰110周年纪念大会上概括了我们今天需要坚持的鲁迅精神，即爱国主义精神、坚韧的战斗精神和博采众长的创新精神。

被讨论、被言说，

恰恰验证了鲁迅精神的永恒性和无限阐释的可能性

解放周末：这些年来，人们对鲁迅的态度和评价有过很多变化，从当年的顶礼膜拜，到如今"鲁迅已经过时了"的说法出现，鲁迅的地位是不是有所动摇？

　　郑欣淼：这里首先强调一下，我们说要坚持鲁迅的方向，主要是要在文化上坚持鲁迅的方向。有的同志提出鲁迅应该叫文化思想家、文化革命家，这是有一定道理的。鲁迅所参与的革命，既有血与火的考验，也有社会的变革，但主要还是在文化战线上进行革命和斗争。

　　对鲁迅的评价，的确经历了从神化到人化的过程。"鲁迅已经过时了"，这只是一种言说。我倒认为鲁迅这些年一直很热，他在民间有着广泛的市场，他的全集一直卖得特别好。鲁迅研究学术性强，但现在普及性的东西也很多。我主编的一本《鲁迅研究年鉴》，对每年鲁迅研究著作出版情况都有介绍。就拿2004年来说，这一年就出了三部鲁迅传记，还出了图传、画传等等。不同出版社出的不同选本也很多，甚至鲁迅的盗版书也不少。这些都在一定程度上反映了市场的需求。个别人发表一些言论，就以为我们对鲁迅的认识动摇了，其实绝大多数喜欢鲁迅的人并没有发言，或没有发言的平台。我们应该看到绝大多数读者都是喜欢鲁迅的，这是一个可贵的现实。鲁迅在中国经久不息地被讨论、被言说，恰恰证明了他的价值所在，验证了鲁迅精神的永恒性和不断阐释的可能。当然，这种阐释也并非没有底线，这起码应该得到鲁迅文本的支持和检验。有人说，有一百个读者就有一百个阿Q，但鲁迅认为他的阿Q必须戴毡帽，戴一顶瓜皮小帽就失去了阿Q形象。

　　解放周末：您如何看待否定鲁迅的声音？

　　郑欣淼：说鲁迅过时的人，有的固然从学理上是一家之言，我们当然不能强求每个人都拥护鲁迅。但我以为，那些不喜欢鲁迅的人主要是认为，鲁迅没有现实意义了，或者说他们的价值追求、精神境界跟鲁迅格格不入。他们不喜欢鲁迅的直面人生和在没有路的地方走出一条路的勇气。鲁迅的深刻、勇敢、认真、严肃和他们趋时媚俗的心态不容。他们受到社会上一些浮躁风气的影响，必然回到士大夫或小布尔乔亚的路上，远离内心的拷问，远离自省的精神，这样就难以有文化的创新。鲁迅本身就是以自我否定和自我超越的精神，改写了文化书写的方式，创造了新的文化精神。我们作为后人拥护鲁迅，反对那些从根本上颠覆鲁迅的人。其实鲁迅先生本人是希望自己速朽的，他希望人们不再记住自己，他没有丝毫自怜的意识，可是那些否定鲁迅的人，自恋情结却是那么浓。是鲁迅精神可贵呢，还是他们那些人可贵？难道今天不需要自警、自审、自立的思想状态吗？

解放周末：也曾有一些人把酷评鲁迅当作成名的捷径。

郑欣淼：的确有这样的人，不过越来越少了。现在人们的辨别、鉴赏能力普遍提高了，不是某个人酷评一下鲁迅，鲁迅就会被打倒的。鲁迅的作品业已成为经典，经典必然有经典的价值，不是谁随便贬损一下就能否定得了的。有位台湾学者讲，在台湾，越研究鲁迅越感到鲁迅了不起。不久前评选十大国学大师，其中也有鲁迅。有人对"国学"的界定有不同看法，但鲁迅还排在前面，起码说明了鲁迅在今天的影响。我们不必强求大家对鲁迅的某个观点和主张一定要拥护，但鲁迅所体现的我们民族的可贵的精神，就必须坚持，那些与此唱反调、哗众取宠的人最终是没有市场的。

以平常心面对鲁迅遗产，既不神化，

也不功利化，这样才符合鲁迅精神的要义

解放周末：对鲁迅的评价曾经历了一个从神化到人化的过程，作为鲁迅研究学会的会长，您心目中的鲁迅是什么样的形象？

郑欣淼：鲁迅是个内热外冷的人，外表横眉冷对，但内心非常热烈。他是一个有风趣、有智慧、有幽默感的人。他的日常生活和老百姓差不多，是个在人群中很容易被湮没的普通人，但他的思想是深邃的，充满着趣味和智慧。前不久我收到一本书：《鲁迅的日常生活研究》，里面有很多鲁迅生活中的记录，展现的是个活生生的鲁迅。

解放周末：但我们印象中的鲁迅似乎永远是那一副"横眉冷对千夫指"的形象，现在一些学生中流传着这样一个说法，叫"一怕写作文、二怕文言文、三怕周树人"，难道鲁迅真的离今天的青年越来越远了？

郑欣淼："三怕周树人"，这个说法倒是头一次听到。其实鲁迅格外关注青年人的成长。有一次一个青年买他的书，从衣袋里掏出的钱还带着体温，这体温烙印在鲁迅的心上，他说至今要写文字时，还常使他怕毒害了这类的青年，迟迟不敢下笔。老舍先生也曾这样评价鲁迅，说他有颗纯洁的心，能接近青年。为什么今天的年轻人难以走近或不愿走近鲁迅呢？一方面是了解鲁迅需要"知人论世"，有一定的文化基础；另一方面是我们对鲁迅的普及工作做得还不够好，个别教材不符合中、小学生的年龄特征。普及鲁迅应当从现实出发，教师在教学过程中应该有情感灌注，不能搞抽象的说教。我们应当以平常心、常态地面对鲁迅，既不神化，也不功利化，这样才符合鲁迅精神的要义。

解放周末：鲁迅先生曾说："文艺是国民精神所发的火光，同时也是引导国民精神前途的灯火。"但是现在的文艺现状是"快餐"当道，"选秀"流行，"恶搞"泛滥，这些现象是不是反映出现代社会中文艺精神有所缺失？

郑欣淼：在文艺与人民的关系上，鲁迅坚持既要为人民大众欢迎，又要提高大众的审美趣味。他认为大众化并不是"迎合大众"，那种"主张什么都要配大众的胃口，甚至于说要'迎合大众'，故意多骂几句，以博大众的欢心"的论调和做法，是不会于大众有益的，甚至"可要成为大众的新帮闲的"。当前有人慨叹文艺日渐边缘化，这是因为有些文艺创造者自我放逐、自我边缘，因为文艺的生存背景虽然变了，但它追求真善美的属性没有改变；文艺的形式、体裁和传播方式虽然变了，但是它为人类构筑精神家园的使命不应改变。所以，我们仍然需要向鲁迅学习。

解放周末：那么，您认为该如何在青年与鲁迅之间架设一条通道，让年轻人可以走近鲁迅？

郑欣淼：青年人有自己喜欢的东西也是正常的，对于他们只能引导，不能强迫他们接受鲁迅、喜欢鲁迅。当人们直面社会的时候，稍有常识就会发现，鲁迅的思想是有参照意义的。我们说普及鲁迅，不是说要人人都成为鲁迅，先生自己就反对这样。其实现在青年的一些选择也是很个性化的，如果鲁迅活着，未必反对那些个性化的东西。比如前几年很流行的大话文本，其实鲁迅早就有这样的表达方式了。他在《我怎么做起小说来》里就讲到了自己的一次"大话"写作，做《不周山》的原意是想描写性的发动、创造直至衰亡，而后来看了一位道学批评家攻击情诗的文章，心里不以为然，于是小说里出现了一个小人物跑到女娲的胯下，变成了戏说。可见鲁迅先生是很幽默的。如果有人把鲁迅先生的作品和大话文本进行比较，做些研究，我想青年们也是会喜欢的。

如果仅靠科技维系，
社会就成了冷冰冰的机器

解放周末：鲁迅的很多观点是深刻而超前的。他在20世纪初就提出，社会是一个整体，要防止社会发展的偏颇，不能"日趋而之一极"。这一观点对于我们今天建设和谐社会、落实科学发展观有着怎样的借鉴作用？

郑欣淼：这是1907年鲁迅在《科学史教篇》中提出的一个十分深刻的思想。鲁迅十分重视科学技术，认为它是"神圣之光，照世界者也"，社会的进步、国家的强盛都离不开科学技术，但他也敏锐地感觉到科技并不是万能的，"盖使举世惟知识之崇，人生必大归于枯寂，如是既久，则美上之感情漓，明敏之思想失，所谓科学，亦同趣于无有矣"。他重视科技，但感到应当防止科技发展带来的工具理性，防止社会发展中人文精神和人文修养的缺失，强调科技与审美、理性与情感的平衡。在20世纪初他就意识到，对一个社会来说，不仅需要牛顿这样的科学家，还需要莎士比亚这样的诗人和剧作家；不仅要有拉斐尔这样的艺术巨匠，还要有贝多芬这样的音乐家。他认为精神的力量影响长远，不能把知识、科技当成人生的目的，否则将会丢掉人性健全发展这一根本。

　　解放周末：鲁迅先生当年对人性健全发展的重视，和我们今天所大力提倡的"以人为本"是相通的。

　　郑欣淼：鲁迅的着眼点始终是人。鲁迅早年提出"立人"，提出国民性改造，就是让人懂得个性与尊严，要"致人性于全"，这与以人为本的精神是相通的。他重视社会的协调发展，重视个人的协调发展，认为"立人"是第一要务，改造国民性就是改造人的精神。人如果逐渐失去了精神，"则破灭亦随之"，这是不可忽视的大问题。

　　鲁迅深刻地体察到社会发展不能光靠科技，如果仅靠科技维系，社会就成了冷冰冰的机器，人的价值也将受到挑战，成为机器的附庸，而这一切都将导致人与自我疏离。在我国经济快速发展的今天，物欲横流、人文亏蚀、道德滑坡等问题日益引起人们的关注，今天倡导落实科学发展观，就是要使社会全面、协调、可持续地发展，就是要使科技与人文相融合，这与鲁迅精神是契合的，从中也可见鲁迅思想的深刻和超前。

　　（2006年，作者时任文化部副部长、中国鲁迅研究学会会长，接受《解放日报》记者高慎盈访谈，本文原载《解放日报》（周末版）2006年10月20日）

鲁迅与青年

今天来出席共青团的活动我感到非常高兴。我首先对文化部团委"关注文化、走进场馆、活跃青年"主题活动的启动表示热烈祝贺。

青年是国家的未来,是民族的希望,是推动社会历史进步的一支伟大力量,青年兴则国家兴,青年强则国家强。当前,我国处在改革开放的攻坚时期,你们作为最富有朝气、最富有创造性、最富有生命力的群体,肩负着全面建设小康社会、实现中华民族伟大复兴的历史重任。说得具体一点,你们肩负着做好祖国文化、文博工作的重任。文化部领导始终高度重视我们年轻干部职工的培养工作,为青年人创造学习环境、提供学习条件、营造学习氛围,努力使青年人更快更好地成长成才。这次部团委组织的"关注文化、走进场馆、活跃青年"系列活动,就是一个很好的做法。希望通过参观文化部系统和北京市辖区内的博物馆、艺术馆、图书馆、美术馆等,与相关专业人员座谈、交流,教育团员青年树立理想,坚定信念;引导团员青年刻苦学习,奋发成才;激励团员青年爱岗敬业,艰苦奋斗;带领团员青年锤炼品德,树立新风。

今天,这项活动的启动仪式在鲁迅博物馆举办,我想是有着特殊意义的。鲁迅先生是新文化运动和"五四"运动的最伟大和最英勇的旗手,是新文化运动的主将之一。他不但是伟大的文学家,而且是伟大的思想家和伟大的革命家。毛主席说,鲁迅的骨头是最硬的,他没有丝毫的奴颜和媚骨，这是殖民地半殖民地人民最可宝贵的性格。鲁迅是在文化战线上代表全民族的大多数，向着敌人冲锋陷阵的最正确、最勇敢、最坚决、最忠实、最热忱的空前的民族英雄。鲁迅代表了中国新文化的前进方向，鲁迅精神已经成为中华民族民族精神的有机组成部分。鲁迅的崇高品格、深刻思想和丰富作品受到一代又一代青年人的景仰。

可以说，鲁迅先生是他那个年代里青年人的杰出代表。在日本留学期间，他思考中国积弱的原因以及改造国民性的途径，在"风雨如磐暗故园"的年代，立下了"我以我血荐轩辕"的远大志向。鲁迅原本是学医的，希望救治像其父亲一样被误诊的病人，但当他看到日本、俄国在中国的土地上交战，而许多中国人面对同胞被杀戮竟然麻木不仁时，深受刺激，觉悟到医治精神上的麻木比医治身体上的病弱更为重要，改变中国首先要改变中国人的精神，而改变精神的最佳途径当推文艺，于是他决定弃医从文。鲁迅先生1909年回国，一直在痛苦地观察思索，沉默了将近十年，直到"五四"运动前夕的1918年，才创作了《狂人日记》，发表在《新青年》杂志上。这是中国第一篇现代白话小说，对几千年的旧传统提出了大胆的质问和批判，发出了"救救孩子"的呐喊。他的小说以崭新的体式、简洁有力的语言，真实地反映了当时中国世相；他的杂文文笔犀利如投枪匕首，抨击时弊，切中要害，读来使人猛醒，催人奋进。我想，了解鲁迅先生，研究鲁迅先生，在今天还有着积极的现实意义。例如鲁迅先生对中国社会特别是农村的深刻反映，对中国历史的深刻反思，对中国国民性的深刻剖析，都值得我们好好学习和思考。鲁迅的文化遗产是我们取之不尽用之不竭的宝藏。

我要特别提到鲁迅先生对青年一代的关心爱护和殷切期望，以及他在文化建设方面给青年人的教导。鲁迅一生致力于培养青年文艺工作者，他根据自己学习、创作的经验，谆谆教导青年人要有对进步的坚定信念、为大众服务的心愿和不屈不挠的进取精神。他提出对青年人，要努力"养成他们有耐劳作的体力，纯洁高尚的品德，广博自由能容纳新潮流的精神，也就是能在世界新潮流中游泳，不被淹没的力量"。他整理中国古代文化遗产，翻译外国文艺作品，为青年文艺工作者提供了丰富的营养。大家参观鲁迅生平展览时会看到这样一个场景：鲁迅逝世前十一天，抱病到上海八仙桥青年会参观了"中华全国木刻第二次流动展览会"，并与青年木刻家们座谈。一位摄影师拍摄下这些动人的场面。照片中鲁迅先生虽然身体极度虚弱，但竭力挺直腰板。他面容慈祥，笑容亲切。他手把手地教导这些进步青年，为他们展览和出版作品奔波。为了青年艺术家的成长，他呕心沥血，不遗余力。这组镜头已经成为中国现代文化史上的经典场面，值得今天的青年人回味和深思。

我相信，青年同志们在这次活动中，在各个场馆都会有很大的收获。

（本文为作者2007年5月22日在文化部团委"关注文化、走进场馆、活跃青年"启动仪式上的讲话）

藤野先生的铜像

今天，我们与日本友人共聚北京鲁迅博物馆，为藤野先生铜像落成举行隆重的揭幕仪式。我对此表示热烈的祝贺。

两年多来，以纪念鲁迅赴仙台留学100周年和鲁迅与藤野先生"惜别"100周年为主题，北京鲁迅博物馆、仙台东北大学、福井县、芦原市共同举办了一系列的纪念活动。2006年在北京鲁迅博物馆和仙台东北大学分别举行了大型的学术研讨会，后来鲁迅博物馆和芦原市政府商定互赠鲁迅和藤野两先生的铜像。这一举动在两国文化界产生了深远的影响。今天，藤野先生的铜像在这里落成，给中国人民一种追忆历史的契机。我们由此想起鲁迅与藤野的友谊，以及两国文化的交往史。那些旧有的故事在今天依然深深地感染着两国人民。

在20世纪初年，鲁迅留学日本。当时中国国力衰败，内忧外患。对于一名弱国的青年学生，藤野先生以其博爱宽广的胸怀关心指导，并抚慰了他的精神创伤，令鲁迅铭记心中，终生不忘。藤野先生不仅是真心希望新的医学传到中国去，而且他身上闪耀的人性人情之美，表现了超乎民族和国家利益之上的人类的"大爱"。因此鲁迅说："他的性格，在我的眼里和心里是伟大的。虽然他的姓名并不为许多人所知道。"离开仙台二十年后，已是中国最优秀的小说家的鲁迅，撰写了《藤野先生》这篇文笔深情舒缓的文章，展示了鲁迅知恩重情的真性情，并提升了人类"不隔膜、相关心"的美好精神境界。鲁迅

和藤野先生开创了中日两国人民友好之路,他们二位先生的友谊已成
为中日两国人民友好的象征。

鲁迅的《藤野先生》一文长期以来一直被编入中国初中课本。对
于广大中国青年来说,鲁迅先生笔下的藤野先生也许是他们认识的第
一位有血有肉的日本人,是值得尊敬的热情正直的老师。鲁迅在日本
获得了一种超越国界的人道意识,现在想来是多么令人感动的事。在
世界充满敌视和不安的时候,这些显得尤为珍贵。

今年正值中日两国政府确定的中日文化体育交流年,今天的活动
也为此增添了美好的色彩。让我们以此为契机,深入研究、宣传、学
习鲁迅和藤野先生的精神和事迹,发展中日友好,为两国文化交流做
出新的贡献。

（本文为作者2007年9月25日在北京鲁迅博物馆举办的"藤野先
生铜像揭幕仪式"上的讲话）

鲁迅的读书生活

今天，北京鲁迅博物馆的"鲁迅读书生活展"在陕西师范大学隆重开展，我们以此来纪念中国新文化运动的杰出代表鲁迅先生，以此激励青年人学习先哲的精神，促进民族文化的繁荣和发展，是一次很有意义的活动，我谨表示热烈祝贺。

这次图片展以鲁迅的读书生活为线索，为观众勾勒了鲁迅的知识结构，全面再现鲁迅一生读书、著书、教书、译书、编辑出版图书的业绩，生动形象地展现了鲁迅学问文章的广博精深，求学的勤奋，治学的严谨和他坚忍不拔、极富魅力的个性。

从这个展览中，我们可以得到很多启示。只有广泛吸取民族和人类的优秀文明成果，只有深刻地认识了中国和世界的历史和现状，才能正确地把握现在、创造未来。文化的发展和繁荣，靠的是厚重的积累和锐意创新。鲁迅善于读书，善于运用知识，因此创作出优秀的作品，成为民族文化的经典。我们说鲁迅的读书、治学、创作道路是正确的，对今天也是有借鉴价值的，就是因为他在中外文化间进进出出，不断体会、反复比较，终于找到了适合自己也适合中国文化发展的道路。他先受中国古典文化的教育，植根在民族文化的沃土上，继而学习别的国家的优秀文化，后来又返回中国文化，用所学世界文化知识来审视中国传统，取精华，去糟粕，关注中国现实，致力解决中国的文化思想问题。鲁迅完整地走过了这条中西贯通的道路，他因而成为那个时代的杰出代表。我们注意到，在这个过程中，当然出现了很多曲折和反复，因为外国文化并不能一下子很贴切地同中国的现实结合起来，因为国情不同等原因，往往还显得格格不入。因为找不到可行的办法，文化先驱者产生苦闷和彷徨，经历了许多痛苦，也因此积累了很多经验。有一个时期，他在寂寞中读古书，抄古碑，校勘古籍。这些工作对他以后的创作和思想发展至关重要。他由此更深刻地认识了中国的历史，更明确了前进的方向。他的作品中的许多深刻论述，就来自他读书所得，再结合现实生活中的经历，产生了切中时弊、振聋发聩的巨大作用。

总之，鲁迅的一生读书、写书、教书、编辑出版图书，与书结下了不解之缘，他为中国人民创造了巨大的精神财富，我们应该将他留下的宝贵遗产继承发扬，传之永久。

八十多年前，鲁迅先生曾来西安讲授中国小说史，显示了他在中国古典文学研究方面的精深造诣。他的严谨的治学态度，历史的眼光，精辟的论断，值得我们认真学习。今天在这里举办"鲁迅读书生活展"，正是表达了我们学习鲁迅、沿着鲁迅开辟的先进文化道路前进的心愿。

（本文为作者2007年10月23日在陕西师范大学举办的"鲁迅读书生活展"开幕式上的讲话）

鲁迅与书法

今天，北京鲁迅博物馆、中国鲁迅研究学会在进贤县举办"鲁迅与书法"学术研讨会，这在鲁迅研究史上是一次开拓研究新领域的学术会议，很有意义。

鲁迅是伟大的文学家和思想家，是中国新文学的一代宗师。长期以来，人们对鲁迅先生的敬仰和从他那里所得的教益，主要来自他作品中的思想内涵和艺术魅力。鲁迅先生是丰富的，他对人类的贡献和他留给我们的遗产也是丰富的。他在创作了中国新文学的经典之作的同时，也在哲学、宗教、美术等领域进行了深入的研究，取得了丰厚的成果。尤其是在文字学、金石学、美术、书法等多种视觉艺术领域的精深造诣，大大丰富了他的文学世界，使他成为中国文化史上的一个立体人物，一个大师级人物。鲁迅不仅仅是一位现代文学大师，也是一位现代学术大师和文化大师。

对有丰富美术和书法实践的鲁迅，迄今为止，我们的认识还不到位，研究还不充分。鲁迅一生勤奋，留下了七百多万字各类作品。而且，除了学生时代有几年的课堂笔记外，他所用的书写工具始终是中国传统的毛笔。一个人所书写的文字和这些文字所表达的思想和情绪往往是一致的，甚至如水乳交融。古语说"字如其人"，鲁迅独特的文风气韵和他写作时具体的情感状态，可以从他的手书原稿上得到真切的体现。阅读他的手稿，我们看到的是一个立体的鲁迅。

　　鲁迅先生无意做书法家，但他的书法却达到了很高的境界。这当然不是偶然的。书香门第的熏陶、严格的传统私塾教育为他打下了良好的文化基础。鲁迅先生从小就喜欢书画，抄写临摹，乐在其中，也打下了扎实的书法基础。在日本留学时，师从章太炎先生学习《说文解字》，又打下了坚实的文字学基础。从日本回国后的很长一段时间，鲁迅沉迷于搜集、抄录各种古代金石碑拓，又极大地拓展了他的书法视野。十年辛苦不寻常，鲁迅先生的书法能有很高的成就，既得力于他的勤奋，得力于他的艺术天分。更重要的是，得力于他高尚的人格和广博精深的学问。内蕴充盈，发之于外，即便随意为之，也自成一格，自足珍贵。

　　今天，各位专家学者聚集在具有丰富历史文化底蕴、以毛笔制作名闻遐迩的进贤县，探讨鲁迅书法艺术的源流和特色，体会鲁迅先生书法艺术的精神内涵，研究现代文化与传统文明之间的深刻联系，弘扬民族文化，可喜可贺。我衷心祝愿这次学术研讨会取得圆满成功。

　　（本文为作者2007年10月31日在江西进贤县"鲁迅与书法"学术研讨会上的讲话）

我读鲁迅

不能考研究生，也能研究鲁迅

人民论坛：您从政多年，又当过八年中国鲁迅研究学会会长，是典型的学者型官员。您是如何取得这么多鲁迅研究成果的？

郑欣淼：我现在已经六十多岁了，也转了好多个单位。我的工作经历比较丰富，从县、地区、省到中央机关都工作过，一直到目前故宫博物院这个纯文化机构工作。读鲁迅的书是我从中学时代就养成的爱好，一直坚持到现在。从2009年开始，我不再当会长了，但是我和鲁迅先生的儿子周海婴先生还是名誉会长。

我是"文革"时期的"老三届"，算是参加工作比较早的，1970年就走上了工作岗位。我没有上过正规的大学，但是参加过陕西省自学考试，获得大专毕业证书。1977年恢复高考的时候，我已经调到陕西省委工作了，是省委办公厅的干部。20世纪80年代初期，整个社会对知识的尊崇到了无以言表的程度，没有经过那个年代的人是不能想象的，我很怀念那个年代。我当时的很多工人同学、农民同学等都纷纷考取了大学。1981年的时候，我已经三十多岁了，我突然有了一种危机感，也想去考大学。

那个时候大家对学历的追逐不像现在这么功利、泛滥，那时候人们考大学更多的是源于对知识的渴求。当时考大学的话，我已经超龄了，单位也不允许我去考。但是我还有一条求学之路可行，就是以同等学力考研究生。我考虑了很久，想考西北大学单演义先生的研究生。单先生是全国第一个招收鲁迅研究硕士研究生的老师，他培养了一批鲁迅研究专家，原北师大的王富仁教授等都是他的弟子。

为了这个考试，我写了一篇八千多字的《鲁迅改造国民性思想初探》的文章，拿给单先生去看，想博得他的好感，让他对我这个考生有点印象。单先生看了之后，给了我很大鼓励。

当时我给一位省领导同志做秘书，研究生报名时间到了，我就很委婉地跟领导说，我本身没有读过大学，现在有这么一个机会，虽然考研究生有些困难，但我就是想试一试。领导人很好，但不想让我去考研，当时就说了一句话："那你考上了怎么办？"所以这一次，领导没有明确表示同意。第二天我又去跟领导说，领导就有些不高兴了，说："你自己决定吧。"我自己对能不能考上也没什么把握，就和同事们商量了一下，觉得要是考不上的话，还回来工作有点尴尬，于是我就想，还是算了吧。报名时间结束后，我又去见了单先生，单先生对我说，即使因特殊原因不能考研究生，也不是不能继续研究鲁迅。他建议我把《鲁迅全集》认认真真地通读一遍。我就回去认认真真地读了一遍，同时我也读了所有当时能找到的研究鲁迅的著作、资料，既做卡片又做笔记，大概用了半年时间。那个时候不像现在这么方便，没有电脑，但是我认为没有电脑也有好处，我做卡片的时候是非常认真的，而且都是拣那些非摘录不可的才摘录。这么认真通读一遍，我还真的有很多发现，收获匪浅。后来在20世纪80年代末，我就写了一本《文化批判与国民性改造》，这本书获得了陕西省社会科学成果的二等奖。

我读书常有偶然性，

但是我喜欢读鲁迅的书则是一个必然

人民论坛：研究鲁迅对您的工作产生了哪些影响？

郑欣淼：我的身份是一名官员，研究鲁迅是我的业余爱好。但是我感觉读了鲁迅作品之后，不仅仅取得了研究鲁迅的成果，也丰富了我的整个知识结构。鲁迅的作品对我的工作也起到了很大的作用，影响到了我看问题的方法、角度。知识是相通的，看鲁迅作品，得到的不仅仅是文学上的享受与文学研究的成果，还会提升工作水平，而且能够涵养人性，对人的素质的提高，对人的整个精神世界的丰富，很有帮助的。鲁迅是百科全书。他的文章确实包含了多个方面的知识，而且他的文章确实写得好。可以这么说，读鲁迅让我一辈子受用无穷。人们很多时候读什么书都是偶然的、无意的，我读的书也常有偶然性，但是我喜欢读鲁迅的书则是一个必然。

回顾我走过的路，我认为我们的党政干部队伍集结了一批非常优秀的人才，但是在官场上久经历练之后，很多人慢慢丧失了独立思考的能力，缺乏精神层面的追求和自我涵养。我感觉现在我们的技术官员比较多，人文素养比较欠缺。专业越分越细是社会发展的必然，但是作为一个党政干部，特别是主要领导、"一把手"，要用他很细的专业分工的思维去考虑比较宏大的管理范围时，就容易产生简单化的问题。比如有人就不懂得老房子需要保护的道理，他认为旧的就是不好的，就要拆掉，然后建起高楼大厦，把马路修得宽宽的，这才是好的。认识不到老房子的价值，这是因为他缺乏应有的文化素养。现在很多党政干部有文凭、有知识，但是不一定有文化。

我有个特点，干什么就琢磨什么、钻研什么

人民论坛：有人说韩寒就是当今的鲁迅，您是否关注韩寒？您怎么看学生教材中鲁迅作品"大撤退"的现象？

郑欣淼：我知道韩寒这个人。我看到很多人对韩寒的评论非常高，说他就是当今的鲁迅。我在书店买了一本他的《独唱团》，但是

没有看。开本倒是很大，可是上面的字特别小，看起来非常吃力。我不喜欢订阅报纸杂志，但是我很喜欢去书店报摊买它们，我觉得买的过程就是一种乐趣。邮局把每期报纸杂志送到我手里，那有什么意思呢？我喜欢自己去书店翻翻看看，那是一种享受。

一个民族之所以伟大，是由一些伟大的人物支撑起来的。鲁迅就是这样的人物。现在一些教材频频删减鲁迅的作品，我觉得教材多收一篇少收一篇问题不大，问题在于我们不能忘记我们民族的伟大人物和他们所创造的精神财富。

人民论坛：您调到故宫博物院之后，阅读兴趣是否有所变化？

郑欣淼：我有个特点，就是我干什么就琢磨什么、钻研什么。我调到故宫以后，读与故宫相关的书比较多，有关故宫的史料也非常多。我在2003年提出了"故宫学"，得到了学界的很多关注。我在陕西省委政策研究室工作过十五年，20世纪80年代末，我写过一本《政策学》，这是我国改革开放后比较早的一本政策学专著。我之所以能调到中央政策研究室工作，也与这本书有直接关系。我有一次来北京开会，中央政策研究室的一位领导同志见到我的名字就跟我说，我看了你的书，一直找你，这次终于见到你了。后来我就从陕西到了中央工作。

（2010年，时任故宫博物院院长的作者接受《人民论坛》记者杜凤娇访谈。本文原载《人民论坛》2010年12月［增］总第312期。原题为《一些官员有文凭不一定有文化》）

我与鲁迅的缘分

东升要我谈谈一生中读的什么书让我印象最深，我想谈我读鲁迅著作的一些缘分。

我当过八年的中国鲁迅研究学会会长。这个学会1979年成立，是一级学会，挂靠在中国社科院，20世纪80年代在中国文化、中国文学研究中很有影响。1949年以来，鲁迅可以说处在"独尊"的地位。至于我是怎么开始搞鲁迅研究的，这是一件很有意思的事。前不久，中央一台有个叫《开讲啦》的栏目让我去讲，我说人生有很大的偶然性，同样是同学，别人走的路你不能去照搬，不可能重复，你自己也难以预先设计。像我们这个年龄的人，回首过去，更加感觉人生之路是不能预先设定的，其中有很多缘分，很多偶然，当然还有一些在关键时候起作用的东西。

中学时代我就喜欢读鲁迅的书。他的全集现在正式出版的有四到五个版本：第一个版本是鲁迅去世后，蔡元培写序的1938年版《鲁迅全集》20卷，包括他翻译的作品。第二个版本是"文革"前的《鲁迅全集》10卷，人民文学出版社出版。第三个版本是1973年，人民文学出版社又出了1938年的版本，不过把蔡元培的序取消了。另外，因为鲁迅的书中收录了瞿秋白的一些文章，而"文革"时把瞿秋白当叛徒，所以就用很多篇幅来讲为什么把瞿秋白的文章收到了鲁迅的文集里，这也是那个特殊年代的反映。第四个版本是1981年人民文学出版社出版的《鲁迅全集》16卷，到2005年增订为18卷。

我是1970年在老家澄城县参加工作，后来到了县委宣传部。1973年县新华书店进了两套《鲁迅全集》，定价50元钱一套，我实在想买，把书都拿回家了，但我当时每月工资只有38元钱，我还有孩子要养，所以书在家里放了一段时间后，可以说"忍痛割爱"，让给了县委宣传部。当时县委宣传部部长是南云瑞，西北局下放干部，最后从中国工人出版社总编辑岗位上退的。他当宣传部部长的时候公家买了这套书。那时50元钱我拿不起，感到太高了。

20世纪70年代我开始写有关鲁迅的文章。1975年8月《陕西日报》刊登了一篇我学习鲁迅艰苦朴素精神的文章，2500字左右，现在剪报我还保存着。当时我刚从县上调到渭南地区工作。这是我生平第一次发表的学习鲁迅的文章。到"文革"的后期，粉碎"四人帮"之后，我在《羊城晚报》发了几篇写鲁迅的小文章，每篇1000字左右，当时我认为他们的稿费很高，1000字左右就给10元钱，这在当时真的是不低的。

真正深入学习与研究鲁迅是20世纪80年代，这里边还有个故事。我是"老三届"，1968年从陕西临潼县（今西安市临潼区）华清中学回到老家澄城县，1970年县里招工参加了工作，1975年调到渭南地区，1977年我三十岁时调到陕西省委。当时我的同学，有些参加了工作，有的在农村教书，有的还是农民。他们由于环境的原因，就有改变命运的强烈愿望。1977年恢复高考，我的一些同学就考上了大学。那时我已三十岁，有稳定的工作，所以并没有要上大学的念头。但是到了80年代初，我记得当时的社会氛围相当好，强调知识的重要性，倡导学习和读书，包括"文革"时的好多大学生都"回炉"了，我还是高中文化程度，就感受到很大的压力。一方面是学历问题，另一方面是真正认识到知识的不足，难以适应工作的需要。因此要下决心改变。但我上大学已经超龄了，唯一的可能就是以同等学力考取研究生。多方了解，考虑再三，我决定去考西北大学鲁迅方向的硕士研究生。

　　"文革"中我一直读鲁迅的作品，后来也写文章。1981年第五期《人文杂志》刊登了我的《略论鲁迅杂文的题目》，这是我写的第一篇论文。就是说鲁迅研究我已有一定的基础。我中学外语学的是俄文，我也非常喜欢，复习起来不难，其他的如文学史、文艺理论等，抓紧准备还来得及。西北大学有个单演义先生，他是我们国家大学里最早带鲁迅研究方向研究生的教授。单先生人很好。为了和单先生来往，向他请教，我就试写了一篇《鲁迅改造国民性思想初探》的文章，记得8000多字，还是下了功夫的。当时的主导舆论认为人都是有阶级性的，不存在抽象的国民性思想，这个观点受到批判，几乎成了禁区。但我感到这是鲁迅早期思想中的一个重要方面，是客观存在，不能视而不见，应该进行研究。单先生看了后很感兴趣，说："我支持你考。"我就做了认真的准备，包括政治、外语、文艺理论等，整整复习了一年。我所在的单位是陕西省委政策研究室，主任叫朱平，他也是个老革命，解放初期在中央政治研究室工作，以后回到陕西，他当时还是省委常委、省委副秘书长，我给他兼做秘书。他对我还是很欣赏的。记得那是1981年，当时我34岁了，35岁是个杠，过了就不能再考研究生了。到了研究生报名时我就找朱平同志，我说我想考研究生，但不一定能考上，我想试一下。他说："那你考上了怎么办？"我一听就愣了。他想的是工作，认为实践对人的锻炼提高很重要，实践同样出人才，所以不主张我考研。我同意他的主张，但我还要解决学历问题。他不理解我的心思。第二天我又找他，说只有几天报名时间，错过了就考不成了。当时他很不高兴，就说"你自己决定吧"。我就和同事商量，大家都说，领导这么说你就要掂量了，万一考不上你怎么办？我就有压力了，几个人都说算了别考了，你如果考不上就被动了，再说领导不让你走也未必是坏事。结果我就没有报名，当然也没有参加考试。

　　后来我又找到单演义先生，说我考不成了。单先生人很好，对我说："不要紧，你在工作岗位上也可以研究鲁迅嘛。我劝你这一两年不要写东西了，你把《鲁迅全集》先看上一遍到两遍，做做笔记。"我听了以后就认认真真看《鲁迅全集》，做笔记。

1986年，鲁迅逝世五十周年，中国社科院召开了一个国际性的鲁迅研讨会。我提供了一篇《鲁迅与佛学》的论文。我第一次到北京是1966年"文革"串联。这次是第二次来，已过了二十年，是为鲁迅来开会，当时钱锺书先生给我们致的开幕词。后来我把原来的《鲁迅改造国民性思想初探》写成了一本书，这本书是我第一本著作，1988年出版，书名为《文化批判与国民性改造》，近三十万字，这本书获得了陕西省社会科学成果二等奖。后来我又陆续写了几篇论文，发表在中国社科院文研所办的《鲁迅研究》丛刊上。

20世纪90年代初我调北京的时候，陕西省人民教育出版社要出一套鲁迅研究丛书，我就写了《鲁迅与宗教文化》一书，三十多万字，评价还不错。由于鲁迅研究主要是在大专院校，所以我和大学联系比较密切。2001年，中国鲁迅研究学会换届改选时我当了会长，连续做了八年，后来社科院文研所所长杨义接任我当了会长，我和鲁迅的儿子周海婴共同做名誉会长。21世纪初，青岛大学成立了鲁迅研究中心，聘请我当学术委员会主任，同时由我和青岛大学的一位教授以及孙郁同志共同做《鲁迅研究年鉴》的主编。青岛大学出了一套"中国现代文学"丛书，我的《鲁迅与宗教文化》也被收到这个丛书中，2005年由中国社会科学出版社重新出了一次。关于鲁迅研究，这些年我因为研究重点的转移，再没有写什么。有一些访谈及小文章，收录在《山阴道上》一书中。这是我研究鲁迅的大致过程。

我的大专学历是参加自学考试获得的。1985年1月我当了陕西省委研究室副主任，5月份才考完自学考试的最后两门课程，8月份拿到毕业证。这个专科的试题是西北大学出的，因此毕业证上同时盖有西北大学的印章。后来我到美国出访，在填写学历一栏时，上级机关说美国还是认自学考试的，让我如实填写。

我感觉读书是一个缘分。我年轻时就爱读鲁迅，但后来却真正下了功夫，作为学问来研究，也是开始没有想到的。当年做的卡片现在还在，那样做卡片印象很深。我是一个字一个字抄的。

我读鲁迅，很敬仰他的为人。他是个一丝不苟、严谨认真的人。他的杂文就像他的人。他看人看事看得分明，他写文章既有重点又很周到，很有辩证法，语言很犀利。我们可以把杂文看作是鲁迅发展起来的一种新文体，战斗性很强，很有锋芒，当然多是批评性的，而且他的杂文的价值不局限于他的时代。那个时代过去了，但是鲁迅杂文中所蕴含的思想、价值没有失去，我们今天的人在他的杂文中仍能获得很多启发。另外我读鲁迅还有一个体会，人文学科是相通的，知识有其共同的基础。一提鲁迅的研究好像就该归入现代文学，但鲁迅的研究不光是现代文学，鲁迅还有古典文学研究，他写过《中国小说史略》《汉文学史纲要》。鲁迅是个百科全书。对鲁迅了解多了就会发现，鲁迅与中国传统文化是个说不完的话题。我也加入了郭沫若研究学会，认为要研究郭沫若不了解鲁迅不行，要了解鲁迅不了解郭沫若也不行。我感到知识是相通的，在从事学术研究时这一感受特别深刻。知识没有多余的，它们都可能在一定的时候起到作用。比如我对宗教比较感兴趣，我开始研究鲁迅与佛教，以后又写鲁迅与基督教，与伊斯兰教，积累多了，水到渠成，后来我就写了《鲁迅与宗教文化》，这是逐步进行的。

读书对人的影响当然是很大的。各人有不同的爱好，书要自己来选择。读书的过程也像是人走路的过程，要把握住当下，重视不断积累，有时在偶然之间就会发挥意想不到的作用，从而产生具有必然性的后果。偶然和必然是相联系的。

（本文为作者2013年5月15日在第五期早春读书班"读书大家谈"上的讲话）

关于鲁迅知识结构的随想

大家好。今天是请孙郁先生讲鲁迅。

前不久东升先生和我商谈，说已经组织过音乐、电影、诗歌、绘画、建筑、雕塑等讲座，讲了那么多艺术门类，还有与国计民生有关的，如金融、银行等等，现在是不是也得讲人了？他问讲谁好，我说第一个应该讲鲁迅，他说他也想到是鲁迅。接着他说，你给我推荐个人，我便说"孙郁"。他说他也听说过，但不大了解，表示回去后就联系。孙郁本名孙毅，陈毅的毅，孙郁是他的笔名。20世纪80年代末在鲁迅博物馆研究室工作过。后来到北京日报社，2002年又回到鲁迅博物馆主持工作并担任馆长。2009年起任中国人民大学文学院院长。他于20世纪70年代开始文学创作，80年代起转入文学批评和研究，主要研究方向是两个：一是鲁迅研究，二是中国现代文化与文学研究。他的专著类代表作有《百年若梦——20世纪中国文人心态扫描》《鲁迅与周作人》《鲁迅与胡适》《鲁迅与陈独秀》《张中行别传》等。

我和他结识是因为我们都喜欢鲁迅。他在北京鲁迅博物馆当过多年的馆长。鲁迅博物馆位于北京市西城区阜成门内大街，内有鲁迅的旧居，1924年5月—1926年8月，鲁迅在此居住，现为全国重点文物保护单位。这个馆藏有鲁迅的大量手稿、生平史料、藏书、藏画、藏碑拓片、藏古代文物、藏友人信札等文物，是研究鲁迅与中国现代文学与文化的一座宝库。孙郁在鲁迅博物馆八年，搞鲁迅研究的人能看到这么多鲁迅的东西，这对他来说该是多么的重要。他是一个著名学者，也是一个优秀的作家，参加社会活动比较多。今天他参加中华优秀出版物奖评选，刚投完了票，就急急忙忙赶了过来。他还做过茅盾文学奖、鲁迅文学奖的评委。我喜欢孙郁的文章，他曾在《收获》上开过专栏。他的文笔好，又有思想的深度，耐读，真正得到了鲁迅的神韵，鲁迅的精髓。我认为学鲁迅的人学得好的，是重视思考，是思想的深刻，学不好的可能仅得皮毛，例如只是说话比较尖刻放肆一点。孙郁文章的语言相当漂亮，这种漂亮是和深刻的思考结合在一起，有灵动的思维，有当代的意识，有一些闪光的东西，因此他的文章、书籍很受读者的欢迎。今天请孙郁先生来讲鲁迅，我想大家会有更多的收获。

……

今天这个讲座的主题也相当好，从鲁迅的知识结构说起，可以回答鲁迅为什么做了那么多贡献，鲁迅为什么那么伟大，另外也可解决当前社会上对鲁迅的认知——应该说人们还没有全面地深刻地理解鲁迅。我认为这个问题是确实存在的。孙郁先生今天主要介绍了鲁迅吸收外来思潮、外国文化的情况。鲁迅读了那么多的外国书，翻译了那么多的东西，但是他的思想不是一个跑马场，不是说来一个什么东西他都接受了。正如刚才孙郁先生引用鲁迅的话："外之既不后于世界之潮流，内之仍弗失固有之血脉。"不失固有之血脉，就是要有主心骨，有自我的定力，这样才能"洞达世界之大势，权衡校量，去其偏颇，得其神明"。记得十一届三中全会后，中国进入改革开放新时期，解放思想，放眼看世界，大胆吸收有用的人类文明成果，一派朝气蓬勃的新气象。那时人们经常引用鲁迅的有关论述，我印象最深的是《看镜有感》一文。在这篇杂文中，鲁迅通过对于古铜镜的考察，提出了历史兴衰的大问题。他从汉代的"海马葡萄镜"来自西域，指出"遥想汉人多少闳放"；认为唐人也不算弱，长安的昭陵上"刻着带箭的骏马，还有一匹鸵鸟"，简直是前无古人。而自宋以来，直至

民国，国势逐渐式微，大体上是"每遇外国的东西，便觉得仿佛彼来
俘我一样，推拒，惶恐，退缩，逃避，抖成一团"，而"国粹遂成为
孱王和孱奴的宝贝"，从而得出了"一个壮健者无须思索什么是能吃
的食物"，而衰病者才会"特有许多禁条，许多避忌"的关系国家命
运兴衰的令人深思的结论。发扬汉唐人的闳放精神，对我们今天是多
么的重要，多么的需要！正如孙郁所讲，鲁迅本人是这么做的。在国
外，研究鲁迅的学者也越来越多，例如日本，韩国（孙郁：哎哟韩国
不得了，韩国每年关于鲁迅的书和论文多极了，不可思议），我记得
咱们十多年前在青岛大学成立鲁迅研究中心，想搞博士点（孙郁：
对），我记得开了一次会，我了解到，每年不少国家与地区的大学都
有一些以鲁迅为题的硕士、博士论文，包括中国台湾地区在内。我感
到很惊奇，因为台湾在1986年开放党禁、报禁之前，鲁迅的书一直是
被禁止的——当然这是禁止不了的。鲁迅在世界上的影响是巨大的，
我想这不是空得虚名的。我看网上有一篇谈鲁迅知识结构的文章，认
为应该把鲁迅的境界包括进来，我以为很有道理。人的思想境界和知
识结构是关联的，甚至是一致的，鲁迅的知识结构决定了鲁迅的世界
眼光，决定了他看问题的视野与洞察力。当然也跟他个人的才华等有
关系。我感到有意思的是，他的一些精辟的看法，是经得起时间检验
的。前一段国学热，孔子又受推崇，我们马上就想到鲁迅《在现代中
国的孔夫子》那一篇文章。鲁迅认为，孔夫子无论是生前还是死后，
处境都是可悲的，值得同情的。他说："孔夫子之在中国，是权势者
所捧起来的，是那些权势者和想做权势者们的圣人。"鲁迅是把孔子
本人和被权势者们捧起来的孔子区分开来的，是把孔子学说中的消极
东西和积极因素区别对待的。所以他对孔子本人的评价，还是较为心
平气和的，而且颇有同情之慨。例如，鲁迅在分析和评价孔子时，一
方面指出了他的"深通世故"和"中庸"之道；另一方面也注意到了
他的"改革""进取"的精神。如在《再论雷峰塔的倒掉》一文中，
鲁迅说："孔丘先生确是伟大，生在巫鬼势力如此旺盛的时代，偏

不肯随俗谈鬼神。"孔子是中国文化的巨人，是儒家学派创始人及主要代表人物，其儒家思想对中国和世界都有深远的影响。孔子从"五四"以来一直受批判。鲁迅在20世纪30年代说中国以后还会尊孔的。孔子的思想有利于社会的稳定，现在对孔子的评价也更积极与正面，这说明孔子是打不倒的。鲁迅真的很了不起。

2010年3月，我在全国政协会上有个提案，建议把鲁迅的诞辰日设立为中国读书日，促进全国的读书活动，也是对鲁迅的最好纪念，可惜没有引起回响。作为个人，我确实是喜欢鲁迅的。读鲁迅的作品，不仅会增加我们的知识，同时也可学到一些方法论的东西。

说到读鲁迅的体会，我想起一个历史故事，一个成语，叫"鄙吝复萌"。"鄙"就是鄙视的鄙，"吝"是吝啬的吝，"复"是重复的复，"萌"是萌芽、萌生的萌。说的是东汉时有个著名贤士叫黄宪，字叔度，现在的河南正阳县人，出身贫寒，父为牛医，而以学行见重于时，有人这样评价他的才具：黄叔度像千顷汪洋，无法使它澄清，也无法使它混浊，不可估量。有一个叫周乘的人经常对人说：要是长时间见不到黄叔度，那么庸俗贪鄙的心思就又萌生了！（"周子居常云：'吾时月不见黄叔度，则鄙吝之心已复生矣。'"《世说新语》《德行》之二）说这话的周乘，字子居，也是一个相当有名的人，曾为泰山太守，在职时得惠政美誉，为时人所赞叹。有人就夸他堪任治理国家的大才，如同宝剑里的极品"干将"一样难得和稀少。这样的杰出人物对黄宪评价如此之高，可见黄宪的不寻常。黄宪是一面镜子，是道德文章的楷模，从黄宪身上，周乘看到了自己的不足，以黄宪来鞭策、激励自己，这也是难能可贵的。读鲁迅的书，我也有类似的体会。长时间不读鲁迅，一读鲁迅的书，鲁迅的批判精神，清醒的人生态度，自我解剖的勇气，便使我一下子有所警悟，有所自省。在滚滚红尘之中，我们每天不知道忙些什么，今天开个会，明天有个应酬，忙忙碌碌，乐此不倦。有鲁迅做榜样、做指导，头脑会更清醒一点，就会认真思考一些大问题，甚至是怎么做人，或者人生之路怎么走，等等。孙郁先生今天讲了鲁迅的知识结构，对我们很有启发。像鲁迅那样，多方面地学习，丰富我们，知识多了，眼光就开阔了，看问题就深刻了，人的素养就会提升。当然我们也要把握自我，特别是外来的思潮，要分析鉴别，真正弄清它的概念，汲取有用的。我喜欢鲁迅，当然也喜欢读鲁迅书的人，因此结识了一批朋友。例如今天在座的李文儒先生，是二十多年前认识的，就是鲁迅的原因（孙郁：我认识你也是鲁迅的原因，一样，对）。总之，我认为有一点，喜欢鲁迅的人，真正学习鲁迅的人，他在行为上应该是一个端正的人，方正的人，或者说要做一个正直的人。我们应该互勉。

（"早春读书会"2014年12月21日举办第十六期，由中国人民大学文学院院长、北京鲁迅博物馆原馆长孙郁做题为"关于鲁迅的知识结构"的讲座，作者担任学术主持人，本文为作者在该讲座上的讲话）

第三编

短文、其他

将来与现在

1933年新年伊始，《东方杂志》举办题为"新年的梦想"的征文。在应征回答"梦想的中国"的百多人中，梦"大家有饭吃"者有之，梦"无产阶级社会"者有之，梦"大同世界"者有之，等等。鲁迅读过十分感慨，他认为梦是好的，但更应面对现实，并且深情地说："然而要实现这'梦'境的人们是有的，他们不是说，而是做，梦着将来，而致力于达到一种将来的现在。"

鲁迅所衷心称颂的"梦着将来，而致力于达到一种将来的现在"的人们就是以毛泽东同志为首的中国共产党人。历史是最好的证明，正是在共产党的领导下，经过艰苦卓绝的斗争，才使得百多年来中国人民的理想和梦想很多已成现实，有些正在成为现实。

"将来"是美好的，是我们的希望所在。正是"四化"建设的灿烂前景，激励着、鼓舞着、引导着人们为夺取这个光明前途而贡献力量。心中没有"将来"，就失去了大目标，失去了点燃人们斗志的理想的火花，我们的生活就会黯然失色。

但"将来"毕竟不是"现在"。最新最美的画图要靠一笔一色的艰辛功夫；"四化"建设的宏伟大厦，也非一朝一夕就能落成竣工。沟通"将来"和"现在"的桥梁就是实干，就是艰苦奋斗。不付出代价，再好的将来，也不过是镜花水月，可望而不可即。

"不是说，而是做。"空谈是革命的大忌。"坐着谈，何如起来行？"不实干不行，不"致力"也不行。让我们从现在出发，迎着困难，脚踏实地，用十分艰苦、十分紧张的劳动和工作，促使"将来"——社会主义现代化的璀璨美景，在中国大地早日变成现实！

（本文原载《陕西日报》1980年5月4日。署名金水）

以 "脊梁" 自励 "将彼俘来"

人们还记得，1975年后半年，"四人帮"为了打倒当时主持全党工作、已使我国国民经济开始出现生机的邓小平同志，进而打倒敬爱的周总理，以实现其篡党夺权的反革命阴谋，曾经鼓噪起了一阵所谓批判"爬行主义""洋奴哲学"的声浪。他们把鲁迅的片言只语当作打人的棍子，把鲁迅说成是个拒绝接受一切外来事物的"排外主义者"，似乎早在四十年前就是他们的同调。这是对鲁迅的无耻歪曲。

中华民族是一个有着灿烂文化和光荣革命传统的民族。鲁迅无比热爱和尊崇我们的民族、祖国和人民。他自豪地说过："我们从古以来，就有埋头苦干的人，有拼命硬干的人，有为民请命的人，有舍身求法的人……虽是等于为帝王将相作家谱的所谓'正史'，也往往掩不住他们的光耀，这就是中国的脊梁。"鲁迅把自己的命运和中华民族的解放事业紧紧连在一起，以他那犀利的笔锋，坚决反对帝国主义的侵略，揭露它们妄图吞灭中国的狼子野心，激发中国人民的革命斗志和民族自信力，表现了殖民地、半殖民地人民最可宝贵的性格。在旧中国，有一类包着西方文化外衣的"绅士"，他们以攀附洋人为荣，打着洋人的招牌，吓唬自己的同胞。他们一伙显然是帝国主义奴化思想的代言人，又是封建势力实际上的拥护者。鲁迅对这些为虎作伥的奴才毫不留情地进行了揭露和鞭挞。这种不屈不挠的"硬骨头"精神，是鲁迅的强烈的民族自信力的体现。

鲁迅有着强烈的民族自信力和自豪感，但又坚决反对民族自大狂，反对闭关自守和盲目的排外主义。他从担心"中国人要从'世界人'中挤出"这一点出发，尖锐地抨击那些盲目骄傲、顾影自怜的民族自大病，批判那些认为"红肿之处，艳若桃花；溃烂之时，美如乳酪"的国粹主义者，斥责那些扼杀民族生机的"现在的屠杀者"。鲁迅就是以和封建势力、保守势力做坚决斗争的彻底革命精神终其一生的。

世界上各个国家和民族都有自己的长处，应当互相学习，取长补短。鲁迅认为，敢不敢吸收外域的新鲜事物，是一个民族有无自信力的反映。他以中国历史上强盛的汉、唐两朝大胆吸收外来事物为例，指出这两个朝代其所以气魄雄大，就是因为"人民具有不至于为异族奴隶的自信心"。正是基于此，鲁迅提出了著名的"拿来主义"，主张要豁达大度，"大胆地，无畏地"吸收外来的好东西，敢于"将彼俘来"；倘若"各种顾忌，各种小心，各种唠叨，这么做即违了祖宗，那么做又像了夷狄，终生惴惴如在薄冰上，发抖尚且来不及，怎么会做出好东西来"。但是，绝不能"全盘接受"，必须运用脑髓，放出眼光，不迷信，不盲从，有所抉择地吸收外国的先进东西，为我所用。可见，鲁迅关于增强民族自信力和提倡向外国学习的精神是统一的，应该全面理解。"四人帮"肢解、歪曲鲁迅，完全是别有用心。

中国近代科学技术是比较落后，需要接受外来的新事物。但有人对向外国学习至今仍然心有余悸，"洋奴哲学""爬行主义"的精神枷锁还没有彻底砸碎。也有些人看到我国底子薄，实现"四化"的任务很艰巨，就妄自菲薄，自暴自弃；有的一说到外国就瞠目结舌，不加分析，认为一切都好，盲目崇拜，甚至误把腐朽当神奇，错将砒霜作蜜糖，这怎么行呢？至于个别不顾国体、人格的人，自然是中华民族的不肖子孙了。我们不狂妄自大，也决不要贾桂式的人物。"中国人的聪明是绝不在白种人之下的。"坚信他人能做到的，我们同样能够做得到。所以，我们完全有信心按照党中央的路线和部署，埋头苦干，做好工作，使"四化"蓝图如期变成现实。鲁迅曾以"竞技"为喻，对那些不怕暂时落后、坚持奋斗的中国人以高度评价："虽然落后而仍非跑到终点不止的竞技者，和见了这样竞技者而肃然不笑的看客，乃正是中国将来的脊梁。"我们应以"脊梁"自励，为国争光。

（本文原载《陕西日报》1980年5月7日，原题为《以"脊梁"自励"将彼俘来"——从鲁迅的一些论述得到的教益》）

鲁迅的悼怀之作

鲁迅一生写的悼念文字不算多，但为数有限的几篇，却各具特色。他所追思怀念的，有当年向封建文化猛烈开火的《新青年》杂志的同人，也有他所尊敬的资产阶级民主革命的坚强战士，有交情甚笃的同学好友，有用鲜血浇灌无产阶级文化之花的左联青年，还有同军阀统治进行斗争的年轻学生，等等。更令人不能忘怀的，先生的绝笔竟是《因太炎先生而想起的二三事》，可惜未完稿而溘然长逝。

鲁迅的纪念文字，都是直抒胸臆，有感而发，倾注着强烈的情感。读着它，我们似乎看到作者一颗赤诚的心在跳动。震惊中外的"三一八"惨案，40多名青年学生死于军阀的枪弹，血铸的事实激动着鲁迅，写出了著名的《记念刘和珍君》，深情地回忆了他和刘和珍认识的过程，热烈赞颂刘和珍们英勇战斗和互相救助的崇高精神，愤怒声讨段祺瑞军阀政府的残暴罪行，召唤即将到来的革命风暴。"沉默呵！沉默呵！不在沉默中爆发，就在沉默中灭亡。"每每读到这里，我们便不由得热血沸腾，情不能已。正如许广平说的，这篇悼文"是用血泪写出了心坎里的哀痛，表达了革命者至情的文字。……是唤起'中国的有志于改革的青年'，'知道死尸的沉重'急起奋斗的宣言！"

不夸饰，不溢恶，不羼杂任何个人的偏见和恩怨，实事求是进行评价，是鲁迅悼念文章的又一特点。刘半农"五四"时和鲁迅曾在同一战壕作战，但后来倒退了，和鲁迅的关系日渐疏远，而且到了"几乎已经无话可谈"的地步。他去世后，一些帮闲文人连篇累牍发表纪念文字，以他后半生的复古倒退抹杀他前半生的战斗功绩，为了"免使一群陷沙鬼将他的光荣和死尸一同拖入烂泥的深渊"，鲁迅便握管为文，充分肯定刘半农"五四"时的战绩以及为人的忠厚，对他后来"渐渐的据了要津"，又"不断的做打油诗，弄烂古文"，则给予批评。他说："我爱十年前的半农，而憎恶他的近几年。这憎恶是朋友的憎恶，因为我希望他常是十年前的半农，他的为战士，即使'浅'罢，却于中国更有益。"是非功过，了了分明，洗去了抹在半农脸上的泥污，也体现了作者坚定的原则立场。

鲁迅的悼念文章，并无一定之格，手法多样，摇曳多姿。有的娓娓而谈，在平淡的叙述中浓缩着炽烈的感情；有的议论侃侃，以精辟的剖析使人折服；有的着力褒扬；有的意在辩诬；有的则力排众议，提出自己卓特的见解。但不管怎么写，都注意突出人物的特点，抓住主要方面，不枝不蔓。唯其如此，篇幅便比较短。在先生笔下，一生坎坷的范爱农，演出"和时代隔绝"悲剧的章太炎，踏实认真勇于任事的韦素园，只要损己利人的事就无不去干的柔石，等等，都是血肉丰满的形象，像浮雕一样凸现在我们面前。

（本文原载《羊城晚报》1980年8月31日）

鲁迅的两个书单

　　1925年，《京报副刊》曾"征求青年必读书十部"，鲁迅却开了一个没有书目的"书单"，"从来没有留心过，所以现在说不出"，在"附注"里鲁迅又明确提出"我以为要少——或者竟不——看中国书，多看外国书"。因为少看中国书，"其结果不过不能作文而已"，而"现在的青年最要紧的是'行'，不是'言'"。

　　鲁迅这个"书单"惊世骇俗。不少青年来信表示赞成，有些人感到大惑不解；许多遗老遗少、洋奴文人则写信咒骂，攻击鲁迅反对民族文化，有的甚至弦外有音地暗示鲁迅"卖国"，这些"署名和匿名的豪杰之士的骂信"，鲁迅足足"收了一大捆"。

　　记得"四人帮"肆虐时，为了推行愚民政策，就在鲁迅的这个书单上做过文章，称之为"20年代交的一张白卷"，似乎鲁迅很早就是张铁生之流的同调。这是对鲁迅的厚诬，其实鲁迅还开过一张书单，应该结合起来看。

　　1930年，鲁迅的好友许寿裳的长子许世瑛考入清华大学中文系，请教鲁迅该看什么书，鲁迅开了一个书单：《唐诗纪事》《唐才子传》《全上古……隋文》《全上古……隋诗》《历代名人年谱》《少室山房笔丛》《四库全书简明目录》《世说新语》《唐摭言》《抱朴子外篇》《论衡》《今世说》等十二部。

　　从所开列的这些书目看，所谓鲁迅反对民族文化云云，纯属谬说。鲁迅1925年的那个书单，大有深意，是当时斗争的需要。早在1923年，胡适就发表《一个最低限度的国学书目》，开出以孔子、佛经为主要内容的古书两百种一千多册，要青年依次研读，诱使青年在"整理国故""进研究室"的口号中离开社会实践，埋头于故纸堆中。鲁迅不主张青年读中国书，正是让青年警觉起来，不要落入胡适之流的陷阱。正如鲁迅后来说的："去年我主张青年少读，或者简直不读中国书，乃是用许多苦痛换来的真话，决不是聊且快意，或什么玩笑，愤激之辞。"鲁迅无比热爱我们的民族，热爱民族的文化遗产。事实证明，鲁迅不愧是民族文化遗产的优秀传承者和新文化的开拓者。

给许世瑛的书单，不过区区十二部，但包括面广，有代表性。这里有上古及中古诗文的要略，又有做学问的必要的目录学，还有一些文人笔记作品，可见不是信手拈来，而是颇费了一份斟酌的。鲁迅一贯主张论文需顾及作者的全人，以及他所处的社会状态，这才能较为深刻，较为确凿。因此，他就多选了一些笔记之类，从中可以窥见唐人取科名之状态，汉末之风俗迷信，明末清初之名士风气，等等。鲁迅独具只眼，能打破俗囿，把似乎与文学关系不大的书也推荐给青年，如《抱朴子》。《抱朴子》是道教代表人物葛洪的著作，分"内""外"篇。"内篇"是道教理论，专谈神仙方药、鬼怪变化、养生延年，攘邪却祸等，鲁迅不让读这些，而是要求读论述人间得失、世事臧否的"外篇"，因为从那里可以了解晋末社会的情况。

鲁迅不仅开出了书单，更可贵的是，大多加了简短的说明，指出应掌握的要点及该书的不足，虽寥寥数语，亦十分剀切，替初学者指南。比如，对《四库全书简明目录》，既肯定它"其实是现有的较好的书籍之批评"，又提醒"须注意其批评是'钦定'的"。所谓"钦定"，是说这书是奉清乾隆皇帝旨意纂定的，其目的是为了加强思想统治，泯灭汉族人民的民族意识，因此读书时就不能完全让书牵着自己鼻子走。还有《历代名人年谱》，其书为表格形式，可从中知道名人一生的社会大事，不失为一种重要参考。但由于编者的局限性，他"所认为的历史上的大事者未必真是'大事'"。这些都充分体现了鲁迅鲜明的阶级立场和阶级观点，对文化遗产取精去芜的原则，以及对青年一代严肃认真的负责精神。

（本文原载《羊城晚报》1981年9月22日）

附记

20世纪80年代初，笔者曾在《羊城晚报》上发表过数篇有关鲁迅的小文章，有的未有存留。2017年翻阅过去日记时，发现1981年9月22日曾刊登过一篇短文，遂托曾在中山大学读过博士、现在深圳大学任教的高志忠同志帮助查找，过了不久，志忠同志竟然寄来刊载短文的这一天的报纸，真是喜出望外，不可思议。于是填《鹧鸪天》一阕，表示感谢并抒发感慨：

恰似飞鸿来五羊，卅年尘事入微茫。长安陌上春方绿，斗室灯前梦亦香。

头半白，纸全黄。川流如此不商量。斜阳芳草浮生短，鱼跃鸢飞回味长。

2017年3月28日

鲁迅的多疑

　　有人说"鲁迅多疑"，鲁迅本人也不完全否认这一点，因为"怀疑并不是缺点"。鲁迅恢宏、深沉、坚实的韧性战斗精神，其中显然就包含着这种卓然特立的"多疑"。

　　我们反对那种否认事物可以认识，甚至对客观世界的存在也加以怀疑的怀疑主义，因为它的归宿必然是不可知论。但我们并不笼统地反对怀疑，因为它常常是一种新的认识的先导，是通向真理的津梁。正是在这个意义上，需要我们学习、发扬鲁迅的怀疑精神。

　　鲁迅的怀疑精神，就是勇于进取、敢于批判的革命精神，就是不断追求真理的探索的精神。这种精神贯穿了鲁迅一生。在狂飙突起的新文化运动中，鲁迅同新文化运动的勇士一道，高举科学和民主的旗帜，对封建传统的道德观念，对被奉为金科玉律的框框条条，对一切似乎不容置疑的神圣的东西，都用理性去重新估价，对它们由怀疑而断然否定，并展开攻势凌厉的冲击。在新文学奠基之作——《狂人日记》里，鲁迅借狂人之口，对桎梏中国人民数千年的封建传统道德发出了深深的怀疑，理直气壮地予以反诘："从来如此，便对么？"对于每一页都写着"仁义道德"的封建帝王改朝换代的家谱——所谓的中国历史，也投去怀疑的目光，刨根穷底："从字缝里看出字来，满本都写着两个字是'吃人'！"鲁迅就是这样，不迷信书本，不人云亦云，坚持独立思考，碰到任何问题都要经过自己大脑的一番深思熟虑。鲁迅的怀疑，充满着与传统决裂、同一切反动势力斗争的彻底革命精神。正是这种精神，在他同旧社会、旧制度的长期战斗中起了很大的促进作用。

鲁迅最尊重事实，服从真理。他的怀疑并不是胡思乱想，无端猜疑，而总是以确凿的事实为依据。这是一种科学的态度。伟大的十月社会主义革命爆发后，资本主义各国把新生的苏俄视为"洪水猛兽"，百般丑诋、歪曲。在这一片反动宣传声中，鲁迅一时弄不清真相，曾对十月革命有些冷淡，并且怀疑。由于"五四"运动后一连串事实的启发、比较，才使鲁迅恍然大悟，认清了那些恶毒攻击苏联的"恶鬼的本相"，懂得了帝国主义和它的奴才同革命人民"利害完全相反"的道理，于是满天疑云吹散了，鲁迅的认识跃进到一个新的高度："确切的相信无阶级社会一定要出现，不但完全扫除了怀疑，而且增加了许多勇气了。"

"怀疑并不是缺点"，但是"总是疑，并不下断语"，这就是缺点了。鲁迅不是为了怀疑而怀疑。对于所疑之事，所惑之物，鲁迅并非一味地疑下去，而是下功夫去探究，务求划清事理，弄明真相，从而做出决断。在前进的道路上，鲁迅虽然有过寻路的彷徨，有过希望似乎失落的怀疑，但他能坚持改造自己，自觉克服身上的缺点、弱点，清除头脑里的"鬼气""毒气"，跟上时代的步伐。辛亥革命后的中国形势，曾一度使鲁迅感到怀疑、失望乃至颓唐。但是，热烈向往光明、追求真理的决心，向封建势力坚决斗争、毫不退让的毅力，以及善于解剖自己、从不自欺的精神，促使鲁迅在自我检省中振作起来，在心头燃烧起理想和希望的火花。1922年的《无题》中记载他因一个卖朱古律（巧克力）的店员基本上未失去诚实之心而感到"惭愧"，他说："这种惭愧，往往成为我的怀疑人类的头上的一滴冷水，……渐渐觉得我的周围，又远远地包着人类的希望。"鲁迅就是这样，在复杂艰险的情势中虽然有过短暂的迷惘，但终能看准方向，锲而不舍，成为一个伟大的马克思主义者。

（**本文原载《羊城晚报》1981年10月31日**）

谒鲁迅墓

仿佛仍随风雨行，苍松翠柏簇先生。

目光炯炯透温厉，箴语殷殷铭爱憎。

上海殊荣一抔土，高山厚意万民情。

文章凝血总难老，犹盼激扬夫子旌。

1990年9月

撰写《鲁迅与宗教文化》完稿，自题

先生学如海，今饮一卮微。

岂敢渊珠探，不遗揣籥①讥。

1993年6月29日

---

① 揣籥：参见苏轼《日喻》，"生而眇者不识日。……或告之曰：'日之光如烛。'扪烛而得其形；他日揣籥，以为日也"。

读鲁杂感六首

其一

有感于一些诋毁或有意贬损鲁迅的言论

当年惯见矢如猬，轻薄于今笔似刀。
寄语诸君休逞快，青山何损半分毫!

其二

有感于为周作人当汉奸一事回护曲辩的论调

薰莸今日竟同器，南北原来途不殊。
舌底莲花犹曲辩，昭彰青史信难诬。

其三

有感于周氏兄弟由并肩战斗到分道扬镳

机云二俊耀当时，原上鹡鸰本互依。
叵耐佳人曾做贼，论评从此有妍媸。

其四

读毛泽东同志《纪念鲁迅八十寿辰》诗有感

故国精神民族魂，巍巍千古两昆仑。

越台鉴水高风颂，当有灵犀付小吟。

其五

鲁迅著作，七百余万字，金声玉振，浸润久长

一生事业岂名山，七百万言堪尽传。

最是萦人心绪处，腔中热血荐轩辕。

其六

鲁迅精神活在国人心中，鲁迅研究不会寂寥

鲁学人言已寂寥，年来我见起新潮。

当知根在深深土，活水源头自汩滔。

1997年6月

（本组诗原载《鲁迅研究月刊》2000年第6期）

鲁迅的时代解读

　　《鲁迅研究年鉴》的问世，是一件值得庆贺的事情。记得多年以前，陕西有一本《鲁迅研究年刊》，曾吸引了无数的研究者，引起了良好的反响。多年之后，该刊停办，年度性的鲁迅研究专刊遂无声息。现在，北京鲁迅博物馆与青岛大学共同创办的《鲁迅研究年鉴》与读者见面，给中国的学界又带来了一块园地，不禁让人感慨系之。学术的薪火，一代代传递着，这是值得欣慰的。

　　鲁迅研究在中国已成显学，成就斐然，且深切地影响着中国新文化的进程。每年有关先生的研究著作层出不穷，有关他的话题在各种媒体上时常可见。各个时期的鲁迅研究，多少印有那个时期的社会心理、文化情怀、精神走向，所以倘把每年的研究现状汇成一册，请学人梳理出来，用鲁迅当年的话说，叫"立此存照"，给后人留下一种记忆，是颇有意义的。我看这一本厚厚的文章汇编，就感触到了学界的一种脉息，似乎听到了无数学人面对鲁迅时的心音。调虽不同，特点各异，但多少折射出我们今人的精神过程。我以为不论是外行还是内行，读此年鉴，当会有所收益的。

　　在近百年的文化史中，鲁迅研究一直处于特别的位置。看它的起伏变化，也仿佛感到了文化风潮的某种本色。如若要研究现当代学人的现实关怀，这个学科提供的话题，是有标本意义的。学人对西学掌握的程度，对国故的认识深浅，对现实的把握如何，都于此可以看到，所以，看这一本年鉴，既可领略到鲁迅的风采对后人的辐射力，又可以窥到今人的文化境界。年鉴是一种历史记录，又是思想的聚焦。无数心灵的跳动，都汇聚到一个基点上了。

学术研究是件艰苦的劳作，自然，那里也有真伪之分，精细之别，深浅之差。年鉴的编辑，非择优的年选，乃历史的扫描与景观的微缩。看过去一年的研究现状，哪些有惊人之处，哪些系可镜鉴的遗存，读者自可分晓。读解历史的人们，也在书写着历史。我们能不能像鲁迅那样，把笔锋变得更锐利丰满些呢？

这些年来，一些青年学者涌现出来，他们在老一辈那里学到了许多珍贵的东西，又有一些新的创见。本年鉴的许多文章，就出自青年人之手，读起来有耳目一新之感。我相信鲁迅研究是一个长久的事业，有青年在，就有希望。只要老中青三代互相鼓励，扎扎实实地工作，这个学科会具有永久的魅力的。

（本文为2002年《鲁迅研究年鉴》的发刊词）

外不后世界思潮　内弗失固有血脉

　　95年前，鲁迅先生留学日本时，在谈及如何促进中国文化发展时曾经讲过一句话："外之既不后于世界之思潮，内之仍弗失固有之血脉。"这句话有两层意思：一是文化的发展具有时代性，即应跟上世界文化发展的潮流；一是文化的发展要具有民族性，强调保持中国传统文化的根基。借用鲁迅先生这句话与青年同志们共勉，不仅是因为它对我国今天的文化建设仍具有重要意义，更为重要的是它对于指导当代青年人的发展、成长仍不失为金玉良言。

　　当今之青年，比照95年前鲁迅先生所处之闭关锁国之情境，自是大不可同日而语。改革开放的成就使你们的思想与世界的发展同步律动，经济全球化的趋势使你们有了尽情展示自己才华的空间，互联网的飞跃将你们与整个世界紧紧地联系在一起。在这种情形下，你们完全有条件汲取、吸纳人类创造的一切文明成果，兼收并蓄，与时俱进，令中华民族称雄于世界民族之林。在这里我要强调的是，在你们的成长与进步的过程中，更要注意继承和弘扬中华民族优秀的传统文化，维系和发扬中华民族五千年来赖以生存和发展的"固有之血脉"。

　　优秀的民族传统文化不仅反映在丰富的典籍中，也体现在众多的文物上。在我国的文物宝库中，包容了五十六个民族的智慧结晶，吸收了世界众多地区的文明精粹，表现了中华文明强大的向心力和恢宏气度，其品种之丰富，技艺之精湛，年代之久远，都是世界上其他国家所无法比拟的。徜徉其中，尽可领略先人的智慧和创造；寻觅以往，更能感受民族的伟大与荣耀。热爱、呵护、保有这些饱经沧桑的珍贵文物，对于青年们提高文化素质，丰厚知识品位，培养完美人格，净化纯洁心灵，抵御外来诱惑，守护精神家园极具意义，更是维护中华文明至今流淌的"血脉"。有了这个根底，中华民族才能自立于世界民族之林，我们每个青年人才能在纷杂的社会思潮中站稳脚跟，把握正确的方向。

（本文为作者2002年为国家机关工委"寄语青年"征文而作）

为青年荐书寄语

推荐书目：鲁迅的杂文

作者：鲁迅

出版社：多种选本，多家出版社

寄语：杂文是鲁迅留给我们的宝贵财富，其中更反映着他的文化精神。鲁迅的杂文多是"社会批评"与"文明批评"，所论为个别现象，人们感受到的却是"社会相"，是某种类型。因此，时世变迁其杂文却有不朽的生命力。在这些篇幅并不长的文章中，作者观察之深刻，见解之精辟，思维之缜密，文字之讲究，论述之技巧，每每令我们折服。特别是后期充满辩证法的杂文，不但使我们增长知识，开阔视野，对于我们分析认识能力的提高，教益尤大。"杂感这种文体，将要因为鲁迅而变成文艺性的论文。"（瞿秋白语）当然，由于时代以及行文特点等原因，有些文章需要多读几遍，弄清背景，才能体味出其中的妙处。

（本文为作者2002年应文化部团委"为青年荐书寄语"活动之邀而作）

致纪念鲁迅定居上海八十周年
大会暨学术研讨会的贺信

上海鲁迅纪念馆

纪念鲁迅定居上海八十周年大会暨学术研讨会秘书处：

　　欣悉"纪念鲁迅定居上海八十周年大会暨学术研讨会"在沪举行，深感欣喜。上海是我国伟大的文学家、思想家和革命家鲁迅先生晚年战斗、工作和生活的城市。百川归海，英才荟萃。鲁迅先生在此怀着一颗热爱人类之心，百折不回，一往无前，与黑暗抗争，为民众呐喊，度过了人生中最光辉的十年，留下大量振聋发聩的文学作品与风骨铮铮的感人事迹，遗泽后人。这次会议的举行，不仅能深情缅怀鲁迅先生，更将在鲁迅学术研究与精神文明建设上，取得百尺竿头更进一步的成就，是非常有意义的。

　　承蒙邀请与会，深表感谢。兹因公务在身，不能亲临盛会，甚以为憾。谨以此贺信，表示我对鲁迅先生的崇高敬意，并祝会议取得圆满成功！

郑欣淼敬贺

2007年10月19日

（本文原载《上海鲁迅研究》2007年第4辑）

将鲁迅诞辰日 9 月 25 日定为 "中国读书日"的建议

　　2011年9月25日是我国新文化的杰出代表鲁迅先生诞辰130周年，建议将鲁迅诞辰日确定为"中国读书日"。

　　我国在20世纪末提出了实施"倡导全民读书，建设阅读社会"的"知识工程"，以倡导读书、传播知识、推动社会文明与进步为目的。21世纪之初，又将每年的12月定为"全民读书月"。随后，很多地方设立了读书节、读书月，进一步激发了全民读书的热情。中国过去三十年取得的成就，大大得益于20世纪七八十年代重文化、重科技、"为中华崛起而读书"的热潮。一个民族的精神境界，在很大程度上取决于全民族的阅读水平。中国的持续发展需要更大的读书热忱做支撑。

　　我国目前的阅读状况不容乐观。根据2009年全国国民阅读调查结果，我国识字国民中平均每人每年阅读图书5.2本。一个国家，人均读书量如此之少，其发展后劲堪忧。外国的相关资料显示，日本年人均阅读量是40本，美国50本，俄罗斯55本，以色列64本。差距是很明显的。而且，当前读书界有两种现象值得注意，一是网络阅读的逐渐普及。网络阅读很受青年人的欢迎，但网络阅读不能取代传统阅读，我们应该客观全面地看待网络阅读的兴起，要在电子阅读和传统阅读之间给予适当引导。二是目前的阅读过于偏重实用，教材参考、考试辅导、经商秘籍、处世权谋等类充斥市场，忽略对经典深入体会的功利主义的阅读危及人们的独立思考和创造性，专业的细化与分割造成了人们知识面的欠缺，读者的目光在变得短浅，思想在变得褊狭。这种局面亟须改变。中国的许多节日属于传统文化和政治意义的符号，但提倡创造性思维的、沉潜下来读书的节日还没能确立。读书日应当是对商业化阅读心理的反拨，提倡文化的静观，提倡思想的丰富性。

将鲁迅诞辰日设为中国读书日，理由有三：首先，现行的世界读书日4月23日是英国诗人、剧作家莎士比亚的诞辰日和西班牙作家塞万提斯的逝世日。我国将一位本国作家的生日定为全民读书日，既符合国际惯例，又满足了广大读者的愿望。以鲁迅诞辰日为中国读书日，也可将各地的读书节、读书月活动整合起来，使全国读者有一个共同的节日。其次，鲁迅是中国文化尤其是新文化的杰出代表，他创造性地继承了中国传统文化，以敏锐的批判精神和卓越的创造力，推动了中国文化传统健康地发展。鲁迅一生读书、编书、译书、写书，成绩斐然。他对中国古典书籍的整理研究，对外国作品的译介以及在推动现代出版事业方面，都有不凡之举。鲁迅是现代中国视野最为开阔的思想家之一。他将白话文的潜能诗意地呈现出来，远不失固有之血脉，近弗拒先进文明，是古老文明向现代转型的典范人物，赢得了世界范围的普遍尊重。将鲁迅的诞辰日设为中国读书日，是对一位承前启后的文化伟人的一种很好的纪念。最后，鲁迅的读书创作实践，能给今天的读者以启发和指导。既非复古主义，也非虚无主义，大胆地拿来和创造性转化，具有鲜明的现代精神。鲁迅敢于扬弃，善于吸收，中西兼通，古今包容，他不妄自菲薄，更不自高自大。设立中国读书日，就是要强调学习鲁迅的包容性和创造性，强调中华文明发展和中国现代化进程的特点，也有助于广大读者牢记读书的高尚目的，掌握读书的良好方法。

近些年对中国文化的理解仅仅局限于古代文明，对现代文明缺乏标志性符号的书写。如果说古代文化的标志是孔子，那么现代文化的标志无疑是鲁迅。现在有把这两种存在对立起来的倾向。以鲁迅诞辰日为标志,建立中国读书日,是对一种理念空白的填补。从孔夫子到鲁迅,才真正体现了中华文明的整体性。

(本文为作者在第十一届全国政协四次全体会议上的提案)

喜获 1936 年《中流》杂志 "哀悼鲁迅先生专号"

    戊戌清明，肖宏伉俪来访并赠1936年之原版《中流》杂志第一卷第五期，为哀悼鲁迅先生专号。肖宏先生知我喜欢鲁迅，多方搜求而得，感慨良多并深谢之。

> 搜求辗转遗殊珍，零雨清明忆哲人。
> 一卷烟云尚斑驳，八旬世事总纷纭。
> 锋铦岂只毫端力？磊落原来面目真。
> 如火遗言心底在，中流荷戟自嶙峋。

2018年4月5日

推荐《〈朝花夕拾〉导读》

　　鲁迅的《朝花夕拾》是一部不朽的著作。这本书出版已超过九十年，仍是当代青少年不可不读的一部作品。无论从遣词造句、文学修养，还是美学美育、人性洞达方面，《朝花夕拾》对当下青少年的成长都有着其他书本无法替代的作用。黄乔生先生导读的这部作品，拓展了知识点，以鲁迅本人入手讲述了一部著作的由来和深意，从一本书追溯和探寻了鲁迅先生整个一生的文学脉络，深入浅出、通俗易懂，让读者了解到一个更加全面的鲁迅的形象。青少年读者应多读书、多读鲁迅，长大做一个有思想、有担当的人。

　　[本文原无标题，原载鲁迅著、黄乔生导读《朝花夕拾·导读版》（天地出版社2018年版）一书正文内首页]

跋

2017年是笔者古稀之年，回首往事，感慨良多，遂写了一组律诗抒怀。其中第二首是：

心头骚雅耳边钟，相伴今生有两公。

春望秋兴感沉郁，鹰飞鲸掣思宏雄。

热风已得燃犀烛，直面才看贯日虹。

鲁迅锋芒工部韵，殷殷尽在不言中。

这两公，一位是诗圣杜甫，他把我引入诗歌的天地，使我在诗词的欣赏与创作中，感受精神的超越、灵魂的飞扬以及生活中诗意的愉悦；另一位是鲁迅先生，他的著作和遗产，他的热烈与冷峻，他的清醒与深刻，使我的精神有了依靠、有了底气，使我学到了怎样观察社会、认识人生以及把握自己。这二位深刻地影响了我的一生。我感到自己是幸运的。

笔者从20世纪70年代中期开始学习鲁迅著作。到底是怎么喜欢上鲁迅的，已经说不清楚了，但一进入鲁迅的天地，就不可能回头了。开始写点小文章，后来试写论文，慢慢地，竟也有了写书的冲动。在这个过程中，结识了不少专家学者，特别是前辈先生的指导，使我获益良多，逐渐有所进步。《陕西日报》于1975年5月7日、8月25日刊登了我的学习鲁迅的两篇文章，对我是个鼓舞。我的第一篇论文发表于1981年《人文杂志》；1988年出版了研究鲁迅国民性思想的《文化批判与国民性改造》（陕西人民出版社）一书，获陕西省社会科学成果二等奖；1996年出版《鲁迅与宗教文化》（陕西人民教育出版社），本书为"鲁迅研究书系"之一，2005年由中国社会科学出版社再版。2001年起笔者忝列中国鲁迅研究学会会长八年，2009年后笔者和鲁迅公子周海婴先生（2011年去世）共同做名誉会长。21世纪初，青岛大学成立鲁迅研究中心，聘笔者为学术委员会主任，同时由笔者和青岛大学的一位教授以及孙郁先生共同做《鲁迅研究年鉴》主编。虽然我的鲁迅研究始终是业余的事，也自知水平有限，但一路走来，恰如在先生的家乡山阴道上，左顾右盼，应接不暇，充满着乐趣，也时有所得。

《鲁迅是一种力量》收录笔者从20世纪80年代以来有关学习、研究鲁迅的各类文章，分为三部分：一是收录从20世纪80年代至21世纪前十年的论文、演讲，时间跨度几近三十年；二是进入21世纪以来结合有关鲁迅活动的讲话、访谈；三是找到的几篇写于20世纪80年代初的短文，有着明显的时代烙印，未做改动，既是历史见证，亦为自己鲁迅研究路上的学步记录。另有一些其他文章，还有关于鲁迅的诗歌等。

中国人民大学文学院院长孙郁先生，曾任北京鲁迅博物馆馆长多年，是著名的鲁迅研究专家，现任中国鲁迅研究学会会长，我们因共同爱好以及工作的关系多有交往，他的《被照亮的遗迹》是对拙作的印象与评论，刊登在《读书》杂志。这里用作代序言。笔者多篇写于20世纪八九十年代的文章，北京鲁迅博物馆常务副馆长黄乔生先生曾帮助查找、扫描，颇费工夫；还有一些同志为本书的编辑出版做了大量工作，在此一并致谢。

郑欣淼

2018年5月10日

《郑欣淼文集》书目